MAMAN·PARIS
MAMAN·LA·FRANCE

Maquette de la couverture : Jacques Léveillé

ISBN 2-7609-3072-6

© Copyright Ottawa 1982 par Les Éditions Leméac Inc.
Dépôt légal — Bibliothèque nationale du Québec
4e trimestre 1982

Imprimé au Canada

claude jasmin

MAMAN·PARIS MAMAN·LA·FRANCE

roman

Leméac

Premier jour

Chère maman,

Tu m'as fait jurer que chaque soir je tiendrais une sorte de journal sur ce séjour en France. Je t'ai promis d'écrire, dans les cahiers rouges que tu m'as achetés, toutes mes rencontres, mes impressions, le choc de ce pays, la France, et de Paris en particulier. Il y a toutes sortes de surprises, à bien des « niveaux » comme disent les profs québécois. Voici donc, à chaud, mes premières émotions en France.

Laisse-moi te dire tout de suite que je suis très excité. Rachel vient de s'endormir, essoufflée de tant de « marchements » et de « viraillages » dans le vieux Paris, j'en profite pour jeter, en vrac, mes chocs divers. Imagine-toi, chère mère, que dès notre arrivée à l'aéroport de Roissy-en-France, nous avons aperçu quelqu'un qui tenait une pancarte bien levée au-dessus des têtes et, crois-le ou non, avec le nom de ma femme inscrit en grosses lettres ! Tu vois, maman, que tu as eu tort de me déconseiller ce mariage tardif : « Rachel DeGrace-Robichaud » que c'était écrit sur l'enseigne d'une jeune femme, jolie, plutôt plate de poitrine avec une coupe de cheveux de couventine sage. C'était une hôtesse du ministère des Affaires étrangères,

7

okay? Sur le coup ma Rachel m'a serré le bras très fort et s'est demandé s'il n'y avait pas une mauvaise nouvelle, un décès par exemple, qui allait lui être communiquée.

La grande fille brune et mince, en costume gris, lui a souri très gentiment et nous a invités vers sa voiture, une D.S., maman! Ça m'a tout l'air que, là-bas, c'est la marque des voitures officielles du gouvernement, okay là? Elle nous a conduits dans Paris même, en passant par la porte Saint-Denis et puis par la porte Maillot. Des « portes » qu'on ne voit pas, ce doit être des noms symboliques. L'autoroute de Roissy-en-France jusqu'à Paris était plutôt banale. Nous regardions tout, tout, tout. Tu me connais, j'examinais même les viaducs et le béton des tunnels, pas seulement les espèces d'arbres et les sortes d'architecture.

Soudain, on a vu, au loin, très loin, dans le brouillard de ce dimanche matin, oui, nulle autre qu'elle « en personne », la tour! Eh oui, cette bonne « vieille » tour Eiffel. Ça nous a donné un coup. Un coup au cœur. Tu comprends, en avoir entendu parler pendant tant d'années, l'avoir vue si souvent sur des affiches, au cinéma, à la télé et soudain apercevoir sa silhouette au fond de l'horizon! Crois-moi, petite maman, c'est un choc. Ce fut le premier de ce séjour.

Marylène, que ça fait donc « parisienne » ce prénom, pas vrai, nous a menés dans une avenue assez large et même assez noble, je crois que c'était l'avenue Kléber, car elle devait prendre des ordres de son bureau et aller chercher d'autres visiteurs « émérites » comme nous. Je dis « nous » même si je sais bien que c'est grâce à Rachel, et parce qu'elle a gagné la demi-finale du concours de photos, que je jouis de cette gentille hôtesse, de la D.S. et tout le tralala. Marylène nous a invités à monter aux bureaux des Affaires étrangères. Politesse très française, je crois. Dehors, nous avions les yeux sortis de la tête. Imagine, on voyait de vrais « flics » parisiens, tu comprends, tout à fait comme dans les films français, et ces hautes maisons de pierres, peu de briques rouges par ici maman, des maisons de cinq, six et même sept étages et ce sont pourtant de vieux édifices. J'aurais voulu rester dehors et pouvoir mieux manger des yeux tous ces petits détails que j'enregistrais déjà en pensant à mes rédactions du soir que je t'ai promises. Tout était différent: les lampadaires, les feux de circulation, les affiches des boutiques, le trottoir lui-même, il n'y a pas de poteaux de fils d'électricité ou de téléphone, tout a dû être enfoui sous terre. C'est la tête tournée dans le dos que nous avons suivi notre hôtesse et « chauffeur ». On a pris un ascenseur miniature, vraiment une petite cage de ferraille et qui faisait des bruits de poulies inquiétants en diable. Rendus aux bureaux de Marylène, on découvre-t-y pas une sorte d'enfilade de bureaux et de couloirs tout en « démanche ». On sait que tous ces « vieux pays » sont pauvres mais vraiment à ce point-là: tapis usés, murs salis, des papiers jonchaient les planchers et dans le hall d'attente un pupitre plutôt misérable et une sorte de vieille fille ridée jusqu'aux oreilles, tout sourire, qui nous offre tout de suite et la « Bienvenue à Paris » et un paquet de dépliants divers sur les activités artistiques en cours, les expositions et les sites extraordinaires à visiter.

Marylène a fini par nous présenter à sa «chef» de section, une sorte de bonne femme aux allures militaires et au sourire chétif qui ne nous a pas dit trois phrases et qui a poussé ma Rachel vers un étroit cagibi où une autre vieille fille, froide et pincée, tu ne vas pas le croire, lui a remis, comme ça, de main à main, sans façon, un paquet de billets de banque, cinq mille francs en disant: «Comptez! comptez-les!»

La D.S. gris métallique nous a conduits boulevard Saint-Germain, sur ce qu'ils appellent la rive gauche (maman, là où il y a une rivière ou un fleuve, tu regardes vers l'océan, en aval, et la rive droite est à droite du cours d'eau et la gauche à ta gauche), afin de pouvoir stationner dans une petite rue, la rue des Saints-Pères, juste en face de notre hôtel, nommé justement, l'hôtel des Saints-Pères. Va pas t'imaginer un des gros hôtels de Montréal! Oh non! C'est une bâtisse très modeste, sympathique mais qui n'a rien des hôtels qu'on a visités ensemble à Miami Beach l'hiver dernier. À propos, en avril à Paris, c'est doux. Une température qu'on a plutôt au début de juin au Québec. Marylène nous a promis qu'on la reverrait à la réception qui sera donnée en l'honneur de Rachel à la Délégation générale rue du Bac et elle a traversé la rue. Un instant je me suis demandé si je devais l'embrasser sur les deux joues comme on voit tout le monde le faire ici sur les trottoirs et même en pleine rue! Je me suis retenu quand, soudain, je vois-t-y pas ma Rachel qui lui administre l'accolade à la française! Tu la connais pas beaucoup encore, mais Rachel est comme ça, elle a l'air un peu «fraîche», réservée et même hautaine au premier abord, mais elle est timide au fond et quand elle trouve une personne gentille, elle se réchauffe à grande vitesse. Et je sais de quoi je parle... Je te taquine, maman, mais tu verras, j'ai décidé, à notre retour, dans moins d'un mois, de l'amener à la maison plus souvent ma petite « épouse ». Rachel déteste ce mot. Elle me présente, au pays, comme étant son *chum* et me force à dire en parlant d'elle qu'elle est « ma chum-de-fille ». Notre chambre est bizarre. Ce n'est pas très grand. J'ai déjà l'impression que tout Paris est un endroit pour « lilliputiens ». Il n'y a qu'à voir la plupart des « chars » dans les rues. J'ouvre la fenêtre et ça grouille, ça circule dans cette petite rue heureusement à sens unique. Parfois, de brefs petits coups de klaxon en vitesse, car je crois que c'est interdit dans la ville le « klaxonnage » !

Oh ! maman, faut que je te dise tout l'effet ressenti lorsque nous sommes allés marcher librement dans Paris pour la première fois de notre vie ! Enfin, je foulais le pavé de cette fameuse métropole. Tu comprends maman ? Ce lieu dont, dès l'école, on sait qu'il fut la ville de tant d'artistes fameux, de tant d'hommes politiques célèbres, de tant d'événements historiques qui nous surexcitaient.

Tu imagines, chère maman, c'était de l'exaltation ! Je n'avais pas assez de mes quatre yeux, ceux de Rachel et les miens. Sans compter l'œil supplémentaire que Rachel ballotte partout, suspendu devant son nombril, l'œil de son appareil-photo toujours chargé. Au fait, ai-je eu le temps à l'aéroport de Mirabel de bien t'expliquer ce qui lui arrive — elle est lauréate pour la « section Québec » du concours de photos ouvert à tous les pays de langue française.

Pour gagner le grand prix final maintenant il lui faut prendre un dernier jeu de photos, ici en France. Elle est libre d'aller les choisir, ses sites, n'importe où sur « le territoire français » et cela aux frais du ministère des Affaires étrangères. Alors, elle examine Paris en photographe. Tandis que moi, tu connais le bavard curieux que j'ai toujours été, c'est plutôt le monde qui m'intéresse, les gens et leurs us et coutumes.

À propos, tu sais que mon patron a failli refuser de m'accorder ce congé sans salaire de vingt et quelque jours! Eh oui, maman, toujours elle, Rachel est allée plaider ma cause avec le charme que tu es si réticente à lui concéder. Il y a aussi que sa collection de photos françaises doit s'accompagner de textes. Pour écrire, Rachel, c'est le blocage et la panique. Elle avait donc besoin de son cher Clément. Et tu sais qu'écrire est ma passion secrète, mon occupation des soirs et des week-ends et, ma foi, maman, tu pourrais faire publier une véritable encyclopédie en vingt tomes avec toutes les lettres que je t'ai écrites depuis l'âge de vingt ans lorsque je suis allé travailler dans les usines de vaisselle de Pittsburg, avant ma rentrée en religion à vingt et un ans.

Laissons de côté mon métier de céramiste et parlons de ce premier jour de contact avec Paris et les Parisiens. Après avoir marché sur le boulevard Saint-Germain qui est une artère majeure de cette rive gauche, on a foncé vers l'île de la Cité et Notre-Dame. Oh! mère, quel choc! On a tant vu de cartes postales, d'albums de luxe et de décors hollywoodiens sur cette cathédrale, ses alentours, qu'une fois plantés devant le célèbre édifice, on reste comme médusés. Elle est toute là, avec son portail de sculptures, sa rosace géante et ses deux tours. On s'avance, on va vers elle craignant bizarrement qu'elle disparaisse, qu'elle s'évanouisse, qu'elle s'efface au ralenti, comme une image de cinéma. On l'a comme inspectée, à gauche, à droite, on y est entré et on y a vu une sorte de relique-à-touristes. Je m'excuse maman, mais on n'y éprouve aucun goût de prières ou de recueillement. Un peu partout sous l'immense nef, il y a des touristes. Ça chuchote à voix plus ou moins retenue, en japonais, en néerlandais, en américain, en allemand. On dirait que l'allemand est une langue qui ne souffre pas de chuchotement. Ça dérange de toute envie de piété. Notre-Dame n'est plus une église, c'est la foire. C'est un musée, c'est un étalage, antique certes, mais qui se rapproche d'une « foire de l'auto » comme atmosphère, les flashes des innombrables appareils-photo scintillent dans cette auguste pénombre, c'est un petit cirque qui tente d'être discret mais en vain. On y vend, à l'arrière et sur les côtés, des images, des livres, des diapos, des cierges et quoi encore ? Je me dis que ce doit être comme ça dans toutes les cathédrales de la France. Le côté « magasin » et commerce, le côté qui fait songer spontanément à un « Jésus-au-fouet » chassant les vendeurs du temple. J'ai déjà pensé comme ça à notre oratoire Saint-Joseph du Mont-Royal.

On a voulu grimper, comme tant d'autres, dans la tour sud. Il y a un ascenseur, on voit tout Paris une fois rendus en haut. Il y avait de la brume et c'est avec peine que l'on distingue la tour Eiffel à l'ouest ou le Sacré-Cœur de Montmartre au nord. On voyait surtout « la Samaritaine » sur l'autre rive, c'est un magasin à rayons, le genre Eaton ou Simpson dans notre rue Sainte-Catherine à Montréal. Rachel a pris des photos des gargouilles, mais elle n'est pas contente et m'a dit qu'il faut qu'elle évite justement les stéréotypes si elle veut gagner à la grande finale de la fin du mois. On décide d'emprunter un vieil escalier de bois vermoulu pour accéder à la tour sud. C'est l'escalade essoufflante. De jeunes touristes nous poussent dans le dos et je t'ai déjà parlé des pieds fragiles de ma Rachel. Elle pestait, elle maugréait, mais ça valait la peine car rendus dans la tour où il y a «Emmanuel», le célèbre gros bourdon, on a eu droit à un guide farfelu. Imagine, maman, une sorte de demi-bossu aux râteliers qui tiennent mal en bouche, presque le Quasimodo du roman de Victor Hugo, *Notre-Dame de Paris.* C'était un fou des chiffres et, son petit groupe rassemblé, le bonhomme voûté s'est lancé dans une voltige effroyable. Je vais tenter d'imiter son style : «Bienvenue mesdames et messieurs, regardez bien. Combien pèse le gros bourdon, cette énorme cloche? Treize tonnes! Son battant? Cinq cents kilos! Il a fallu dix-huit fondeurs pour la couler. Combien d'hommes actionnaient cette cloche? Douze, mesdames et messieurs! Il y a soixante poutres horizontales. Verticales? quatorze. Des pédaliers? neuf! Il a fallu quatre cents ouvriers pour la hisser ici. Ils y ont mis vingt-quatre jours. Regardez bien : les poulies et les contrepoids de la cloche pèsent mille huit cents kilos! Voyez mieux autour, il y a mille six cent trente et un boulons, autant de rivets. Il a fallu soixante-quatorze ouvriers pour l'installation des échafaudages» — le bossu indiquait vaguement du doigt les endroits à fixer, il débitait son monologue chiffré à grande vitesse avec un vague sourire goguenard à mi-chemin entre la fierté et la lassitude. À la fin il nous a enjoints de nous rassembler sous « Emmanuel ». Toujours dociles, nous nous sommes entassés et là, il a pris le goupillon et l'a balancé dans la cloche. L'effet escompté a semblé encore amuser le Quasimodo. Ça sonne ! Tout le monde a poussé son petit cri et a porté les mains aux oreilles pour se protéger, mais trop tard. Le vieux ricanait. Il a sorti une grosse lime et, après avoir demandé le silence, a frotté sa lime d'un seul grand geste délicat sur le rebord du gros bourdon. L'index levé comme un prof de science, il nous a souri, triomphant, pendant qu'on pouvait entendre un immense son feutré et assez musical. Alors, il est allé se poster près de la sébile à sous tout en terminant son boniment : « Par temps clair, on peut entendre notre cloche jusqu'à soixante kilomètres, par mauvais temps à vingt kilomètres. » Il donnait encore des chiffres que Rachel et moi nous nous retirions de cet antre sacré après avoir versé notre obole à un aussi désopilant… mathématicien.

Une fois revenue sur le parvis, Rachel a « croqué » le roi à cheval à gauche de l'église, celui, maman, qui a dit que « Paris valait bien une messe », nul autre qu'Henri IV (à moins que ce soit Charlemagne). Pas d'enseigne. On a découvert une sorte d'entrée de métro qui conduit vers un musée très étonnant. Sous le parvis, il paraît que des Parisiens n'y sont jamais allés, ils ont fait des fouilles et on a pu voir des ruines toutes maigrichonnes du Paris du temps d'avant même les Romains de Lutèce, comme se nommait la capitale il y a des siècles et des siècles. C'est très impressionnant d'apercevoir ces restes de murs, de cloisons domestiques, de fours et de cheminées ou de système calorifique très antique. Le tout se fait voir sans guide en manipulant des boutons sur des comptoirs qui commandent l'illumination voulue de site en site avec des panneaux explicatifs clairs et brefs. Des enfants de touristes s'amusaient à pitonner à tort et à travers et je songeais que nous, en Amérique, n'avons pas la chance de voir, de visu, les ruines de nos lointains prédécesseurs vu qu'ils étaient toujours en constants déplacements, ces nomades, avec, comme maisons, les très destructibles teepees de peaux et de fourrures. On a beau creuser dans le Vieux-Montréal, tout ce qu'on trouve de vraiment ancien ce sont des bouts de flèches, des bouts de pipes et quelques tessons de vieille poterie.

Une fois sortis de ce souterrain instructif, Notre-Dame nous paraît moderne et hautement technologique, y compris les gargouilles et les personnages accumulés dans les tympans de pierre. En regard du musée sous le parvis, le moyen âge devient de la science-fiction futuriste en diable !

Évidemment, maman, on a pris deux billets pour le tour de bateau-mouche traditionnel. La Seine est d'une couleur curieuse entre le vert olive et le brun mélasse. On a l'impression que c'est épais, un gros bouillon de bonne vieille soupe aux choux comme seule, maman, tu peux m'en préparer ! Une fois assis tout à l'arrière de la barge, une jeune fille aux longs cheveux blonds, de type « Viking », avec un accent indéfinissable, s'est emparée de son porte-voix électrique et en trois langues s'est mise à débiter mécaniquement sa description des bords de la Seine. Je crois qu'elle a bien nommé ses vingt-deux ponts qui enjambent le fleuve de l'île Saint-Louis au Trocadéro, mais on entendait mal son baratin. Elle y allait à la vitesse du bateau et je te jure qu'il filait. Le temps c'est de l'argent, mais notre erreur a été de ne pas louer deux places sur une péniche à étage, car le guide avait beau vanter la beauté des édifices qui défilaient, on n'a vu que des murs gris en ciment ou en pierre! En effet, sans regarder dehors, l'œil fixé sur nous, elle disait machinalement: « Admirez messieurs dames les vieilles maisons de cette charmante île Saint-Louis », et on admirait de hauts murs, ceux des berges. « Voyez la beauté sobre et majestueuse de la Conciergerie et de ses dépendances », et on ne voyait que les murs. « Examinez l'imposante série de bâtiments du Louvre », et on examinait... des murs! « Jetez un regard attentif sur le classicisme du Palais-Bourbon », et on regardait attentivement des murs munis d'anneaux d'ancrages. « Appréciez la majesté de l'Institut où logent les célèbres académies », et on appréciait... d'autres hauts murs encore!

J'ai dit à Rachel en sortant de cette trop basse péniche: « Tu n'as pas pu faire des photos pour le concours », elle m'a jeté « c'est pas grave, des « clichés » tous ces édifices. Rebattus. Archi-photographiés. Faut que je trouve plus original. » Admire, maman, ce côté positif qui fait de ma Rachel, même si tu ne l'aimes pas encore, un être précieux pour moi qui ai parfois besoin d'être encouragé et stimulé.

Une fois sortis de ce bateau-mouche, on a marché pour mieux voir. On a donc traversé un vieux pont, le Pont-Neuf!, un des vingt-deux décrits par l'hôtesse trilingue blonde de la péniche. Oh, maman, quel gros décor que ce cœur de Paris! C'est toujours, bien sûr, des vieilleries, mais imagine le vieux village de bois de Upper Canada ou celui de Caraquet multiplié par cent, par mille et tout bâti de pierre, c'est vieux mais apparemment encore très solide. C'est un peu, ces lieux historiques, du Disneyland, mais en plus vaste et évidemment en vrais décors. On se dit sans cesse qu'ici, il y a deux mille ans, un vrai monde a vécu, des personnages connus de tout le monde occidental, sinon du monde entier, puisqu'il y a tant d'Asiatiques qui foulent, à nos côtés, ces vieux pavés légendaires. Malgré tes quatre-vingts ans, tu aurais dû accepter notre invitation à nous accompagner, tu es encore vaillante. Quoique Rachel m'a dit : « Ta mère aurait pas pu suivre avec tout ce marchement », mais c'est qu'elle a un problème de pieds ma chère Rachel que toi tu n'as pas. A-t-on assez marché ensemble, il y a six ou sept ans, quand j'étais encore célibataire et que je t'amenais au site de l'Expo 67 presque tous les dimanches ! Pas vrai ?

Un autre vieux pont dit du Carrousel conduit directement sur le vieux château devenu musée, le Louvre. C'est décevant dans un sens. Tu sais comme, pour nous tous enfants d'Amérique, un château c'est quelque chose de joyeux, de féerique même, c'est l'image traditionnelle de hautes tours, de clochers et de flèches pointues avec, si possible, des tas d'oriflammes, de drapeaux pleins d'azur, d'or et d'argent. Eh bien, le gros château du Louvre c'est bas, c'est fait de séries de bâtiments de pierres grises et il n'y a pas de créneaux ni de clochetons, ça ressemble plutôt à des bâtiments administratifs sages et sérieux. Alors on s'en est détournés et on a marché vers l'ouest, vers des jardins en direction du rond-point de la République. On a mis beaucoup de temps à la traverser. Imagine que tu te trouves dans l'infernal trafic de notre échangeur Turcot à Montréal où se croisent tant de voies et qu'il n'y a aucun système de feux de circulation! C'est à peu près ça. Des piétons, pas toujours des touristes, soudain s'élancent au milieu de ce trafic et ils foncent, on ne sait pourquoi. Subitement on prend la décision de traverser, il le faut bien à un moment donné. On se fatigue d'attendre une accalmie d'automobilistes qui ne vient pas. Sains et saufs, nous voilà donc dans ce qu'ils appellent à Paris les Tuileries. Il y a des statues sur des socles un peu partout et tu sais comme j'aime les statues à l'extérieur. Il y a des chaises posées ici et là sans plan précis mais, crois-le ou non, si tu t'installes sur l'une d'elles, il faut payer un écot! Vois-tu la tête d'un de nos vagabonds si soudain, dans un de nos squares montréalais un employé municipal voulait demander de l'argent parce qu'il s'est assis!

Nous étions excités, moi surtout. Rachel est une femme qui sait mieux contrôler ses émotions. J'étais tout ravi d'être devenu ce promeneur au beau milieu de la célèbre ville, Paris. Je regardais partout et je me suis senti devenir comme aérien, si léger que j'ai ri pour rien plusieurs fois. Est-ce un phénomène mystérieux qui surgissait du fond de mes gènes de petit-petit-fils d'ancêtres français? Comment savoir? Je ne peux croire que j'aurais éprouvé de tels sentiments de joie et de fierté si j'avais été dans un jardin public de Prague ou de Vienne? Je suis sans doute trop sentimental comme me le dit souvent ma Rachel en me souriant tendrement car, si j'envie souvent sa sobriété et sa retenue, je la soupçonne de la même manière d'envier parfois ma capacité d'exprimer mes moindres plaisirs.

En tout cas maman, ce soir, je tente difficilement de traduire mes premières émotions de ce premier des vingt-trois jours que je vais passer dans la mère patrie. Ça ne se décrit pas vraiment, ça ne se résume pas vraiment. Nous marchions, nous marchions. Tu nous vois arpentant cette fameuse avenue des Champs-Élysées? Soudain un caquetage très bruyant! On cherche des yeux et ce sont, quoi? de gros pigeons, des tourterelles, des colombes? — je ne connais rien en ornithologie — ils se battent, cris et violents bruissements d'ailes sous les lourdes frondaisons qui bordent la fameuse promenade entre l'avenue de Marigny et le rond-point des Champs-Élysées, une étonnante campagne en plein cœur d'une métropole! Alors s'amènent les rues Marbeuf, Pierre Charron, La Boétie, Lincoln et cætera et puis les édifices importants, gros marchands, grands commerces de tous genres, cinémas, jusqu'à notre arrivée en face du gros Arc de Triomphe, place Charles-de-Gaulle. Toujours, partout, des voitures qui roulent dans toutes les directions, sur les immenses trottoirs des centaines de promeneurs, mille visages différents que je scrute à mon habitude, cherchant à deviner des sorts, des destins.

Épuisés, nous entrons manger du rôti de bœuf bien saignant et des frites. Oh maman, tu en seras surprise, mais nous nous taisons. Oui, nous avons la tête trop pleine de nos premières impressions visuelles; voyager, être à l'étranger, très loin de chez soi, si loin de nos coutumes nord-américaines, c'est comme assister à un film. Ça se fait en silence. Nous absorbons. Et, tu me connais, je tente de capter les conversations aux tables qui nous entourent, ma manie de construire des scénarios à partir des bribes de conversation entendues. Et il y a, surtout ça maman, la douceur de la parlure par ici ? C'est une musique perpétuelle que d'entendre cette façon de parler français. C'est un ravissement. Bien sûr, nous croisons au Québec quelques Français et c'est toujours cette différence avec notre accent plutôt rocailleux et cette mollesse dans nos dictions. Ici, cet après-midi, partout, c'est cette belle chanson du langage, cette élocution, naturelle et pourtant comme... appliquée, de ce peuple. Je te donne un exemple qui m'a frappé énormément. Deux jeunes motards stationnent leurs lourds engins près de la rue Washington. Ils font un peu peur. Gros casques à visières de plastique brun, les blousons classiques de nos voyous, genre Hell's Angels, cloutés et barbés. Eh bien, chère maman, on s'attend à ce qu'ils sacrent comme des charretiers grossiers, on sait qu'on va entendre des grognements décorés de jurons blasphématoires et ma foi, je m'attendais à découvrir l'équivalent français des obscénités langagières d'un grand nombre de nos motards. J'écoute. Devine ce qui sort alors de la bouche d'un des deux cavaliers noirs de l'Apocalypse : « Dis donc mon vieux, je sais pas ce qu'elle a ma machine, mais elle gronde dans les virages ! » Oh ! l'étonnante surprise pour nous d'entendre cette phrase dans la bouche de qui nous a semblé être un *bum* de Paris ! Ce petit fait résume tout à fait ce que je tentais de te dire sur le doux langage français d'ici. À Montréal, le voyou aurait dit : « Hostie d'calvaire, chum, mon bike buck dans les curves, tabarnak ! » Tu comprends maman ce qui nous est arrivé à nous, Français d'Amérique, pour avoir été abandonnés sur les rivages du Saint-Laurent entourés d'Anglais et d'Américains?

Le soir est venu et ce fut le Paris-lumières tel qu'annoncé et promis dans tous les prospectus publicitaires pour touristes. Une vie! Des éclairages! On est redescendus vers la place de la Concorde, mais rendus à l'avenue Montaigne, au milieu des fontaines et des tertres fleuris on a décidé de prendre un taxi. Un étrange vieillard pilotait. Avec son chien, un affreux cabot gris nommé Fritz, assis à ses côtés. Un drôle de bonhomme, avec une belle barbe blanche et grise. Le type était auréolé. Accrochés, suspendus tout autour de son pare-brise, des dizaines d'objets hétéroclites se balançaient au rythme des pavés. Ça allait du simple tire-bouchon au baromètre assez sophistiqué. Il a cru reconnaître notre accent. Il nous parle de son cousin qui vit en Belgique! On le contredit aussitôt et alors, conduisant d'une main, il nous examine soigneusement comme si, à l'apparence, cette fois il allait repérer nos origines. On s'amusait. Il a parlé du Périgord, de l'Auvergne puis de la Suisse et enfin, nous voyant nier ses efforts, il a éclaté: «Vous êtes Canadiens, vous venez du Québec!»

Il a pris l'avenue Franklin D. Roosevelt et puis, je crois, un tunnel sous la Seine et je ne sais plus comment il s'est orienté pour nous ramener dans notre petite rue des Saints-Pères, je l'écoutais. Tout à fait le «cliché», dirait Rachel, du chauffeur de taxi de Paris. Quel bagout maman! Je tente de l'imiter, tiens: «Nom d'une pipe! Votre pays m'a fait rêver quand j'étais gosse, ah, bon Dieu que je voulais donc m'embarquer moi aussi comme Jacques Cartier et tous les autres. Je rêvais de vos immenses forêts, de vos millions de lacs tout bleus, de vos espaces sauvages. Je trouvais ma rue Mouffetard toute petite. J'étouffais. Je me sentais rapetisser, diminuer, vraiment, physiquement. Je remettais mon départ à quinze ans. Et puis à vingt ans. Et puis la vie nous empêche, nous retient. Le temps passe et je suis dans mon taxi à Paris, à soixante berges. »

Il jasait, il jacassait, il en bavassait un coup! Il ralentissait. Il a fermé son compteur automatique en disant: «Vous me donnerez ce que vous voudrez!» Nous aurions aimé rouler dans son taxi le reste de la soirée. Il me semble que ce bon barbu nous aurait fait un fameux guide pour un Paris-by-night. Je n'ai pas osé le lui demander et je le regrette en ce moment, attablé au petit secrétaire de notre chambre d'hôtel. Rendus dans Saint-Germain, est-ce croyable pour un taximan parisien, il nous a appris qu'il ne savait pas au juste où se trouvait cette rue des Saints-Pères!

Une fois arrivés, je ne savais trop combien valait cette course. Je lui ai donné cinquante francs, ou plutôt je les ai jetés sur le dos de son cabot Fritz qui les a aussitôt mâchouillés, car lui ne voulait rien prendre. Il nous a souhaité toutes sortes de bons vœux et à Rachel, qui lui a révélé l'existence du concours, il a donné des conseils: «En effet, il vous faut de l'inédit. Fuyez les Champs-Élysées, allez du côté du canal Saint-Martin, voyez de bons sujets du côté du Marais, dans Belleville, dans Maubert ou dans le quartier Saint-Médard... »

Tu comprends qu'on ne savait pas trop où se situaient ni le Marais ni le canal Saint-Martin, mais on l'a remercié. «Vous allez l'emporter, ma petite dame, je le sens, vous êtes si mignon-

ne et vous me semblez si attentive... » Rachel
m'a pris le bras avec affection; la prédiction du
gros barbu au chien rasé l'avait ragaillardie et
malgré ses pieds endoloris elle m'a dit: « Si on
allait voir les terrasses célèbres? Un dernier
verre de rouge avant le dodo? » On a marché
vers l'ouest, pour rien, une passante à l'accent
polonais nous a dit de rebrousser chemin, que le
café de Flore, les Deux-Magots se trouvaient au
coin de la rue de Rennes.

Oui, maman, tu peux nous imaginer, assis
à l'une de ces classiques petites tables rondes,
tout au bord du trottoir du boulevard Saint-
Germain, comme toutes ces célébrités de la
mode existentialiste de l'après-guerre de 39-45.
Nous y sommes comme deux grands... anony-
mes de plus dans ce quartier des intellectuels,
moi le technicien de l'usine de vaisselle de Saint-
Jérôme-des-Laurentides et Rachel, brillante mais
modeste réalisatrice de messages publicitaires de
la compagnie Inter-Media. Avril à Paris! Beau
soir parisien, rue pleine d'arbres déjà en feuilles, flots incessants de passants, les uns pressés
et renfrognés, les autres désœuvrés et lents,
bons vivants, il y a dans l'air un je ne sais quoi
d'envoûtant, une sorte de murmure joyeux à
n'en plus finir, quelques interpellations de loin
en loin ponctuent ces bruits variés.

On songe à tout ce qui nous reste à découvrir. On songe aux merveilles déjà vues en une
seule journée. On est là, souriant à tous, détendus. On voit des attroupements au coin de la
rue de Rennes, on sait qu'il y a une place du
Québec, toute récente, de l'autre côté de la rue.
On se sent bien. On se sent heureux. Jamais je
ne me suis senti aussi à l'aise dans une ville
nouvelle, que ce soit à Boston, à Philadelphie ou

à Washington. Il n'y a guère qu'à New York où je peux dire que j'éprouve cette bonne impression d'être encore chez moi. Est-ce que cela tient au fait que New York et Paris sont des métropoles, que Paris nous a été raconté si souvent dans des livres, des articles de magazines, des films, à la télé?

On a faim encore! À ce café de Flore, ce n'est pas le genre américain du «service express». Oh non! De temps en temps, on voit un de ces serveurs qui circule, auguste et calme, il a son plateau sous le bras et fixe un regard hautain dans le vague, bien au-dessus des têtes des clients. On en voit un autre qui passe près de notre table. On lui fait des signes véhéments pour qu'il consente à détacher son regard des badauds qui passent devant la brasserie chez Lipp de l'autre côté de la rue! Le petit et gras gaillard vêtu de noir finit par nous jeter un bref regard et lance rapidement: «Qu'est-ce que ce sera?» On demande deux croque-monsieur, deux verres de vin rouge et... des frites! Oh maman! tu aurais dû voir sa surprise au mot frites. C'est comme si on avait crié «À la bombe!» Il a un tic nerveux, fait virevolter impatiemment son petit plateau rond et nous tance: «Des frites? Ah non! Pas de frites! Il n'est pas question, ici, de servir des frites! Pouah!» Il semble dégoûté, comme s'il parlait de viande à chien, de mort-aux-rats. «Jamais de frites, ici, Dieu merci! Quelle horreur! Des frites!» Il grimace de plus belle, ce qui agace un peu Rachel qui adore manger des patates frites. «J'ai déjà travaillé, il y a longtemps, continue-t-il avec une moue dédaigneuse, où il s'en faisait des frites. Je rentrais chez moi avec une affreuse odeur de graisse sur tout mon linge! Fiah! Ja-

25

mais plus! Plus jamais je veux avoir affaire à cette cochonnerie de frites.» Rachel prend le parti d'en rire. L'ironie sarcastique des serveurs parisiens? Rachel dit: «Je raffole de ça, moi, les frites et j'en ai le goût!» Il redevient sérieux: «Bon, je vous apporterai des pommes-chips en sac!» Il s'en va. Il reviendra en déposant ce qu'il nomme: «Deux sandwiches fromage, deux ballons de rouge, et le sac de pommes-chips pour madame!» Son fin sourire de moquerie. Il ouvre la main: «Ça fait cent quarante francs!» Oui, maman, on a sursauté. Les prix devaient être plus bas au temps des existentialistes pauvres! On a été prévenus, c'est cher vivre à Paris! Vingt dollars pour si peu! Mais on s'en fiche, on est contents d'être ici. On est bien du doux temps! On est heureux de ces vacances-à-concours. On a l'argent de Rachel, je veux dire des Affaires étrangères! Et puis Paris est vraiment une fête. Drôle de fête sans motif, une fête probablement perpétuelle pour les touristes. Je me dis qu'il doit y avoir ici comme dans toutes les grandes métropoles des banlieues pleines de misérables qui en arrachent et qui tirent le diable par la queue et qui, avec cent francs, doivent se débrouiller toute une semaine. Mais nous sommes des visiteurs et pour nous il n'y a plus que cette effervescence du boulevard, ce gentil mime qui colle aux talons d'un badaud en imitant ses moindres gestes pour l'amusement des attablés que nous sommes. Un couple passe, alangui, les yeux rêveurs, ils s'arrêtent et «sont seuls au monde» comme dans la chanson. Ils s'embrassent très tendrement. Rachel me serre la main et me dit tout bas: «Je suis heureuse, je suis à Paris, je suis avec toi.» Mon cœur bat plus rapidement. C'est dans ces moments-là, chère mère, que je regrette de ne pas m'être mis en ménage plus tôt, que je me donne tort d'avoir trop écouté tes mises en garde, ta diffamation du mariage.

Très tard, on arrive enfin à s'arracher de ce bon spectacle continuel d'observer les Parisiens et les autres touristes de la terrasse du Flore. On est rentrés enlacés à l'hôtel des Saints-Pères. Le veilleur de nuit lisait un roman, les pieds sur une chaise de cuir. Il a fallu sonner! Il est venu nous ouvrir en bâillant et nous a remis notre clé qu'il avait fallu laisser au comptoir. Ça se passe comme ça dans l'hôtellerie par ici, que veux-tu. Alors on a l'impression d'être deux jeunes étudiants qui entrent dans leur pension de famille à l'étranger, sentiment amusant.

Rachel remue dans le lit, pas très confortable le sommier parisien, c'est mou et bruyant. Je cesse donc cette première relation de voyage. Je vais éteindre l'affreuse petite lampe, rococo comme le reste du mobilier et vais m'étendre près de la plus jolie concurrente du grand concours de photographie amateur des pays francophones. À demain soir, petite mère, car ma machine gronde dans les virages. J'ai sommeil et envie de Rachel à la fois!

Deuxième jour

Chère maman,

Matin du deuxième jour. Il y a du soleil, c'est mieux qu'hier. Plus de lumière. Je regarde par la fenêtre. Il me faut ouvrir de lourdes tentures sombres, pas de store de toile ni de store vénitien métallique par ici? J'ouvre en débarrant ce qu'ils appellent une espagnolette, un des deux volets de la haute fenêtre. Il y a un mini-jardin. La cour est une terrasse et je vois d'autres voyageurs qui boivent du café et mangent des croissants. C'est joli. Peint en blanc partout. C'est minuscule, comme la chambre, la table-secrétaire, l'ascenseur, le bureau et le hall du rez-de-chaussée. Rachel cherche à savoir comment les Français utilisent ce bol de porcelaine à robinetterie complexe, nommé bidet. Elle s'étonne comme moi de voir de si petits savons et qui sentent si fort, de ne trouver que de larges serviettes et aucune débarbouillette. Je me ferai la barbe pendant qu'elle achèvera de ranger notre linge dans une sorte de vaste armoire, car il n'y a pas de placard encastré dans les murs comme en Amérique. On s'amuse de ces différences. Elle chante. Je sifflote, le nez dehors par la fenêtre. Des pigeons roucoulent sans que je puisse les voir. Déjà une femme de chambre s'active dans le couloir.

Nous allons être dérangés aujourd'hui dans nos découvertes. Ce matin il faut aller chercher la voiture louée de Montréal. Oh, maman! Comment se rendre à cette gare de Lyon? On a peur d'avance de ne pas trouver! Ensuite, il faudra rendre visite aux gens de la Délégation générale et des Services culturels du Québec, rue du Bac. Le veilleur de nuit nous a dit que cette rue se trouve pas bien loin en marchant vers l'ouest. Et puis, après le lunch du midi, il faudra nous rendre chez un éditeur du côté de la place Saint-Sulpice qui a signé des accords avec Québec pour publier, en coédition avec Duméac de Montréal, un album des photos de Rachel. Grosse journée! Je téléphone. Un papier collé à une des tables de chevet nous a prévenus qu'il faut appeler pour qu'on monte le «petit déjeuner», car tu n'ignores pas qu'en France, il y a le petit et le vrai déjeuner qui est notre dîner, que le souper du soir est leur dîner. Une dame d'un âge certain s'amène, essoufflée et le regard fixé au sol, elle installe sur le secrétaire, des croissants, du beurre en quantité, de la confiture aux fraises et deux étranges cafetières avec un axe à ressort et à pression. Ce café très noir doit être mélangé avec une crème claire et un peu chaude. «À Rome, faut faire comme les Romains» alors on se débrouille sans nos toasts, nos œufs au miroir et notre bacon!

Nous voici, ce matin du deuxième jour, de nouveau près du carrefour Saint-Germain et de la rue de Rennes. On avait entendu parler de cette vieille église abbatiale où, au XVIIe siècle, notre premier évêque, Laval, fut consacré avant son départ pour Québec. Eh bien, maman, ça fait pauvre. Tu me diras que c'est une des plus vieilles églises de Paris, mais tout de même, nos églises montréalaises, même dans nos plus modestes paroisses, ont tout autre allure grâce aux clochers pointus et si hauts. Saint-Germain c'est vieux, sale, trapu, usé à la corde!

Bon, on a examiné notre premier panneau du métro de Paris. C'est clair. Pour aller chercher notre petite Renault 5 il n'y a qu'à descendre dans cette station Saint-Germain, sortir en chemin vers la grande station-charnière, Châtelet, et de là prendre une rame vers l'est, vers Vincennes, et descendre à la gare de Lyon justement. Nous y sommes et rapidement. Le métro n'est pas neuf. Quand on a eu le nôtre en 1966, celui de Paris fonctionnait depuis juillet 1900. Les murs souterrains sont tapissés de céramique blanche comme des bains publics. J'imagine que les carreaux, en 1900, devaient se vendre bon marché et j'en profite pour dire à Rachel que j'aimerais bien visiter les hauts lieux de la céramique française: Sèvres et Limoges. Tout à son concours, elle n'a fait que hausser les épaules. Je comprends qu'après tout je voyage à ses frais et que je devrai la suivre, elle. Chère mère, arrivés aux bureaux de louage, on nous apprend que pour fonctionner dans le pratique système «d'achat-rachat» il nous faut «monter rue Jean-Jaurès». On obtient l'adresse et la manière de nous y rendre. On repart. Les environs de cette gare de Lyon n'ont plus rien à voir avec le Paris visité hier. Que non! On découvre les réalités du vrai Paris, je veux dire la ville de tout le monde, le Paris ordinaire des travailleurs, des citadins modestes qui forment sans doute la majorité. J'ai demandé à Rachel qui a toujours son Kodak en bandoulière, si elle n'avait pas envie de faire des photos sur ce Paris-de-tout-le-monde pour le concours. Elle a paru surprise de ma suggestion et m'a dit: «Bon, ça y est, je reconnais mon gauchiste de salon. Des photos hyperréalistes sur le sordide qu'on s'efforce de traquer dans les fonds de cour? C'est ça que tu me suggères? Faut que tu saches que si je veux éviter les stéréotypes touristiques sur Paris, je n'ai pas davantage le goût de jouer la carte pas moins rebattue et archi-exportée de la misère exotique.» Et bang! Tu sais, maman, je ne vis pas avec n'importe qui, tu le vois! Elle a son idée, ses opinions et... elle a souvent raison, je l'admets.

Alors on a donc pris le métro vers l'ouest, on a repris la ligne marquée porte de Clignancourt, il a fallu sortir à la station Gare de l'Est, proche d'ailleurs de la Gare du Nord, et là on a pris la ligne porte de la Villette, il fallait sortir à Stalingrad, on a marché vers la rue Jean-Jaurès. Après bien des signatures, des attentes aussi, nous voici installés dans notre petite Renault 5. Catastrophe, maman, la mini-voiture n'a pas de conduite automatique et tu sais que je conduis des automatiques depuis près de vingt-cinq ans! Ouf! tu aurais dû voir les manœuvres. J'étouffais. Le moteur s'étranglait à tous les vingts pas! On a beaucoup ri au début. Rachel a fini par demander le volant. Je dois avouer qu'elle filait un peu plus longtemps que moi sans l'étouffement. Ça nous klaxonnait de tous bords, de tous côtés. On devenait très nerveux chaque fois qu'un feu virait au rouge. De plus, il fallait nous orienter pour descendre vers Saint-Germain-des-Prés. On s'est fait «secouer le pommier» sans bon sens. Ce soir, la satanée voiture est stationnée en face de l'hôtel, on a trouvé un trou par miracle et je ne pense pas qu'on s'en serve de sitôt.

Oh maman, j'aurais voulu que tu nous voies naviguer dans la circulation très dense des alentours de la Gare de l'Est! Une folle équipée. On gueulait, on bavait, on se tapait... sur les nerfs! On nous avait recommandé un axe important, une artère maîtresse, le boulevard de Sébastopol, mais avec nos soubresauts incessants, on a cru bon libérer la voie importante, et alors, ça a été des zigzags incroyables dans les petites rues transversales qui font des courbes, des croches, qui sont étroites sans bon sens, encombrées, bloquées par des livreurs. Nous tournions en rond bien souvent, nous revenions en des endroits où nous venions de passer... ce fut du délire, un cauchemar et même une fois traversés le pont au Change et le boulevard du Palais, ce fut encore un casse-tête de naviguer pour tâcher de rentrer dans notre rue des Saints-Pères. Ça me prendrait des pages et des pages pour te narrer en détail ces péripéties de notre première traversée de Paris en auto. On tremble à la pensée de devoir ramener la voiture, le premier mai, rue Jean-Jaurès!

Parlons d'autre chose, veux-tu, bonne mère! Parlons de notre visite inaugurale aux Services culturels de la Délégation, rue du Bac. En effet, à pied, ça ne nous a pris que quelques minutes.

Rue de Grenelle, plus de cigarettes! On descend rue de Varennes, pas de vendeur. Rue de Sèvres, enfin, un «tabac». Faut que je te dise qu'avec les Parisiens, parfois il faut nuancer, expliquer, parfois, au contraire, il faut être précis, rapide. J'entre donc dans ce magasin et tu nous connais, surtout en vacances, on aime bien jaser un peu, tourner autour du pot. Alors je dis au jeune vieillard derrière sa caisse: «Vous avez des cigarettes?» Bonyenne! Il m'a lancé un regard de feu, maman! « Comment si je vends des cigarettes? Qu'est-ce que vous croyez? Vous vous foutez de moi! Pensez-vous que je vends des chemises? Vous avez vu l'enseigne, non? Alors? » C'est comme ça! On va m'expliquer que la France n'est pas précisément le pays des hésitations, des pléonasmes, des bégaiements. Il te faut tout de suite dire ce que tu veux, combien tu en veux et payer! Alors je m'excuse et je lui dis tout doucement: « Avez-vous des More, rouges? » Il grogne un « non ». Je vois des paquets de Time et je sais que c'est la même sorte. J'en commande en prononçant le mot « Time » à l'américaine, en anglais quoi. Le grand bedonneux grogne encore: « J'ai pas de ça. » Je lui indique l'étagère où s'entassent les paquets de Time. Il se retourne et regarde: « Vous voulez dire des « Teem », prononçant à la française le mot « *Time* ».

Je suis sorti rapidement de chez ce grognard qui ne me lâchait plus, gueulant: « En Suisse, il faudra dire des « Plus » et en Italie, ce sont des « Dumont ». C'est comme ça, il faut savoir s'adapter mon ami quand on voyage... » Ouf!

La petite rue du Bac, où habita et mourut René de Chateaubriand, je venais de lire sa biographie à Montréal, est vivante. Nous cherchons l'adresse des Services culturels. Là-bas, mère, les numéros des bâtiments ne sont pas toujours clairement indiqués. C'est parfois une vraie cachette. Je me rappelle aussi, soudain, que c'était la rue de Romain Gary alias Émile Ajar. J'ai lu aussi le livre du vrai Émile Ajar qui a un nom russe compliqué. Toujours est-il qu'on tourne autour d'un magasin nommé Au Bon Marché, eh oui! comme les marchands de tissus du Québec. On finit par voir une vitrine où, oh surprise! il y a la photographie de ma Rachel auréolée de ses photos choisies qui lui ont mérité d'être la lauréate de tous les photographes amateurs du Québec. On y va, on fonce. Rachel est rougissante de fierté et de timidité.

Maman, quelle classe que ce Ronald Vilemain DesOrmes qui se nommait peut-être Delorme à Montréal! Un chic! Un air de noblesse qui doit faire plaisir aux aristocrates du lieu. C'est un personnage, à la fois onctueux et chaleureux. Certes d'une chaleur toute protocolaire. Il a d'abord félicité Rachel de sa première victoire au Québec et, tout de suite, a voulu la mettre en garde, en bon fonctionnaire de la diplomatie, rompu aux mille secrets des usages de la capitale. Veux-tu entendre un échantillon de son style, nous en étions plutôt muets: «Ma chère Rachel, maintenant, il vous faut être extrêmement soucieuse du fait que vous allez représenter toute la nation canadienne-française. Fini le débraillé québécois. Je vais vous présenter, au dîner de presse de nos éditeurs et à la réception de ce soir, à des gens importants. Grâce à Dieu, depuis que je suis à ce poste, je peux me vanter d'avoir réussi à amener ici, assez souvent, des hommes illustres, des académiciens, des savants connus, des hommes de lettres très réputés, des journalistes qui comptent, qui peuvent bâtir une réputation. Il y en a qui viendront même du *Monde*. Rendez-vous compte. J'ai invité des personnalités énormes. Certains m'ont assuré qu'ils viendront, j'ai ici un tas de cartes-réponses. Et il y aura la radio, la télé, peut-être deux ou trois équipes de cinéastes pour les actualités. Alors, prudence. Soyez vêtue sobrement mais sans ces accoutrements pratiques que trop de jeunes arborent quand ils viennent dans nos murs.»

Rachel me jetait de petits coups d'œil, craignant que je ne m'interpose. Le Ronald continuait, jouant avec ses deux belles bagues, agitant son beau bracelet d'or à son poignet droit, car il gesticule beaucoup et, ayant sans doute les fesses aussi maigres que tout le reste du corps, il s'agitait, gigotait sans cesse sur le bout de son joli fauteuil sculpté en bois d'érable du pays : « Vous comprendrez, chère Rachel, que je veux vous voir triompher à la grande finale. J'ai su que le Belge est un véritable sorcier des lentilles et que la Suissesse n'est pas du tout un amateur, qu'elle a réussi à cacher une demi-carrière en photographie professionnelle. Quant au Français — il baissa le ton — on m'en a parlé comme d'un demeuré, un être plutôt stupide qui a gagné les éliminatoires françaises grâce à la vacuité désolante des autres concurrents. Donc, il est éliminé. Des jurés seront ici ce soir, il faut en profiter. Ne parlez pas trop, les Québécois n'ont rien à gagner dans ce domaine, ce n'est pas une vérité contestée et vous le savez bien. Taisez-vous. Soyez ravissante, maquillez-vous sobrement mais faites-le, les Français aiment les maquillages sophistiqués. Portez une robe, grand Dieu, pas de pantalon. Le jury, où il n'y a que des hommes, vous le savez peut-être, est constitué de gens conservateurs. Un vieil écrivain, monsieur de Boisèche, un poète illustre, Emmanuel Roche, un reporter du *Monde*, François Souquet, un jeune éditeur du Seul, Jean Bondel, un cinéaste, le célèbre Alain Truffion, et enfin le fameux téléaste Bertrand Pavot. Vous verrez l'aréopage ! Des gens qui en ont vu d'autres, comme bien vous pensez. Êtes-vous nerveuse ? »

Rachel, maman, rien ne l'intimide. Elle a confiance en son étoile depuis toujours. Si elle a réussi à devenir cette réalisatrice recherchée par toutes les grosses firmes du Canada et des U.S.A. ce n'est pas par manque de courage, de flegme et de sang-froid. Alors, elle lui dit : « Non, pas trop. Je gagnerai le grand prix. » Et elle lui a adressé son plus beau sourire.

Monsieur Vilemain DesOrmes a semblé quelque peu interloqué. Il a fini par enchaîner : « Bien ! J'apprécie cette foi, cette espérance. C'est nécessaire. C'est utile ma bonne amie, mais attention, pas de faux pas, un propos déplacé, ce soir, et vous êtes éliminée d'avance dans le choix de l'un des jurés. Comprenez-moi bien, la Délégation mise beaucoup sur cette occasion de signaler le talent québécois, notre patron monsieur Yvon Michomifrette m'a signalé toute l'importance de ce concours pour notre renommée dans toute la francophonie, et je peux vous annoncer en passant que si vous l'emportez, vous aurez droit à une fête très organisée à nos locaux de la rue Pergolèse et à un dîner d'honneur à la résidence même de monsieur Michomifrette, avenue Foch, oui, ma petite dame, rien de moins ! Êtes-vous contente ? »

Rachel, cette fois, lui répond mais en me regardant, un peu excédée par ce protocolaire Ronald Vilemain DesOrmes : « Moi, vous savez, les salamalecs... je veux faire de bonnes photos françaises, je sais que ça va être édité en album, le reste, hen ? »

Le distingué Vilemain DesOrmes en grimace et continue sa presque mercuriale : « Justement, ces photos que les concurrents de la finale doivent faire sur le territoire français, y avez-vous pensé ? » Une autre fausse question, car il continue aussitôt : « Écoutez-moi attentivement. Je suis certain que le concurrent français qui vient du Midi va jouer la carte du régionalisme et mener, puisqu'on m'en a parlé comme d'un enragé de l'Occitanie, sa guerre sainte du « Midi » et de la Provence bafouée et écrasée. Quant à la Suisse, vous connaissez sans doute leur goût maniaque pour le géométrisme froid ? Alors la malheureuse va sans doute photographier le front de Seine, ses édifices, à la Suisse, la tour Montparnasse, acier et verre, vous voyez ? Elle fera peut-être un gros plan d'une section de la tour Eiffel, nettoyée récemment. C'est une mordue de l'abstraction, un disciple du géométrisme, du plasticisme, du Mondrian pour tout dire. Le Belge qui, m'a-t-on dit, est un gros malin et — il baissa encore la voix — plutôt pornocrate, je gage qu'il fera des photos cochonnes : les danseuses, les putes de la rue Saint-Denis, les travestis du bois de Boulogne ! Qu'est-ce qui vous reste, hein ? Dites-le-moi ? »

Oh, bonne maman, là je sentais que Rachel en « avait son voyage », ras-le-bol comme ils disent par ici. Encore une question sans réponse, le « seigneur » DesOrmes sait ce qu'elle doit faire. « Vous faites ce que vous voulez hein ? C'est vous qui décidez, mais moi j'ai un bon conseil à vous donner : soyez une artiste originale mais naturelle, ne vous cassez pas la tête. Les organisateurs de ce concours, le jury tout envier, tout le monde souhaite publier un album qui soit flatteur pour ce pays ! Vous me suivez ? Soyez généreuse. Soyez ce que vous êtes dans la vie de tous les jours, c'est-à-dire publicitaire ! Vous me saisissez ? Soyez une propagandiste de bon aloi. Montrez un aspect de Paris, ou de la France, car je ne sais pas si vous avez choisi la province ou la capitale, un aspect qui soit une louange, oui, oui, qui soit un éloge à ce pays qui est la mère des arts, des sciences, de la culture, ce pays qui est notre mère à nous à plus d'un titre... »

Il a parlé, il a parlé. Je ne l'écoutais plus, comme on cesse toujours à un moment donné d'écouter un moulin à paroles. Et Rachel, je pense bien, ne l'écoutait pas davantage. Soudain, c'est tout à fait elle ça, maman, elle s'est levée, je me souviens, c'est au moment où le sieur Des-Ormes disait: « Comprenez que les Français commencent à en revenir des charmants cousins du Québec. Ça ne suffit plus. Il faut un fort talent par là-dessus pour qu'ils ouvrent les bras, leurs portes et tout le reste. » Rachel était rendue dans le couloir, elle ose l'interrompre: « Craignez pas, mes photos ne seront ni françaises ni québécoises. Elles seront bonnes! »

Il nous fit visiter au pas de charge la bibliothèque, les bureaux de ses assistants et le petit auditorium du sous-sol. Sur le point de sortir, dans le hall, il serra fortement le bras de Rachel en lui chuchotant: « Je vous souhaite bonne chance malgré tout. N'oubliez pas le dîner de nos éditeurs dans trois jours, jeudi, au Récamier. C'est tout près d'ici, pas loin de votre hôtel, on y mange divinement. » Il ricana soudain: « N'oubliez pas surtout ma petite réception le même jour, je vous le répète, c'est ici, dans ce hall, que va se jouer l'issue de ce concours, croyez-moi. »

Une fois dans la rue du Bac, Rachel pouffa de rire, mais se retint aussitôt car notre cicérone et conseiller culturel sortait aussi. C'est alors, maman, que le sort se vengea comme on dit chez les auteurs classiques et qu'apparut sur le trottoir, je ne sais trop si tu le connais, le poète québécois Gaspard Moron. Il portait un habit de velours épais qui faisait des gueules de partout, surtout qu'il avait bourré ses poches de journaux, de livres de poche, il apostropha notre digne directeur qui en resta la bouche grande ouverte : « Ah ben, câline de binne d'ostensoir de tabarnac de marde, Ronald ! » Le poète ne nous voyait pas. Moron donna une série de bourrades à notre malingre et chétif conseiller en continuant : « T'as pas changé, mon hostie de vieux câlisse, toujours la peau pis les os comme dans le faubourg à mélasse, viarge de crisse ! » L'autre avait la bouche enflée comme quelqu'un qui va vomir dans l'instant. Gaspard l'avait pris par le cou et le serrait contre sa vaste poitrine et crachait dans sa face révulsée : « Dis-moé pas que t'es sorti de ton trou à rats, sacré Ronald de mes deux fesses ? Te voilà rendu dans les hautes sphères du culturel, hein mon sacrament de p'tit baveux de lèche-cul des autorités ! » Il riait à gorge déployée : « Je m'en rappelle du p'tit morveux de la rue Lafontaine, tu sais, du petit baveux qui nous dénonçait parce qu'on se crossait derrière la sacristie... » On a pensé bien faire en nous éloignant. Le Ronald de Gaspard restait muet, indigné. Ce rappel impromptu d'un passé qu'il croyait à jamais enterré devait le crucifier, surtout qu'il était enrobé de ce langage qui lui rappelait un peu trop brutalement un temps québécois qu'il avait sans doute fui à grandes... et maigres enjambées.

On s'installa à une terrasse, près du boulevard Raspail, bordé de beaux platanes déjà gros de feuillages, face à l'Hôtel Lutétia où l'on vit entrer le poète Gaspard Moron tirant littéralement sur une sorte de Valentin-le-désossé, monsieur

DesOrmes lui-même, ressemblant maintenant dans ses gestes, pour éviter la chaleur tonitruante du poète, à la caricature connue de Toulouse Lautrec. On commanda des « ballons » de rouge et de longs sandwiches jambon-fromage tout en se promettant pour jeudi midi un gueuleton royal puisque Rachel et moi allions découvrir la haute gastronomie de chez Récamier !

Le pire était à venir, chère maman. Nous avions rendez-vous à une heure aux bureaux de l'éditeur Roger Laffront, place Saint-Sulpice. En coédition avec Duméac de Montréal, Laffront devait éditer un album des photos québécoises de Rachel. Album qui, si le 30 avril Rachel remportait le grand prix, allait s'enrichir de ses photos françaises.

Nous avons marché. À tout bout de champ, comme on dit au pays, nous nous informions de la direction à prendre pour aller vers la place Saint-Sulpice. Il était trop tôt pour y aller directement. On croisa de nouveau la rue de Rennes. Nous étions sortis du quartier du Cherche Midi. Je te glisse ce nom en passant, maman, pour t'illustrer un peu qu'il y a souvent ainsi de jolis noms. Les rues ne sont jamais à angles droits comme en Amérique, aussi c'est un jeu bizarre que de chercher une rue ou une place, tu peux tourner en rond longtemps. C'est sans doute la loi d'une très vieille ville. Toujours est-il qu'on a abouti à l'orée de ce beau et grand parc nommé le jardin du Luxembourg. Tu sais que je suis pas trop fort en histoire. Mais, avant de partir, Rachel et moi on a feuilleté un tas de bouquins avec, évidemment, beaucoup de photographies. Ah ! que les photographes sont menteurs. Des faussaires, maman. Je le répète souvent à

Rachel pour la faire enrager. Je ne cesse de la taquiner en lui disant «qu'une photo vaut mille mensonges!» J'avais vu beaucoup de photos de cette fontaine de Médicis. Ça paraissait un ouvrage de haut calibre. Eh bien, tu découvres un bassin d'eau sale, de l'eau noire, je te jure, mère! Je n'y plongerais pas même le petit orteil de mon pied gauche. La fontaine elle-même m'a paru une vieillerie d'un style plutôt barbare. Ça ne fait rien, il y a toujours alentour de ces célèbres monuments un tel halo, je dirais d'historiété, que tu fermes ta gueule, que tu t'efforces d'admirer et le plus drôle, c'est que tu finis par trouver ça beau! Tu me diras que Marie de Médicis était italienne et que c'est pour ça que l'ensemble fait chargé et rococo! T'as pas tort, petite mère chérie! Un dépliant, justement, nous parle du cyclope Polyphème écrasant Acis et Galatée. Il y a aussi l'inévitable Léda et son cygne et je te jure que je suis loin de la danseuse nue de Montréal, Lili St-Cyr, qui nous excitait, étudiants, au balcon du théâtre Gayties avec son cygne!

Rachel aime les parcs. Elle se consolait du «sermon» de la rue du Bac en riant de voir des enfants jouer avec des voiliers, des surveillantes-à-chaises-payantes qui guettaient si on allait s'asseoir. On a joué à faire semblant de se choisir deux chaises! C'était folichon. Dès qu'on faisait mine de s'installer, la loueuse s'approchait mais on se retirait aussitôt. Ce qui m'a le plus réjoui, maman, c'est de voir trois garnements qui jouaient aux cow-boys en grimpant avec une insouciance historique complète sur un noble monument à je ne sais plus quel musicien. C'était rafraîchissant de voir cette jeunesse espiègle et innocente utiliser une statue auguste comme si c'était simplement un des rochers du Grand Canyon du Far West! Ça aussi ça nous a consolé des compassions constipées du sieur Ronald Vilemain DesOrmes!

On a foncé, à travers le jardin, vers le numéro 6 de la place Saint-Sulpice à la rencontre convoquée par Jean Rochemort, le chef littéraire des éditions Laffront. Il approchait une heure. Arrivés face aux vitrines de l'éditeur célèbre, voilà que ma Rachel, soudainement, éprouve une sorte de crise d'anxiété. Ça lui arrive rarement, je te le jure maman. Chaque fois je tente de la remonter. Je m'attelle à la requinquer. Je lui énumère ses bons coups. Je ne sais pas ce qu'elle a. Elle va s'asseoir sur un banc du square en me soupirant : «J'y vais pas. Je me sens pas de taille. Pas aujourd'hui.» Des pigeons parisiens voltigent çà et là. On en voit un peu partout sur la vieille église de style triomphaliste. Je ne sais plus trop quoi lui dire, je risque mi-figue, mi-raisin : «Rachel, mon amour, on a un gros cinq minutes devant nous, si tu veux, on entre dans l'église et on fait une petite prière comme quand on était deux bons petits catholiques canadiens-français des années quarante ou cinquante?» Elle me sourit et me prend la main, puis se lève, je me lève aussi, on s'enlace, on s'embrasse comme l'on fait à Paris un peu partout, matin, midi et soir. Et puis, ça va te faire plaisir maman, on pénètre derrière cette imposante façade gréco-latino-italienne, on voit deux huîtres absolument géantes qui servent de bénitiers à l'arrière de cette nef. Je te l'ai dit il n'y a pas longtemps, maman, il m'arrive de prier, de réciter par exemple un *Notre Père* du fond du cœur, la seule prière enseignée par Jésus.

Debout dans une allée, pendant que Rachel semble examiner les murales de grand Eugène Delacroix, je récite sincèrement : «Notre Père qui êtes aux cieux, faites que Rachel soit encouragée, faite qu'elle retrouve toute sa confiance en elle. Rachel mérite bien d'avoir du succès, elle n'a pas eu une enfance et pas davantage une jeunesse très heureuses. C'est son tour. Donnez-lui la chance de gagner le concours, inspirez-lui de bons sujets de photographie... et délivrez-nous du mal. Amen. »

Comme toujours, me voilà réconforté par ma courte prière. Nous sortons. Dieu a entendu ma supplique, car la voilà qui fonce en me disant : «On y va ! »

Oh bonne mère ! On a vu bien souvent dans des films français des années quarante, des commerçants parisiens installés, cocassement pour nous en Amérique, dans des locaux vétustes. J'avais toujours pensé à un exotisme quelque peu exagéré de la part des vieux cinéastes. Eh bien, je te jure qu'on n'était pas au cinéma : un portique branlant, un petit hall miteux, une secrétaire téléphonique tassée dans un recoin qui nous annonce et qui nous enjoint de monter. On monte. Escalier branlant, poussiéreux d'apparence. Le vrai taudis comme il en reste quelques-uns au cœur de l'ouest du Vieux-Montréal. Un gros blond dans une salle commune nous montre, de son menton pendant, une vieille dame rêche et raide. Celle-ci détache ses yeux rougis d'une pile de manuscrits et nous indique vaguement de prendre le petit couloir du fond. On le prend. Dans le couloir sombre et inquiétant, naviguant entre des piles de livres frais imprimés, une jeune fille pâle nous indique une porte de bois vermoulu. C'est là qu'il est le bureau de Jean Rochemort, celui qui est chargé des « étrangers » et de la « littérature littéraire » de la maison.

On frappe. On nous dit : « Pénétrez ! » On découvre un drôle de chat quinquagénaire ou davantage. Le cheveu lisse et fragile. Les verres de lunettes éclatants d'un récent polissage, un visage tout rond, des yeux pétillants dans un visage sans âge, oui, c'est lui le responsable, le chef de la plus grande section des Editions Roger Laffront, c'est Jean Rochemort, un nom à coucher dehors, tu vas me dire, douce mère. Il se soulève un peu d'un vieux fauteuil sans style apparent et nous adresse un sourire fait de deux rangées de petites dents pointues. Le chat juché dans une vieille illustration d'Alice au pays des merveilles ! Il a une petite voix de fausset, mais un ton chaleureux. « Alors c'est vous Rachel Robichaud du Québec ? Bravo ! J'ai vu vos photos de Montréal, c'est bien fait. La couleur, hum, c'est bon ! » Rachel revenue de sa brève pause défaitiste a retrouvé sa sûreté. « Je fais mes photos quand le ciel est bien bouché ! » Le gros chat se cale dans le dossier de son fauteuil qui grince : « Ah bon ! Vraiment ? » Rachel s'explique : « Oui, on dirait que c'est lorsque la lumière du jour est devenue rare que les couleurs crient, se défendent, se débattent. » Oh maman, c'est ça aussi parfois un Français de France, notre bonhomme s'anime et s'enflamme, lui si blanc à notre arrivée, le voilà qui devient rose et qui passera au rouge en déclamant : « Vous êtes brillante. En effet, il y a eu une crise picturale qui nous a conduits à une sorte de primitivisme des plus faciles. La saturation des couleurs partout. Le primaire vient d'avoir son règne, il y a un besoin, maintenant, en peinture comme en

photographie pour les dégradés, le sfumato ancien. Les nuances et la sensibilité des subtilités,
il y en avait, trop parfois, chez les Renaissants. »

Il parle, il parle, on dirait un André Malraux en conférence quand il était venu à l'École
du meuble de Montréal, à l'Institut des Arts
appliqués. Oh, mère! c'est quelque chose d'entendre un de ces Parisiens érudits quand il part
en associations diverses d'idées et aussi d'émotions. C'est un torrent peu commun. Est-ce
qu'on parviendra un jour à cette faconde intarissable? Peu importe au fond, la justesse de ses
assertions, ce qui est fascinant c'est d'entendre
un cerveau humain devenu machine infernale à
former des phrases à une cadence frénétique.
Soudain le gros chat sort de derrière son pupitre
énorme et nous enlace: « J'ai faim. Je vous invite
à mon bistrot quotidien. Pas loin, juste de
l'autre côté de la rue à l'ouest. »

Venez, chère maman, je vous fais voir le
bistrot classique, c'est encore une fois tout à
fait comme au cinéma d'antan. Le patron en tablier qui salue son monde en bas, on grimpe à
l'étage. Jean Rochemort a son coin là-haut, sa
table. Il doit y venir tous les midis, jours de
pluie ou jours de soleil. Le garçon est familier
avec lui. Il nous fait ses recommandations. On
le laisse composer nos menus. Il est bien.
Rochemort correspond tout à fait à l'image du
Parisien aux habitudes régulières comme il doit
s'en trouver dans tous les arrondissements de
Paris.

On est bien avec lui. Il nous a adoptés. Il
est gentil, simple, d'une grande cordialité non
feinte. Il nous dit tout de suite son horreur du
monde de la publicité. Rachel en est amusée. Il
est d'une franchise qui nous séduit, nous qui

pensions que la grande majorité des patrons français était constituée de joueurs, d'hypocrites, de menteurs diplomates.

On parle de Paris, du peu qu'on a vu. Rochemort a son opinion bien tranchée sur chaque sujet, sur chaque site, sur chaque monument historique. Il est féru d'histoire et aussi de potins savants. Il adore jouer les professeurs, c'est évident, mais quel prof désopilant il ferait. Il n'a confiance en rien ni en personne, mais sa misanthropie est heureusement farcie d'une ironie savoureuse. Il parsème ses noires pensées sur la France, sur Paris, sur les gens d'édition, d'un humour léger plein de compassion. Il est charitable. Et le plus beau, c'est qu'il ne se retient jamais de se juger lui-même sans aucune complaisance, mais, au contraire, avec une sévérité atroce. Alors, on rit. Rachel rit de plus belle quand Jean Rochemort lui énonce: «Eh oui, ça va finir par passer, mais on aime bien les artistes québécois ces années-ci! Dépêchez-vous de vous signaler, de vous faire accepter, car ça ne va pas durer, les Parisiens se lassent de tout. Bientôt, vous verrez, ça les amusera, nos ténors des médias, de renverser les choses et de trouver pourri tout ce qui arrivera du Québec!

Je dis: «Vous les connaissez bien, étant l'un d'eux?» Il réplique: «Ah non, moi je viens d'Alsace et je vis le plus souvent que je peux à Toulouse, où j'ai passé une bonne partie de ma jeunesse, où j'ai une maison et où je compte bien me retirer du cirque parisien le plus tôt possible.»

Maman, à ce genre de Français, on dit un mot, on pose une question, les voilà partis qui peuvent durer des temps infinis. Pourquoi est-ce qu'on a jamais eu de professeurs de ce calibre, de cette trempe, dans nos écoles et collèges? Ce Rochemort a été professeur de géographie et aussi d'histoire et j'imagine que ses élèves devaient trouver les heures de cours bien courtes. Maintenant, maman, si les Rochemort sont nombreux en France, je sais bien mieux pourquoi nos émigrants français au Québec ont souvent ce bagout divertissant, cette alacrité de pensée, cette vitesse à engendrer des propos sur tous les sujets.

C'est aussi à cause de cette capacité de s'exprimer si facilement qu'on a vu naître chez nous l'expression mi-curieuse, mi-blessante de « maudit français ». Nous qui sommes pour le plus grand nombre, de grands muets, de pathologiques « empêchés de parler », devenons enragés de découvrir chez tant d'émigrants de France de si solides machines à baragouiner. Oh bonne mère, même si ce qu'ils disent n'a pas grande importance, ou est bourré de paradoxes et de contradictions, il nous faudrait parvenir à maîtriser ce langage pléthorique. Même si la gueule nous gèle six mois par année, même si sa machine à parler gronde dans les virages, elle vire tout de même. « Madame, le patron, Roger, m'a promis un gueuleton faramineux, chez lui, rue Nicole, si c'est la petite Québécoise qui gagne. Il aime bien le Québec, y va pêcher et chasser chaque automne. »

Dans la rue, il a continué sa jactance accompagnée de ses petits gestes avec ses bras si courts. Sa petite tête ronde, sans cou apparent, dodelinait dans son vieux complet noir usé comme on imaginait les habits de tous les topazes de France. Monsieur Rochemort nous a livré quelques anecdotes sur les alentours en particulier, sur la capitale en général, et après nous avoir secoué les mains, pressé les bras avec affection s'est renfourné dans son vieux bâtiment homologué.

À propos, maman, j'observais ça hier soir attablé au Flore : les Français sont des acteurs-nés. Ils posent sans cesse. Ils jouent un rôle. Ce sont de prodigieux comédiens. Je les voyais se croiser, se saluer, parfois sans même se voir, sans se regarder mais, toujours, la main prête, la main ouverte, en quête d'une poignée. C'est cocasse, je te jure. Ils ne lèvent guère la main, c'est comme un rite impulsif. Les poignées de mains sont innombrables, rudes, plutôt brèves mais fréquentes. J'en ai vu plusieurs se dire et se redire « au revoir » avec, à chaque faux départ, ces mains qui s'ouvrent, qui se cherchent, se trouvent, se secouent frénétiquement. Une vraie farce pour des Nord-Américains comme nous si parcinomieux en signes d'affection, quels qu'ils soient.

Rachel, à qui je parle de ce rituel à répétitions ultra-fréquentes, me rappelle qu'elle a observé plusieurs fois des femmes et des hommes ou des femmes entre elles qui se font la bise multipliée par deux ! Oui, pour nous au Québec qui nous embrassons si peu en public, quel étonnement suscitent ces « quatre » baisers en vitesse et sans que s'entrechoquent les nez ! Il faut le faire ! Est-ce que, durant ces temps d'inflation, elles iront jusqu'à trois, voire quatre, paires de bises ? Ce serait encore plus cocasse.

Bon. Ensuite, on a voulu voir un peu plus au sud et on est parvenus jusqu'au boulevard Montparnasse. Encore une fois, et j'en saisis tout l'impact, c'est le cinéma qui nous guide, on pense au film sur Modigliani avec l'acteur Gérard Philipe. Tu te souviens comment ce film m'avait bouleversé. Quand je pense à ce que j'ai lu avant mon départ sur la Ruche et ses célèbres locataires, Soutine, Chagall, Léger, Zadkine, sur le Groupe des Six, sur Cendrars, Fargue, Breton, Cocteau… que Lénine, Trotski, Stravinski, Satie ont déambulé par ici, ont discuté au Dôme, à la Rotonde, à la Coupole, au Sélect, à la Closerie des Lilas… ah, vraiment, c'est un pèlerinage aux arts que ce quartier. Nous y trouvons une sorte de bourdonnement qui ne cesse pas du boulevard Raspail jusqu'au boulevard Saint-Michel. Montparnasse est bien vivant. Il n'y a plus les peintres maudits, ni même les poètes, il y a une foule extrêmement dense en cette fin d'après-midi d'avril. Ça virevolte en tous sens ; je savais bien qu'aux coins des rues Peel et Sainte-Catherine, en ce même moment, ça devait remuer aussi en diable, mais à Paris il y a des coins Peel-Sainte-Catherine dans vingt, dans cinquante quartiers de la ville. C'est ça une métropole mondiale, je suppose, maman.

Bras dessus, bras dessous nous déambulons Rachel et moi, examinant attentivement tout, la moindre enseigne, le plus petit vitrail, les poignées des portes, je te jure maman et je te le répète qu'il doit y avoir au fond de nos cellules nerveuses des gènes hérités de nos ancêtres et conservés intacts dans nos synapses de neurones… oui, je veux t'épater un peu d'avoir lu les passages lisibles des livres du brillant biogénéticien Jacquart ! En tout cas, d'où nous vient cette excitante palpitation qui nous vivifie depuis que l'on marche en France, dans ces vieilles rues de Paris ?

De tant déambuler ne fait pas que martyriser les pieds de ma tendre Rachel, mais nous conduit fréquemment à manger. On a croqué des sandwiches à une table de la Coupole puis, encore en appétit, on est retournés au rôti de bœuf à L'Assiette, une filiale de celle des Champs-Élysées. Une autre Assiette est sise derrière Saint-Germain-des-Prés; c'est une chaîne.

Enfin rassasiés on a monté le boul'Miche, tel que nommé à Paris. Le soir est venu. Toujours la gentille douceur d'avril avec, en plus, une forte brise qui fait onduler les cheveux bruns de «ma blonde». Le boulevard Saint-Michel nous semble plus ou moins bien fréquenté. On y croise souvent de jeunes voyous aux mines inquiétantes. Ils ont beau parler un français merveilleux pour nos oreilles écorchées de parlures québécistes, ils ont parfois des gestes inquiétants et dans les mains des outils métalliques mal identifiés.

On longe les hautes clôtures «royales», noir et or, du Luxembourg et on finit par déboucher sur «notre» boulevard Saint-Germain. Au coin, il y a des réflecteurs et, traversant vers l'est, on découvre que ces lumières font voir des ruines romaines. Restes de ce qui semble avoir été des bains publics. Eh bien, tu vois maman, non content de posséder de vieilles pierres des années 1300 et 1400, Paris a gardé quelques vieilles roches, des amas de pierrailles venues du temps de l'occupation des troupes de César! Alors tout cela, ces ruines et Notre-Dame, ce Louvre et ses terrasses célèbres, tout cela fait que nous avons l'impression de nous promener dans un immense musée à ciel ouvert et qui n'en finit pas de nous raconter le passé, lointain et plus récent!

Cette fois, on est crevés. Autant par les discours du sieur DesOrmes et du directeur Rochemort que par ces pérégrinations pédestres.

Nous décidons d'aller au lit. En passant nous résistons aux joyeux babillages qui nous parviennent du fond de la bruyante place Saint-Michel où nous nous proposons d'aller fureter sous peu. Nous saluons le monument à Danton le révolutionnaire. Nous résistons aux bruyantes rumeurs qui nous arrivent du café des Deux-Magots où se forment des grappes de badauds qui semblent s'amuser ferme au spectacle de troubadours modernes qui avalent du feu. Nous achetons des cartes postales au drugstore du coin de la rue de Rennes après avoir jeté un regard de fierté à la fontaine de « notre » place du Québec. Nous traversons l'accueillante rue du Dragon d'où nous parviennent de bonnes odeurs de cuisine française. On ne regarde même pas l'étal d'huîtres à la porte d'un restaurant même si nous raffolons des huîtres. On tourne le coin, quelques dîneurs s'attardent au modeste restaurant des Saints-Pères, vite le dodo !

Une fois installés dans notre lit, Rachel chantonne. C'est le bonheur quand elle chante ainsi. J'écris tout cela à la hâte. Je tombe de sommeil. Rachel a d'abord pris un bon bain chaud. Surtout pour ses pieds fragiles. Soudain, on entend des roucoulements. De plus en plus fort ! Vraiment maman, ce sont des pigeons en liesse folle. Rachel en est remuée. Elle m'affirme qu'il ne s'agit pas de pigeons mais des cris de plaisir d'une femme à un étage au-dessus du nôtre. Ça se peut. Ça nous donne des idées. Je ne peux pas me boucher les oreilles, cette pigeonne ou cette femme en chaleur est vraiment débordante d'énergie. Ça te ferait pâlir d'indignation, hein maman-la-puritaine. Ainsi va Paris ! J'en peux plus, bonne mère, je saute dans mon lit après avoir fermé les fenêtres et tiré les tentures. Rachel pourrait roucouler elle aussi et ça ferait un drôle de concert. Malgré les fenêtres refermées, le bruit de la roucoulade s'amplifie soudain. C'est un étrange concert qui traverse notre fenêtre et ses tentures. Rachel se lève et ouvre une des deux fenêtres, médusée et même inquiète de ces gloussements intempestifs. Elle me dit: «Je te répète que ce n'est pas des pigeons. C'est une femme en pâmoison!» Ma foi, maman, elle a peut-être raison. La cour forme une sorte de grosse caisse de résonance. La pauvre dame se croit «en privé», si elle pouvait entendre les échos sonores de ses ébats nocturnes, elle irait vite mordre son oreiller.

Troisième jour

Maman,

Ce matin, le gérant de l'hôtel gueule dans le hall d'entrée. Nous prenions le « petit déjeuner » dehors, à cette terrasse aménagée dans la cour. Le matin était doux, ensoleillé. Le gérant parlait si fort qu'on ne pouvait pas s'empêcher d'entendre ses admonestations furibondes. Devant lui, une toute petite cliente intimidée : « Mais, madame, rendez-vous compte ? On a été assaillis de plaintes. On doit se retenir à l'hôtel. Ça ne se fait pas ! » En face du comptoir de réception, la jolie dame ne sait plus où se mettre. Des clients passent devant et derrière elle. Rougissante, elle tente une timide protestation : « Mais enfin, on a exagéré... Vous grossissez les faits, je vous assure ! » Oh maman, la scène incongrue et désopilante. Le gérant, sorte de digne Jean Gabin, ne lâchait pas : « Moi je vous assure que vous avez dérangé tous nos clients ! » Il devenait cruel : « Vous devriez savoir que les gens ont droit à leur sommeil paisible. C'est un droit normal. Tandis que vous... ces cris, ces clameurs. Où vous croyez-vous ? De la retenue, bon sang ! On ne vit pas dans les bois. C'est incroyable ça ! Rendez-vous compte de... de la gêne de nos clients. Vous n'êtes pas seule ici, madame!» Une fillette s'est amenée, a pris la main de la femme maigre et distinguée qui ne savait plus où aller se cacher: «Tu as rangé tes crayons de couleurs, Magalie? Écoutez, monsieur, ça ne se reproduira pas. Je m'excuse. Je ne croyais pas... je suis étonnée... c'est une erreur!»

Une erreur, maman? Le gérant à la voix tonitruante avait fini par lui faire parler d'une nuit d'amour bruyant comme d'une erreur, et promettre qu'elle ne ferait plus l'amour dans son hôtel, du moins pas sans avoir refermé ses fenêtres. Rachel et moi étions sidérés et amusés à la fois. Pour ne pas éclater de rire on s'empiffrait de croissants.

C'était ça aussi Paris, maman, dans le 6e arrondissement, en ce beau matin de notre troisième jour en France! Après cette séance inusitée, nous étions en forme pour aller visiter un peu les alentours de Saint-Germain-des-Prés. Nous avions un peu de linge à faire «nettoyer». Une sorte de fausse chinoise qui passe ses journées à regarder la télé nous avait dit: «Pour un «dégraisseur», vous voulez dire. Tournez à gauche en sortant de la rue, puis à droite, c'est dans la rue Gosselin.» On avait bien entendu «Gosselin», un nom bien de chez nous. Eh bien, on l'a cherchée longtemps cette petite rue. Elle était introuvable. On questionnait des tas de passants, choisissant les vrais, les autochtones. On les décèle à leur pas rapide. On a tourné en rond. Comme ces petites rues qui tournent. Et, par hasard, à l'est de la rue de Rennes, au sud de Saint-Germain, on a fini par lire en blanc sur bleu: rue Gozlin. Affaire de diction française, maman!

Après avoir sursauté à l'énoncé des tarifs de ce « dégraisseur », on est allés marcher dans la rue de Varenne, vers l'ouest, c'est juste au sud de la rue de Grenelle. On ne voulait pas savoir où nous mènerait cette rue, cette promenade. Maman, quel spectacle que ces petites rues, que ce quartier. Tout nous captive. Vingt, cent détails nous intéressent. Par exemple, soudain, cette lourde porte cochère qui s'ouvre en grinçant. On regarde, on voit un joli jardin. Il y a des bacs de fleurs et des arbustes taillés. Au fond du jardin un pavillon, ancien et solide, renové peut-être, de hautes portes-fenêtres avec de beaux rideaux drapés à la vénitienne. Surprise ! Étonnement ! On croyait être en quartier plutôt pauvre et on découvre qu'il peut y avoir derrière ces murs lépreux, ces vieilles portes, un camouflage, du luxe, de la richesse en tout cas ! Cachottiers, ces bourgeois parisiens ? La peur de l'envie ? La crainte d'une autre révolution, d'une nouvelle « commune » ? On se cache du fisc ? De nous, les touristes curieux ? Encore d'autres portes qui s'ouvrent et une limousine allemande rutilante sort doucement d'un autre somptueux jardin. Maman, on est loin de nos parterres montréalais, rue Saint-Denis, toi qui jouais parfois à la bourgeoise ! On est loin du clinquant des parvenus de nos récentes banlieues, ou même des nouveaux riches des petites villes nord-américaines. Ici c'est la discrétion. L'abri. La cachette. L'Américain « arrivé » n'a rien de plus pressé que de faire étalage de ses grands moyens, d'exhiber aux regards des badauds l'opulance de ses installations domiciliaires. Nous sommes, ici, dans un autre monde. « La classe », c'est de dissimuler son bien ? Rachel me dit : « Dans le cœur de ce très vieux quartier, je croyais qu'il n'y avait plus de citadins ordinaires, que ces bâtiments étaient déserts, que, derrière tous ces murs, il n'y avait que bureaux administratifs de l'État. » Mais non, ce quartier contient de vrais habitants. Par exemple, cet homme-là, qui sort en vitesse de derrière une lourde porte aux poignées dorées, il est sombrement vêtu, presque en deuil.

Un flic surgit comme polichinelle d'une embrasure, retire son képi, ouvre la portière d'une luxueuse voiture à cocarde tricolore. Départ en trombe! Des gens importants résident donc dans ce quartier en apparence délabré. Nous atteignons la rue Constantine et Rachel me rappelle: «Oh! oh! Tu sais que DesOrmes nous a priés de ne pas fureter de ce côté! Au Centre culturel canadien, rue Constantine, c'est l'espace généreux, les murs lambrissés, les moquettes épaisses, le gaspillage mégalomane d'Ottawa! Rachel, maman tu es femme, tu la comprendras, me dit son envie de visiter ce palais conspué par la rue du Bac. On y va, on fonce. Gros bâtiment imposant en comparaison de l'ancien entrepôt Au Bon Marché qui sert de Centre culturel pour le Québec. Drapeau à feuille d'érable rouge au vent, on passe dessous, on entre. Une longue figure, du genre «jéciste», nous souhaite la bienvenue dans les deux langues officielles du Canada. Quand Rachel s'identifie, c'est soudain un léger branle-bas, un geste, un signe, précipitation d'une secrétaire et c'est l'apparition d'une des dirigeantes du Centre. J'ai mal compris son titre. Elle félicite Rachel de sa participation au concours avec une onction de grand commis de l'État et une diction sans doute éprouvée par un long séjour chez les Royalistes de l'Ontario. Hélas, maman, c'est la visite guidée en règle.

Un pensum pénible et la découverte de l'avant avant-gardisme » de l'art « canadian », imitant les recherches farfelues des arts plastiques « étatsuniens ». Notre hôtesse directrice semble fière et harassée à la fois, tous les locaux sont déserts ou presque. Du panache moderniste qui tourne à vide ! On a même regardé dans les placards comme des évaluateurs municipaux ou des inspecteurs de faillites. Grand discours sur les projets, les rêves d'agrandissements, les futures expos « d'art minimal et maximal ». Bibliothèque, une étudiante pleine d'acné qui nous a fait « Hello ? » ; discothèque où un autre étudiant, de Banff, nous a fait « Hello ! » ; musicothèque, vidéothèque, un ensemble suréquipé qui montre bien que le Canada est du « club des pays riches ». La galerie du centre est recouverte de cendres et un tas de tuyaux noirs serpentent, suspendus à des fils de fer ! C'est très sinistre et très novateur, n'est-ce pas maman ? C'est la vacuité habituelle des audaces hyperréalistes. Dans le hall, nous reconduisant, la directrice essuya une fine sueur sur sa fine moustache et, après avoir souhaité la victoire de Rachel, se vida le cœur : « Si vous saviez les misères qu'on nous fait ? » Ce « on » désignait, on l'a su assez vite, tous ces fonctionnaires québécois à Paris. « Ils nous mettent des bâtons dans les roues, tentent de nous empêcher de fonctionner normalement ! » Elle a baissé la voix comme pour un secret d'ambassade pour ajouter : « C'est une lutte stérile et dérisoire. Nous devrions collaborer, sinon c'est la surenchère idiote et destructrice. On vit sur les nerfs. Pour conquérir Paris, nos créateurs auraient besoin d'une aide conjuguée, pas de cette rivalité tortueuse ! » Rachel, polie, a émis des « bien sûr, bien sûr », des

« mais oui, mais oui », et même des « évidemment, évidemment ». La pleureuse fédéraliste, chantre du « bon ententisme » entre les deux « peuples fondateurs », laudatrice du grand pays « d'une mer à l'autre », a répété ses bons souhaits pour la finale du concours, a offert les ressources de ses documentalistes et recherchistes et a poussé un dernier soupir : « Si, au moins, Matignon, le Palais-Bourbon et l'Élysée ne se prêtaient pas tant à ce jeu pénible, mais hélas... »

Sortie du chic bâtiment, Rachel a pu rire un bon coup. « Je ne dois compter que sur moi ! » À ces mots, maman, je lui recommande de photographier la belle esplanade des Invalides qui s'étale devant nos yeux et je lui annonce, après l'avoir entendue me jeter : « cliché, stéréotype », que je veux visiter ce mausolée historique. Tu vois que je ne me laisse pas dominer aussi facilement que tu le craignais quand je me suis mis en ménage avec « cette femme de tête », comme tu l'appelais au début de nos amours. Je lui ai dit à ma jolie « femme de tête » que le cliché Napoléon avait une certaine consistance. Elle a donc accepté de venir se recueillir une minute devant le tombeau du Bonaparte, Empereur des Français. Avant de partir j'avais lu le Victor Hugo relatant en reporter les funérailles d'État lors du retour de Sainte-Hélène de la dépouille du « petit caïd », comme l'appelait le professeur Guillemin à la télé. Rachel ne semble pas être une mordue d'histoire comme moi. Tu te souviens, maman, de ma passion pour l'histoire de France, du temps que notre voisin le comptable Jean Hudon me racontait des soirées entières, sur le balcon, « sa » version des exploits du caporal corse ? Le fameux tombeau est l'attraction de l'église du Dôme. On n'y est pas allé de main morte. Le grand luxe! Sur un socle de granit vert, on voit un sarcophage de porphyre d'un rouge violacé. Il paraît que le cadavre repose au sein d'une demi-douzaine de cercueils, rien que ça! Pour célébrer une gloire passée, les Français savent faire les choses en grande, il y en a un en chêne, un en ébène, un en acajou. Le visiteur ne voit que le marbre rouge sur la pierre verte. Ici comme ailleurs, il faut lire les brochures. Des enfants s'ennuient dans ce sanctuaire archidécoré. Ils font des bruits de bouche, des bruits de pieds, ils tirent sur les parents, veulent aller courir dehors. J'aime bien le spectacle de certains visiteurs aux mines graves, recueillis sur commande, étudiants-du-soir, avides de détails qu'ils oublieront aussitôt sortis, j'aime cette lutte muette, parfois tenace, celle que les parents livrent aux enfants incultes! Le luxe, l'argent, les dorures, rien n'impressionne ni n'intéresse les enfants. Un grand gaillard fait un salut en claquant des talons devant le très théâtral décor de l'une des niches mortuaires, celle du Maréchal Foch; on dirait un étalage de vitrine de magasin avec son éclairage en bleu et jaune. On y a vu aussi les tombeaux de la parenté, Joseph et Jérôme Bonaparte. Une affaire de famille, ce caveau funèbre! Rachel me dit: «Pas question de faire des photos d'intérieurs avec flash. Nous sortons. On va dans la grande cour au nord. Des canons rouillent, inutilisatbles. J'ai envie de jeter un coup d'œil dans ce musée de l'armée. Oh! mère, tu connais mon estime pour les chevaliers et leurs armures de fer-blanc, je suis servi. Une galerie pleine de «quichottes», des selles, des couvre-chevaux de métal, parfois parés de bijoux. Des pièces à pleines salles qui illustrent les guerres à partir des années 600 jus-

59

qu'aux années 1600! Il y en a pour tous les goûts, je te jure!

Rachel, ses pieds! est sortie bien avant moi, le militarisme l'assomme et quand je la rejoins dans la cour aux vieux canons, elle marche toute souriante et très lentement aux bras d'un vétéran, d'un véritable «invalide» qui cogne sa canne à chaque pas qu'il fait, qui est en costume de parade, qui porte d'énormes moustaches et doit sans doute être un important officier. Je les vois sortir de la cour d'honneur, bras dessus, bras dessous. Des gamins iconoclastes, ingrats, pleins d'irrévérence cruelle se moquent de ce couple insolite, boitillent comme Rachel (ses pieds) et le militaire bardé de médailles. Les enfants me voient et retournent alors jouer à saute-mouton sur les «bouches» rouillées. Je m'empresse de les rejoindre. Je tousse. On se retourne. Je souris à Rachel. «Ah! Nous parlions de vous, «jeune» homme!» Tout est relatif, maman! Il me plante sa canne sur une hanche: «Oui, votre charmante petite dame me disait que vous vous intéressiez à notre Empereur! Eh bien, jeunes Canadiens, sachez qu'il aurait pu, qu'il aurait dû aller vous délivrer là-bas, en Nouvelle-France, vous arracher du régime anglais qui vous étouffait à petit feu.» Ses yeux mouillés brillaient d'une inquiétante intensité: «Mais non, au lieu de traverser la Manche, de conquérir la fière Albion et puis de traverser la mer, comme il se le proposait d'ailleurs, soudain, l'Empereur fait demi-tour et amène sa Grande Armée vers l'est, vers la Russie, avec les désastreux résultats que vous savez! Quel dommage!» Il sourit ensuite: «Mais, à vous regarder, il semble bien que vous vous êtes assez bien débrouillés sans nous! Madame est un être tout à fait ravissant, plein de belle santé et, m'a-t-elle appris, assez douée pour avoir remporté le concours de photos chez vous et être maintenant finaliste. Et notre invitée! Bravo! Bravo!» Maman, il se remet à marcher le long de l'Esplanade et à parler, parler de «sa» guerre, celle de 14-18. De sa blessure à Verdun — il y a aussi un Verdun en France, maman. Il a eu des propos amers, s'est dit bien déçu. «Le pays n'a plus d'honneur!» Il a critiqué les mœurs d'aujourd'hui: «Il n'y a plus les valeurs de l'héroïsme!» Il parlait impérieusement. Un livre ouvert! Les phrases s'enchaînaient à une cadence étonnante pour un homme de quatre-vingt-deux ans! Je le guettais, me demandant comment il arrivait à reprendre son souffle au sein de ce flot de souvenirs heureux, de regrets sincères, de souhaits idéalistes, de visions parfois noires, parfois utopiques: «Vous verrez, tout va aller si mal bientôt en France que reviendra un autre Napoléon!» En moins d'une demi-heure, tout y a passé, les bienfaits de l'Empire, les dangers de la démocratie forcément démagogique, le péril marxiste, les folies des socialistes, le marxisme, la perte des colonies, le pape Jean XXIII, les Arabes, le terrorisme florissant, le sionisme et... soudain, nous est apparue une jeune femme blonde, aux cheveux surabondants, en jeans délavés et rapiécés, en t-shirt pas très propre sur une jeune poitrine rebondissante. Notre héros a cessé net son incontinente litanie de reproches à la nation, il a salué Rachel avec une raideur surprenante. Le preux chevalier avait abandonné soudain son maniérisme galant. Il a offert son bras à la jeune fille qui mâchait de la gomme ostensiblement. On a regardé l'étrange couple qui traversa les pelouses de l'Esplanade en diagonale et disparut dans la rue de l'Université. Un vrai mystère, maman! Excités par cette intrusion inattendue, secoués, Rachel et moi en avons eu pour une heure à dresser des scénarios plausibles: sa petite-fille? Sa fille cadette? Une infirmière spéciale? Une nièce douteuse? Une garce? Une vicieuse? Une sainte bénévole? Une aide bien payée? Rachel me dit: «N'oublie pas, toi, l'ancien religieux: tu ne jugeras pas!» Je ne jugeais pas, je cherchais à percer une mystérieuse apparition. Rachel ajoute: «En tout cas, il fallait bien que je vienne en France pour qu'un «militaire» me charme, c'est bien la première fois. » Rien à voir, maman, avec nos militaires nord-américains, raides, maladroits, puritains, toujours mal à l'aise pour parler ou pour séduire la gent féminine. Un monde! Maman, la France c'est ça aussi. Nos soldats ont souvent l'air de cow-boys mal dégrossis, parfois de demi-bandits. Ce militaire était plein de bonnes manières, galant, flatteur, discret, cultivé et s'exprimait comme un académicien du Grand Siècle. Rachel riait: «C'est peut-être à cause de ce genre de soldats que la France a perdu tant de guerres, a été envahie si rapidement par les Allemands en 1940. Le G. I. des U. S. A. ne pourrait pas parler plus de cinq minutes sur ses héros de l'Indépendance, mais il est meilleur combattant peut-être?»

Nous marchions vers la Seine tout doucement. Rachel me dit: «C'est beau une certaine sorte de vanité, ce vieillard infirme souriait, s'efforçait de boiter avec élégance mais, à la dérobée, j'ai surpris plusieurs grimaces de douleur vite réprimées. » Nous avons traversé le pont sans doute le plus décoré, Alexandre III. Il est bordé de jolis lampadaires ornés de sculptures baroques. Je vais te faire un aveu, maman : en entendant Rachel me reparler de la finesse et de la galanterie de son vétéran, je me suis demandé, cet après-midi, sur le pont, si je suis assez souvent galant avec elle ! J'ai peur. Tu sais qu'à cause de ma « carrière religieuse », je ne suis pas le mieux préparé à séduire perpétuellement une femme. J'ai peur de la perdre un jour. J'ai eu peur de ce vieillard boiteux, tu te rends compte ? J'ai détesté les comparaisons qu'elle pourrait faire. Je lui ai acheté des fleurs à un kiosque du quai d'Orsay. Ça m'a un peu rassuré quand elle m'a dit en humant mon bouquet : « Clément, tu es le plus gentil et le plus prévenant des amoureux. Si toutes les femmes avaient un compagnon comme toi, elles seraient nombreuses à avoir mon « sourire de femme comblée », comme m'a dit mon vieil officier tout à l'heure, avant que tu arrives. »

Maintenant, je te raconte le choc visuel subi un peu plus tard. Nous avons pris, rive droite, l'avenue Winston Churchill et on a regardé les beaux restes d'une exposition universelle de jadis, le Grand et le Petit-Palais. On y tient de vastes expositions, du genre les « chevaux de Venise ». Ensuite on s'est rendus loin à l'est, à Beaubourg voir le Centre Pompidou. Eh bien, c'est l'architecture « de pointe » au cœur du vieux Paris. Imagine un édifice avec les tripes, les boyaux sortis, pendant tout autour de ses murs, au soleil. Des tuyaux d'égouts qu'on a peints de couleurs vives serpentent joyeusement hors du ventre de la bâtisse, en bleu, en jaune, en rouge ! On se serait crus transportés dans un « Art Center » sauce Los Angeles. Ou Chicago ! Les Palais de l'avenue Churchill, c'est le « vieux monde » attendu, Beaubourg c'est l'annonce de l'autre Paris, celui qui, m'a-t-on dit, se construit loin derrière l'horizon de l'Arc de Triomphe, quartier de La Défense. Si on a le temps, on ira voir ça avant de partir, l'au-delà de la porte Maillot.

Quel plaisir, mère, de déambuler dans cette ville, foyer des divers courants de l'art pendant si longtemps. Jeune, je suivais des cours d'histoire de l'art sans pouvoir prévoir qu'un jour j'aurais la chance de venir ici. J'avais souhaité ardemment, à vingt ans, venir ici mais n'avais pu obtenir de bourse. Mon talent de potier était en friche et papa n'avait aucun piston politique, ce qui n'était pas le cas pour certains de mes jeunes camarades.

J'y suis donc à Paris, France, maman, enfin! Après mes études, après mes différents stages de moniteur en récréation artistique, après mon long séjour « en religion », après cette dizaine d'années à mon usine de céramique et surtout après mes incursions aux États-Unis, j'avais changé. Le croiras-tu si je te disais que je n'étais pas chaud pour dire « oui » à l'invitation de ma lauréate de m'embarquer pour l'Europe? Me croiras-tu si je te disais que je n'ai guère le goût, comme Rachel le propose parfois, d'aller voir les grandes expos: Modigliani au Palais de Tokyo, les impressionnistes au Musée du Jeu de Paume et quoi encore ici, à Beaubourg. Oui, j'ai changé. J'ai déjà eu, jadis, de l'intérêt à flâner au Musée de Montréal et dans les galeries de l'ouest de la rue Sherbrooke, maintenant cela m'ennuie on dirait. Je préfère l'art anonyme de la vie ordinaire, marcher dans des rues inconnues, le spectacle toujours changeant des piétons plus ou moins affairés, les chaises des terrasses innombrables. Et le cinéma. Encore un art modeste mais de mouvement. Ce qui ne remue pas me semble la mort! Fou ça, hen?

Rue de Venise, épuisés, on s'était laissés tomber sur les chaises offertes d'un café-terrasse, avec vue générale sur la tuyauterie multicolore! Une jeune serveuse, au dynamisme survolté, a demandé, plus ou moins discrètement, à Rachel si j'étais Belge? L'accent! Rachel a bien ri. Moi aussi je ris par en dedans car, entre nous deux maman, elle a attrapé ce petit ton pointu commun à la plupart des Parisiens. Elle ne s'en rend pas compte et si je lui en faisais la remarque, je la connais, elle se fâcherait! C'est qu'elle a de l'oreille et a besoin de s'intégrer rapidement où qu'elle se trouve mon joli caméléon! Je l'ai déjà entendue imiter, et bien, la «parlure» exotique d'un Gabonais venu visiter sa maison de production. Une autre fois, le débit archilent et nasillard d'un Suisse venu à mon usine pour un projet de design complexe. Et puis quoi, elle doit se dire: «À Paris, fais comme les Parisiens!» Toujours est-il que soudain voici ma Rachel qui se décide enfin à faire des photos des viscères de Pompidou. La serveuse pousse son enquête: «D'où êtes-vous au juste, on peut savoir?» Je lui dis en souriant: «Et vous, vous n'avez pas d'accent peut-être? Vous entendez-vous parler?» Elle est toute surprise, me dit que j'affirme n'importe quoi, qu'elle n'a aucun accent, qu'elle parle comme tout le monde! Je lui explique que, pour les Montréalais, moi aussi je n'ai plus d'accent et je parle «comme tout le monde» là-bas. «Si vous veniez au Québec, tout de suite en arrivant, on remarquerait votre accent parisien!» Elle paraît encore plus surprise! Il faut bien le dire maman, pour le Parisien, «il n'est bon bec que de Paris». J'imagine qu'habiter une telle métropole doit donner un sentiment de supériorité inconscient! Bon, maintenant Rachel travaille ferme. À genoux, en petit bonhomme! Elle cherche laborieusement ses fameux « premiers plans », ses « amorces » comme elle dit toujours. La serveuse me tient compagnie, elle a posé son plateau et me fait des confidences maintenant qu'elle me sait du Québec : « J'ai une amie là-bas. Elle est coiffeuse, Place d'Armes, à Montréal. Je rêve souvent d'aller traverser l'Atlantique. Je gagnerais tellement plus « en Amérique ». » Pour eux, l'Amérique est synonyme de « grosses gages ». Ils ignorent qu'il y a encore des taudis dans les Appalaches à quelques heures de New York. Elle regarde sans le voir son décor familier de tuyauterie colorée : « Mais je sais pas si j'irais à Montréal ou à Toronto où l'on me dit qu'il y a un boom économique. C'est vrai? Je serais peut-être mieux de m'installer à Chicago ou bien à Philadelphie, j'apprendrais l'américain. J'apprends vite. J'ai eu un ami italien six mois. Je me débrouillais déjà pas trop mal en italien. J'ai le don. Et puis si j'allais à New York, par exemple, bien j'irais passer mes week-ends, en français, à Montréal, là où il y a plein de Français qu'on m'a dit! » Je lui explique qu'il faut toute une journée en voiture pour aller de New York à Montréal. Je lui dis que Montréal et tout le Québec vit en français. Elle refuse de me croire et appelle Rachel du regard pour voir si elle confirmerait ce fait. Tu vois, maman, on s'imagine que le monde entier connaît notre pays, et surtout les Français. Eh bien non, pas du tout! Il y a un monde entre un journaliste bien informé qui a voyagé, et cette Parisienne de Beaubourg. Rachel rampait sur un muret et cadrait un point de vue original sans doute. Elle me revient sans enthousiasme pour vider sa demi-tasse de café noir. Bien noir! Par ici, mère, le café noir est de la mélasse, du goudron liquide. Amateur de café comme papa, ça fait bien mon affaire!

On est allés prendre le métro à la grosse station Châtelet qui est leur métro Berri-Demontigny. Nous sommes sortis près de la vieille église, la plus vieille de la capitale, Saint-Germain. On s'est traînés, nos pauvres pieds! jusqu'à l'hôtel et Rachel a vite fait couler l'eau chaude de la grande baignoire ancienne. On s'est fait des apéros, moi au pastis, elle avec son scotch préféré, le St-Léger, apporté de Montréal.

J'allais oublier une incroyable anecdote. Près du Centre Pompidou, soudain, nous apparaît une équipe de cinéastes. Nous cherchons des yeux voir si on n'apercevrait pas Belmondo ou Michèle Morgan, Gérard Depardieu ou Miou Miou. Rien. Nenni. Pas de vedettes connues! On les écoute discuter, oh accent!, ce sont des Québécois. La script-girl nous explique qu'ils sont venus pour un documentaire sur les troubadours ambulants d'aujourd'hui, ces saltimbanques de nos temps modernes qui se produisent sur les places publiques et dans le métro, ce qui est permis et réglementé à Paris. Tu ne vas pas me croire, mais cinq minutes plus tard, pas davantage, surgit une autre équipe! Et du Québec, car ils se connaissent et se saluent. Les deux groupes nous expliquent qu'ils travaillent pour deux services différents de la même télé publique. Rachel en sera scandalisée et moi de même. «Tu vois ce qu'on fait avec nos taxes et nos impôts? Une équipe aurait pu filmer et les romanichels et l'architecture expérimentale. Tu penses pas ? » Cette logique anti-gaspillage a dû échapper aux programmeurs-fonctionnaires ! Ils nous ont offert de trinquer. On a refusé. On ne voulait pas gonfler davantage le compte de dépenses de voyage. Le réalisateur de la première équipe a semblé désolé de cette situation loufoque. Il nous a dit : « Que voulez-vous, ce n'est pas notre faute s'il n'y a aucune sorte de communication au sujet des projets d'émission d'une section à l'autre ! » La serveuse qui rigole de plus belle nous a révélé : « À la télé française, vous en faites pas, c'est pire encore le gaspillage. Ils sont venus déjà sur la place Beaubourg, ils étaient plus nombreux que les artistes et les badauds rassemblés ! »

Nous sommes allés « dîner » rue de Grenelle dans un bistro très modeste. Sur un mur, des photos, dont celle de notre poète-chanteur Gilles Vigneault. Le patron, qui prenait les commandes, n'avait pas l'air aimable. Il ne nous voyait pas, notant comme un somnanbule. À la fin, soudainement, d'une voix mécanique, il nous lance : « Les Québécois sont toujours les bienvenus dans notre établissement. » D'autres amabilités furent dites, mais sur le ton d'un homme de méchante humeur, rabougri. Un drôle d'hôte ! Chaque fois qu'il est revenu à notre table, il entonnait un petit couplet empreint de cordialité sans que jamais le quitte sa mine d'enragé soucieux. On a ri dans son dos ! En voyage, maman, on rit souvent, on s'amuse d'un fait anodin, d'un rien. Quel dommage de n'avoir pu voyager plus tôt. Que tout le monde ne puisse de temps en temps aller à l'étranger. Et je regrette de n'avoir pas insisté auprès de Rachel pour que tu sois du voyage. Mais j'y pense, il y a les promenades sans fin, que veux-tu, une ville-musée comme celle-ci, ça se parcourt *cum pedibus.*

En voyage, on traîne à table et il devait bien être dix heures du soir quand on a décidé d'aller nous installer à la terrasse des Deux-Magots. On ne l'a pas regretté. Dès notre arrivée, on a remarqué un énergumène à long foulard rouge. Une affiche de Toulouse Lautrec vivante. Ce poète vociférant portait un petit melon noir enfoncé sur les yeux, sorte d'Aristide Briand. Tu en aurais eu peur, pauvre maman, il gueulait des imprécations apocalyptiques à l'adresse des clients du café. «Vous êtes tous des assis et des pourris ! Des bourgeois puant le cadavre. Tous des charognes malfaisantes ! Vermine pestilentielle que le peuple viendra exécuter bientôt quand l'heure de la justice sonnera ! » Il déambulait le long du trottoir avec des gestes de tragédien antique. Tu aurais dû voir les clients attablés qu'il arrosait de sa bave vengeresse ! C'était surprenant. L'habitude ? Ils regardaient ailleurs, loin de ce prophète de malheur, au-dessus de lui, à côté comme s'ils étaient des sourds, comme si ses cris de hargne ne s'entendaient pas ! Il circulait de gauche à droite, de droite à gauche, l'index menaçant, le bras agité en gestes hystériques mais contrôlés par un art bien à lui. Il laissait planer parfois des silences calculés. Au cours de ces pauses, il semblait chercher des yeux une proie distincte, une victime de choix. Je ne sais selon quel critère il s'approchait d'une table élue et il repartait dans ses litanies d'investives vagues. Les visés, hypocrites, se détournaient lentement, faisant tout à fait comme s'il n'existait pas ! Alors notre imprécateur dément, provoqué par cette indifférence feinte, reprenait de plus belle, avec un visage qu'il gonflait de révolte mal contenue, la bouche tendue par une haine toute théâtrale : « Vous empestez Paris, tas d'ordures nauséabondes ! Vous m'entendez ? Vous donnez envie de vomir, misérables exploiteurs des hommes. » Parfois, quelqu'un applaudissait et lui jetait un peu de « grenailles » qu'il ramassait promptement. Au moment où l'on craignait d'avoir été choisis par sa vindicte aveugle, on le voit qui salue, plié en deux, le chapeau sur le bras ! Le voilà, tout souriant, qui passe le chapeau, quêtant au milieu de ces « ordures » que nous étions tous il y a un moment. En bons masochistes, plusieurs versaient de fortes oboles ! Maman, c'est ça aussi, je suppose le Paris-by-night, pas seulement les gros music-hall à « lignes » de danseuses de Montparnasse ! Le jeune démonté s'est éloigné plein de révérences polies. Il doit faire toutes les terrasses du quartier.

Un autre bonhomme nous a divertis et c'était le serveur de notre coin de terrasse. Un grand et solide gaillard, presque le géant dans les films de Charlot. Crâne très dégarni, mariant et le sarcasme bête et la fine ironie, il ne se tournait même plus vers les clients qui l'interpellaient impatiemment et avec raison. Il nous a dit se prénommer Alfred et nous a entretenus, le sujet ayant été abordé par nous, de « sa » terrasse du temps d'avant, pendant et après la guerre de 39-45. Il nous a assurés qu'il avait servi bien souvent « Simone et son vieux pote Popol ». Il parlait de Jean-Paul Sartre et de madame de Beauvoir. « Lui, Popol, il m'appelait « le petit Fred », vu ma hauteur ! » Un causeur que ce serveur, débordant d'anecdotes invérifiables du genre : « Si j'ai connu la Gréco ? Un soir, très tard, elle exécuta un ballet infernal, grimpant partout. Ça allait se terminer par un strip-tease carabiné, mais la flicaille l'en empêcha et elle se vit emporter dans un grand panier à salade!» Peut-être qu'il inventait, mais il mentait si bien avec des détails réalistes, des grimaces pleines de vie et toujours son petit sourire qui disait qu'il avait tout vu, tant vu, trop vu. Il nous a confié qu'il venait de reprendre son poste car l'hiver venu, il descendait sur la Côte après des vacances au Portugal. Qu'il adorait. Les appels fusaient tout autour de nous sans qu'il sourcille seulement, bien plus, à un moment donné, il s'est pris une chaise, posant son plateau sur la table, pour continuer ses narrations rétrospectives. «Tenez, un soir, c'était en 46, par là, Popol avait gribouillé un tas de papier, là-bas, oui dans le petit coin, là, il avait rempli un plein cahier de ses notes, une petite écriture fine, illisible comme celle d'un apothicaire. Quand il est parti avec Albert, oui, oui, Albert Camus, un type toujours triste. C'est l'autre là, l'ex-ministre qui est mort, Malraux, oui, oui, André Malraux qui était venu les chercher. Eh bien, Popol avait oublié ses écritures! Quand j'ai mis la main sur son cahier qui était tombé sous la table, je l'ouvre machinalement, sans vraie curiosité, je découvre des descriptions disons plutôt «olé, olé». Eh oui, je ne sais pas si tous ces petits dessins d'organes génitaux avec ses notes tout autour lui servaient de détente quand ses idées de politique et de philosophie le stressaient de trop! Si je vous décrivais tout ça, vous en rougiriez, parole! Pourtant on me dit que les Canadiens sont pas bégueules, hein? C'est pour vous dire hein? Un grand penseur qui s'amuse comme ça à scribouiller des cochonneries! Dans le super-salé, vous voyez?» Il se releva fier de nous voir muets et médusés. Il s'est rapproché de nouveau: «Tenez, en plein midi, c'était un peu avant mai 68, par là, il pleuvait des clous. Il «mouillait à boire debout» comme vous dites chez vous, Popol lisait dans son coin et s'amène une jolie môme, ronde comme une pomme, de partout, vous voyez l'anatomie, oui? Ça m'a paru une étudiante américaine ou «british», elle cassait le français pour me commander des charcuteries et un ballon de rouge. Eh bien, il y avait presque personne sur la terrasse, quand je suis revenu à sa table, il n'y avait plus personne. Je finis par l'apercevoir dans les genoux de Popol, une môme hein? Entre ses genoux, je vous dis!» C'est à ce moment précis que le gérant de la terrasse est venu glisser à l'oreille de notre conteur d'histoires, Fred, quelques paroles sur un ton qui n'appelait aucune réplique. Le géant a repris son plateau en vitesse en nous lançant: «C'est bien beau le passé, mais il y a le boulot, que voulez-vous!» Alors, ce fut soudain le défilé: d'abord le mime qu'on avait vu au Flore voisin a refait son numéro d'automate dans le dos des promeneurs, puis un avaleur de feu s'est présenté, puis une vieille édentée avec un accordéon de carton a chanté d'anciennes complaintes bien tristes, puis deux acrobates contorsionnistes, puis un magicien pauvre avec le truc éculé des mouchoirs interminablement liés ensemble. Enfin l'imprécateur se remontra. Il y a eu un certain malaise. Rachel me dit à l'oreille: «Il te regarde, il te fixe, fais mine de rien. Ne le regarde pas surtout!» On avait un peu peur et je me préparais à subir son arrosage d'insultes, mais il me donne un petit coup de pied sous la table pour me dire en souriant: «Viendrez-vous avec moi?»

J'ose lui répondre : « Je ne suis pas seul comme vous pouvez constater ! » Il ne regarde pas Rachel, se penche, les mains appuyés sur notre table : « Ce soir, ami, venez avec moi. Venez vite ce soir avec moi... » Il semble distrait, avoir l'esprit ailleurs. Je me disais, maman, que j'avais peut-être affaire à un artiste méconnu, peut-être à un grand peintre ignoré encore. On se fait des idées à Paris, on songe toujours aux grands méprisés, à un Modigliani. J'aurais voulu qu'il invite aussi Rachel pour visiter Dieu sait quelle mansarde voisine où nous aurions peut-être découvert l'ouvrage d'un véritable génie. Tu connais ma candeur, maman. Il répétait, balbutiant ses mots : « Il faut venir avec moi, ce soir, là-bas... » Je me disais que cette hargne pouvait recouvrir un intense besoin de communiquer, de trouver un homme qui découvrirait des trésors de nouveautés artistiques qu'il pondait peut-être dans le dénuement et la solitude. Je nous imaginais dans le grenier d'une ruelle du quartier, découvrant les tableaux d'un art inouï. Le poète au foulard rouge se redresse, recule de quelques pas. Ça y est, me dis-je, ça va barder, les injures ! Mais non, il sourit toujours, il ferme les yeux et posant une main sur sa poitrine, il entonne après avoir crié : « Je l'ai, je l'ai ! Venez avec moi ce soir... Non ! Viendrez-vous avec moi ce soir dans mon Labrador lointain, là où les chiens crèvent de faim, là où la neige est bue au fond des mains... » il enchaîna quelques strophes de cet acabit et, ayant terminé sa récitation, rouvrit les yeux, se pencha à nouveau vers nous en disant entre ses dents cassées : « Vous connaissez ? C'est de votre poète Plume Laverse. Je vous ai entendu parler, vous venez du Québec ! » Il nous salua et s'en alla heureux de notre surpri-

se! Habitions-nous, selon lui, à deux pas du Labrador? Endroit où nous ne sommes jamais
allés, où nous n'irons sans doute jamais! Ni
pour nourrir les chiens esquimaux, ni pour
boire la neige dans nos mains. Maman, Paris,
c'est ça aussi! Je te dis «bonne nuit», je suis
crevé par ce troisième jour de «marchement»
des Invalides à Beaubourg.

Quatrième jour

Ma bonne vieille maman,

Je crains de ne plus pouvoir bientôt tenir la promesse que je t'ai faite avant de partir de noter toutes mes impressions chaque soir avant le coucher. On rentre de plus en plus fourbus. Aujourd'hui encore, après ce quatrième jour de marche dans Paris, c'est l'exténuement. En ce moment, Rachel se baigne les pieds dans l'eau du bain qu'elle a salée spécialement. Le bain est bien la seule chose de vaste dans ce petit appartement. Le portique est tout petit, le couloir exigu. Demain, je t'en ai parlé, il y aura halte dans nos pérégrinations puisque ce sera le grand déjeuner de presse organisé par messieurs Duméac et Rochemort au chic Récamier et, en fin d'après-midi, le cocktail de présentation des Services culturels du Québec au 117 rue du Bac. Tout un programme.

Parlons de cette journée-ci. D'abord te dire que ce matin, fini le beau temps. Il y a eu de la pluie intermittente toute la nuit et il en reste une sorte de brume dans les rues. Le ciel est mort. Mat. Du lait écrémé. Nous sortons du placard nos impers, le parapluie, mais rien ne nous arrêtera! Vu ce temps incertain, Rachel admet que c'est le bon jour pour nous attaquer aux innombrables salles du Louvre. On fonce en passant par de petites rues pittoresques, et on découvre un minuscule square nommé place Furstenberg, du nom d'un vieil évêque régnant dans le coin. Un panonceau indique qu'en cette vieille maison, coin sud-ouest, le fameux peintre Eugène Delacroix eut son atelier. Place ravissante! On y découvre un calme étonnant, pourtant nous sommes à proximité du boulevard Saint-Germain. On y retrouve cette fraîcheur appréciée l'autre midi en la jolie place Dauphine à la proue de l'île de la Cité. Prenant ensuite la rue de Lille, on est allés traverser vers la rive droite par le pont du Carrousel.

Peu de monde sous cette fine pluie qui tombe en un site pourtant si chargé d'histoire. Rachel vient d'avoir une idée: son album serait fait de photographes photographiés comme des arroseurs arrosés! «Je pourrais gagner le concours par originalité, non?» Je lui dis que c'est risqué, qu'on pourrait y voir de la facilité brillante. Elle boude et grogne: «Ce serait tellement mieux que de faire «cliché» avec «Paris — le Louvre — la tour Eiffel» et, somme toute, Paris c'est beaucoup cela, la ville la plus photographiée du monde, non?» Elle me sort ça avec tant de conviction! Qu'elle est bonne vendeuse quand elle s'y met! Déformation professionnelle des gens du monde des publicistes? C'est vraiment une femme convaincante, tu sais maman! Comme tu l'as été toute ta vie toi-même. Au fond, elle arrivera à te convaincre, un jour, que j'ai eu la chance de ma vie le jour où je suis tombé amoureux d'elle, tu verras.

J'y pense en écrivant cela: me serais-je mis en ménage avec ma mère? Maudite fatalité freudienne ça! Je te vois sourire en me lisant. Ça va bien plus loin que tu penses. Hier, avant de nous endormir et en récapitulant les plaisirs éprouvés en « arpentant » Paris, j'en suis venu à parler de cette sorte de sécurité totale éprouvée partout où l'on va, et Rachel m'a dit: « C'est vrai. Je comprends. Moi aussi je me sens chez moi, je me sens bien à Paris. Je me sens protégée par Paris. C'est une ville mère. New York c'est une ville père, plus inquiétante, plus imprévisible. » On a ri de nos symboles, on a nommé Boston, « le vieux cousin », Washington, « la tante digne », Philadelphie, « le cousin aventurier » ! Mais même à New York qu'on aime tant, nous restons inquiets, dans une insécurité mal définissable, même au soleil, en plein jour. À Paris est-ce la langue commune ? Non, puisqu'on se souvient d'avoir été plutôt inquiets certains soirs dans Québec, ou à Trois-Rivières et même dans la platonique capitale fédérale, Ottawa, on a joué le jeu des comparaisons un bon moment : Chicago, « l'oncle riche » ; Richmond, « le grand-père grave » ; Miami, « la vieille marraine riche » ; Atlanta en Georgie, « un oncle puritain et frustré »... mais Paris, on n'en démordait pas, c'est une maman.

Le Louvre maintenant ? Méchant début, près du Pavillon de l'Horloge : une altercation ! Il semble qu'il venait de s'y perpétrer un vol à la tire, on s'engueulait ferme. C'était louche. On ne s'est pas trop approchés des belligérants. Ça se tapochait. Trois ou quatre individus, avec des allures de gitans en visite officielle, protestaient véhémentement. Deux Japonais les dénonçaient à tue-tête. Une jeune femme était en larmes, des groupes antagonistes grossissaient à vue d'œil. Une fillette courut en pleurant vers les marbres roses et verts de l'Arc de Triomphe du Carrousel. On s'est dépêchés d'entrer, très surpris de ne voir surgir le moindre gendarme ou gardien dans une ville qu'on nous a dit «infestée de flics». Ne crains rien, maman, je ne te détaillerai pas les milliers d'ouvrages d'art que recèlent toutes ces longues galeries de cet ancien château royal. Seulement te dire en passant que les régnants, de François 1er à Louis le Seizième qui, lui, fut forcé de venir y habiter en 1789, en passant par Henri II, Charles IX, Henri III et tous les autres, eh bien, ils faisaient les choses en grande. C'est vaste. Bien entendu il fallait abriter les courtisans et leurs domestiques, les gardes suisses, les meilleurs et les plus chers, et qui encore? C'est tout de même une sacrée mégalomanie domiciliaire qui s'étire en multiples pavillons à partir du vieux château de l'an 1200 sous le roi Philippe-Auguste et Charles V dit le Sage! Rachel ralentit le pas. Il y a tant de salles!

On trouve de tout au Louvre. C'est le super-supermarché des arts! Nomme-moi un artiste, n'importe lequel de n'importe quelle époque ou origine, nomme-moi un médium, dessins, aquarelles, huiles, gravures, tapisseries, encres, estampes, joaillerie, sculpture ou modelage... tout s'y trouve. C'est surprenant, le peu d'effet produit par le nez à nez soudain que tu peux avoir avec un chef-d'œuvre consacré, que ce soit la *Vénus de Milo* au rez-de-chaussée ou *La Joconde* au premier étage. Oserais-je te l'écrire, maman, cette dernière avec sa face haïssable de jocrisse, son sourire de satrape, elle m'a toujours plus agacé que fasciné. Je suis resté de glace comme je le pressentais et Rachel aussi, malgré le garde du corps personnel et la vitre plastifiée pare-balles posée devant! Juste à sa gauche, le grand Leonardo a pondu une fermière, ou une crémière, que j'ai trouvée autrement plus stimulante. A-t-on trop reproduit cette Mona Lisa? L'a-t-on trop répandue en images de tous formats? Ça se peut. Il y a des galeries de plus de mille pieds de long, il y a deux cent vingt-cinq salles. C'est vraiment le plus gros entrepôt d'art de l'univers!

De temps à autre, certes un choc. Par exemple devant la *Victoire de Samothrace,* ange féminin de pierre, immense avec ses ailes déployées, ça, je te jure que ça donne tout un coup, installée stratégiquement au-dessus d'un escalier somptueux. Visiter le Louvre c'est comme être plongé jusqu'au cou dans une mer d'albums d'art grands ouverts. Toutes les écoles, tous les styles de tous les continents importants défilent en rangs serrés et, trop c'est trop, on en vient à ne plus voir vraiment, à passer devant des ouvrages hors du commun sans les apercevoir, du moins sans les remarquer. On en sort au bord de l'indigestion visuelle!

On a déniché proche du Louvre et de la vieille rue de Rivoli qui la borde un coquet restaurant vietnamien aux prix étonnamment bas pour la capitale. On y a trouvé une politesse, trait asiatique, et beaucoup de sourires dans le service, ce qui contrastait avec cette habituelle raideur et ce flegme réfrigérant du plus grand nombre de serveurs parisiens rencontrés jusqu'ici, façon à mi-chemin entre le mépris et la politesse minimale. Mais même leurs grands airs de marquis déchus nous amusent et nous ramènent comme toujours aux films français classiques où les «garçons» étaient toujours obséquieux, pressés, importunés d'avoir à faire leur métier, hautains et même dédaigneux. Une fois restaurés, nous décidons d'aller voir ce que les livres lus avant de partir signalaient comme étant les deux plus belles places de Paris : place Vendôme, pas loin, et place des Vosges dans l'est. On a donc monté la très *fashionable* rue Royale où loge Chez Maxim's. On jette un regard d'indifférence vers la célèbre Madeleine, gros temple-église au style néo-grec commandé par l'Empereur. Plutôt sinistre ! On pique à gauche et c'est vraiment un joli quadrilatère entouré de maisons uniformes qui donnent grande allure à cette place Vendôme. Au centre, la fameuse colonne faite de mille canons fondus pris à l'ennemi du côté d'Austerlitz. On descend la rue Saint-Honoré pour aller voir le Palais-Royal du cardinal Richelieu. Joli lieu que la famille royale du défunt Louis le Treizième préféra avec raison au Louvre austère. Ce palais est devenu un chic bloc d'appartements et sais-tu que ta chère Colette y habita ? Le plus étonnant de cette quatrième journée allait venir. On finit par aboutir, le nez en l'air, par des détours folichons, à cette place des Vosges. Un site très vivant, pas figé du tout, vraiment un square habité, comme notre Carré Saint-Louis, mais très séduisant avec, exactement, ses trente-six maisons si jolies, un ensemble qu'on doit au brillant Henri le Quatrième. Au coin sud-est, pour quelques francs, nous avons pu entrer chez monsieur Victor Hugo. C'est décevant. Pourquoi ? On s'attendait à une demeure fantasmagorique. L'auteur des *Misérables,* de *Notre-Dame de Paris,* habitait un appartement de petit bourgeois anonyme. On aurait voulu que la maison d'un écrivain immortel soit une sorte de caverne des splendeurs. Quelle naïveté ! Ce n'est que vieux murs tapissés, tapis usés, tentures anciennes et sombres, mobilier plutôt pauvre et rustique.

Pas de frisson d'au-delà de la mort, rien, quelques dessins à l'encre, des photos, des documents étalés sur «ses» meubles d'ébéniste amateur. Aspect macabre sans grandeur, et on en sort rapidement.

Alors va commencer une aventure rocambolesque qu'on n'oubliera pas de sitôt. Nous marchions sans plan, empruntant des rues un peu au hasard dans le quartier dit du Marais. Nous butinions du monument, anciens hôtels particuliers et le reste, gobant des informations sur des plaques vissées au coin des murs. Rachel ne veut plus entrer nulle part, sont commencées ses grimaces de fin d'après-midi. La pluie fine revient par brèves ondées. Passe l'Hôtel de Lamoignon, celui de Sandreville et d'autres. Ces petits palais sont devenus ou des abris de fonctionnaires de ministères divers ou des musées spécialisés. Voilà-t-y pas qu'en s'apprêtant à descendre vers la Seine et notre hôtel pour de bienfaisants bains de pied, au beau milieu de la rue des Écouffes, un alerte vieillard aux beaux cheveux blancs et blonds interpelle Rachel qui, me suivant d'un peu loin, feuilletait un petit guide sur le Marais. Je vois l'homme, qui ne me voit pas, accostant avec énergie ma photographe en panne de sujets non stéréotypés. Il lui prend le bras avec vigueur et la chicane d'une harangue fougueuse: «Ma pauvre amie, ne lisez surtout pas ces mensonges éhontés sur ce quartier. Vite, jetez-moi ça à la poubelle, je vous en supplie. » Rachel que je retrouve me regarde amusée et incrédule: «Mais oui, jolie visiteuse, ce sont des balivernes ridicules qu'on imprime. À la poubelle, tous ces mensonges!» Et il lui arrache en souriant son petit guide pratique! «Tenez, je l'ai lu ce torchon, on y dit que le quartier doit son nom aux marécages de jadis. Quelle farce! Moi, je vous dirai la vérité. Durant la Révolution, tous les députés de ce quartier jouaient les arbitres, ne favorisant ni la droite ni la gauche, d'où ce nom de députés du «Marais», vous comprenez? Les indécis, donc le Marais!» Il prit Rachel par le bras, mi-grave, mi-souriant et l'entraîna: «Ne lisez plus ces imbécillités, ah! si j'avais le temps!» Rachel se laisse faire, amusée du manège: «Oui, je n'aime pas qu'on trompe ni qu'on exploite nos visiteurs. Venez voir de vos yeux, oubliez ces imprimés infâmes.» Il nous a conduit vers un bâtiment en cours de réfection où s'élevaient les échafaudages habituels des rénovateurs patentés. «Regardez ce qu'ils laissent faire nos misérables gouvernants! Un scandale!» Il était passé sous les structures des constructeurs et se démenait, le geste vif, jouant le spécialiste atterré: «C'est une honte. C'était la «cour des miracles.» Il y venait des gueux, de faux infirmes, des éclopés déguisés, des misérables de tout acabit. Voyez ce que font les vandales de la culture! Des poutrelles de métal! Qu'on va camoufler de stuc sans doute! Voyez, ici, ces boulons, ces faussetés, on y mettra de la pâte à gâteau! C'est une catastrophe ces façons de faire. On ne respecte plus rien en France, à Paris, au Marais!» Il regarda encore sa montre. «Je n'ai pas le temps mais tant pis, venez, je vais vous montrer des merveilles, allons-y, suivez-moi. En vitesse, hélas!» Il marche rapidement devant nous: «Je suis en retard, oui, un important rendez-vous avec un imprimeur. Mon père était professeur d'université à Munich. Il a fui les nazis. Il est mort pauvre. Tenez, voyez là-bas ces rognures, il y a eu des bombes sur le Marais.» On se demandait s'il parlait de 1870, de 1914 ou de 1940. «Tenez regardez, c'était l'hôtel des Ambassadeurs de Hollande, ici. Venez, admirez cette porte, là, avec ces masques sculptés. Pure merveille! Le guide en parle-t-il? Non!» Il baissa la voix comme pour un secret d'espion: «C'est ici même que le grand Beaumarchais a écrit *Le Mariage de Figaro!*» Il nous entraînait du geste, on le suivait comme deux écoliers. «Et Rutebeuf... vous savez: «Que sont mes amis devenus?» Eh bien, il a bourlingué et s'est débauché par ici! Les Templiers, ici, ont caché le saint suaire de Jésus-Christ dérobé du côté de Byzance, du temps des Croisades! Vous verrez, quand mon bouquin paraîtra, les faits seront rétablis sur le Marais. Fini les balivernes de ces crapules incultes. Attendez!» Il regarda encore sa montre: «Ah si j'avais plus de temps! Mais vous êtes si gentils, vous avez un accent si charmant que je consens à vous montrer encore autre chose. Dépêchons-nous!» Rachel et moi étions aux oiseaux. Émus aussi de voir ce sexagénaire aimable qui, bénévolement, prenait le temps d'aider des inconnus. Maman, comme hier soir avec notre poète du Labrador, je me répétais: c'est ça aussi Paris! Notre généreux guide improvisé nous entraîna, d'un pas farouche, dans la rue Aubriot puis dans celle des Blancs-Manteaux chantée par l'amie du serveur «Fred», Juliette Gréco. Je la fredonnais souvent dans les années 50, t'en souviens-tu maman? C'était du temps où ma communauté défrayait mes cours aux Beaux-Arts de la rue Saint-Urbain? «Bon, entrez dans cette église des Blancs-Manteaux, vous allez avoir une surprise.» Il pousse la porte et puis, solennel, il énonce à voix retenue: «Regardez comme il faut. Cette église était une sorte de piège, jadis.

Les malins curés voulaient convertir les Juifs du Marais. Voyez la chaire! Elle est toujours à gauche dans la nef des catholiques, ici, ils l'ont mise à droite comme chez les Juifs! Maintenant, levez les yeux, voyez les bas-reliefs tout au long de cette nef. Vous avez remarqué? Toute l'histoire des Juifs défile, l'Ancien Testament, voyez, l'arche d'alliance, candélabres à sept branches, la Tora, les rois religieux, David, Abraham, les prophètes Jacob, Isaac, Moïse. Très astucieux n'est-ce pas?» Il était tout fier de ses révélations, mais regarda sa montre une fois de plus. «Venez voir l'escalier de la chaire!» Comme s'il était chez lui, il alla prendre un des cierges et l'alluma avec son briquet de manière théâtrale: «Penchez-vous et examinez les incrustations d'ivoire jauni dans la rampe. Encore des motifs tirés de l'Ancien Testament!» Il découvrit une partie éclatée: «Les voyous, les vandales! Que voulez-vous, ces curés s'en foutent, tout fout le camp, il n'y a pas de gardien pour ces trésors pourtant inestimables! Quelle époque nous vivons!» Il jeta au ciel un regard de courroux et d'indignation: «Je dois vous quitter. Je suis très en retard. N'empêche, ça m'a fait plaisir de vous faire découvrir tout ça.» Il tourna le dos et marcha rapidement vers l'extérieur. On l'a suivi aussitôt. Rachel m'a soufflé: «Il faut lui offrir un petit quelque chose, tu crois pas?» Dehors, le digne vieillard semblait chercher quelle direction il allait prendre. Ou peut-être un taxi. Je lui dis: «Vous allez me permettre de vous offrir une rémunération.» Il me semble qu'il a tendu la main aussitôt. Je voyais sa chemise au col élimé, sa veste aux coudes usés. «Je ne voudrais pas vous insulter.» Notre guide ne bronche pas et balbutie: «Vous comprenez, j'ai de grosses sommes qui me sont dues, mais tout est encore bloqué en Algérie. Les avocats coûtent trop cher. Je m'en allais encore en consulter un. Je ne suis plus qu'un vieux retraité et pas en très bonne santé, vous savez. Tous les soirs, mes amis, c'est insupportable, je dois aller coucher avec des vagabonds à l'Armée du Salut. Eh oui! J'en suis là! Et ce livre qui devait paraître, eh bien, un autre est arrivé à publier le sien. Bien fait d'ailleurs! Je l'ai vu dans une librairie près d'ici, rue Saint-Antoine, une merveille sur le Marais!» Il devenait pathétique. «Il se vend hélas cent cinquante francs. Il est abondamment illustré, faut dire. » Maman, je vis encore sa main se tendre et s'ouvrir. Ce vieux guide bénévole était donc un acteur malicieux? Et vingt dollars pour guider vingt minutes c'était une addition un peu salée, non? Je lui remis un dix francs tout neuf et il partit à toute vitesse sans nous dire «merci» ou «au revoir». Il était si pressé! Rachel et moi n'en revenions pas. Quel amusant numéro de faux bénévolat! Nous avons marché et un peu plus loin, à un carrefour, on revit notre homme qui abordait un autre couple, on le vit gesticuler et regarder, sans cesse, sa montre!

Oui, maman, Paris, c'est aussi ce guide du Marais qui opère sans permis. Cette aventure nous mit le cœur en joie, l'astuce fait toujours plaisir à constater quand elle est habile et intelligente. Rachel avait rouvert son guide «exécrable» et, en marchant, me lisait les mêmes «révélations» que celles de notre vieux guide pressé! Est-ce que pour cent francs, notre petit Juif nous aurait raconté la légende narrée par le guide de ce «méchant infidèle» qui osa transpercer de sa lame de couteau une hostie consacrée qu'il avait volée, que du sang aussitôt en gicla! Le sang de Jésus! C'est là, pas loin d'ici, qu'on décida de construire un temple en guise de réparation pour cet affreux sacrilège et cet étonnant miracle d'une hostie qui saigne.

Ragaillardis par cette rencontre désopilante en diable, nous décidions, malgré la fatigue, de rentrer à pied. On arriva sur les quais à l'est du bel Hôtel de Ville et on s'engagea sur le pont Marie donnant sur la rue des Deux Ponts. Devant le beau décor de l'île Saint-Louis plein d'arbres et de jolies maisons, on aperçoit, étendue sur la chaussée les bras en croix, les yeux clos et la bouche grande ouverte, une vieille femme en haillons, les cheveux hirsutes. Les passants lui jetaient un coup d'œil et filaient à leurs affaires. En bons samaritains, nous nous demandions quelle aide on pouvait lui apporter. Soudain avec leurs «pin-pon, pin-pon» stridents, des «poulets» s'amenèrent, la ramassèrent comme un vieux matelas et la jetèrent dans leur «panier». Fini, pin-pon!

On a vu souvent, à Montréal, le long d'un mur, un vagabond ivre mort, mais une femme, maman! Une vieille femme? Jamais. On songeait au temps des «Misérables» de Hugo. Les temps changent-ils vraiment pour tout le monde? On en doute à Paris. Ici, je répéterai que «le monde est petit» car sur le Pont de Tournelle, on voit un couple enlacé admirant le gros dos de Notre-Dame et la Seine. Rachel reconnaît tout de suite un camarade-réalisateur d'une agence rivale et m'entraîne aussitôt vers ce couple d'amoureux puis s'arrête net et dit: «Allons-nous-en, il n'est pas avec sa femme, je la connais bien!»

Nos ablutions de fin d'après-midi ont duré longtemps aujourd'hui. Nous avons pris deux ou trois apéritifs, ma bouteille de pastis baisse gravement de niveau. On en est devenus bavards et très gais, la tête en fête. Nous avons décidé d'aller fureter du côté de la place Saint-Michel, cœur du Quartier Latin, pour y trouver un bon restaurant. Mais on ne se décidait pas à partir. On laissait couler le temps. Que c'est bon d'être en vacances, libres, sans horaire précis ! On entendait les pigeons qui roucoulaient sur les toits d'un haut institut de sciences politiques en face de l'hôtel. On est allés voir par la fenêtre si, cette fois, il s'agissait bien de pigeons. Oui. Rachel me déclara : « Écoute, nous adorons Paris, c'est entendu, mais ce n'est pas le bon endroit pour y faire des photos originales ! » J'étais bien d'accord là-dessus. Rachel m'annonça alors : « Il y a une petite voiture qui dort en bas dans la rue. On va partir loin d'ici, n'importe où, c'est urgent pour le concours ! » Ce signal de départ me décevait. Quitter cette maman-Paris si tôt. Je voulais voir tant de lieux encore, le Panthéon, la Sorbonne. Même la tour Eiffel, cliché ou pas, je voulais la voir de près, lui toucher, y monter. Je n'aurai sans doute plus jamais l'occasion de revenir à Paris ! Je souhaitais voir le Sacré-Cœur, la place Pigalle, tous ces « stéréotypes » honnis par ma grande lauréate ! On aurait dit qu'elle m'entendait penser, car elle ajouta : « Nous reviendrons. Il nous reste quoi, dix-huit jours, allons sur la Côte d'Azur ou en Provence quatre ou cinq jours et puis on reviendra à Paris, c'est promis ! » Je lui demandai un sursis et puis, de toute façon, il y avait, demain, la journée des réceptions, le dîner des éditeurs et puis le cocktail de présentation.

Le soir tomba en beauté sur cette place Saint-Michel, grouillante et exubérante. Nous avions choisi une terrasse de restaurant alsacien. Ça sentait le chou et les saucisses allemandes. Il y avait dans l'air une animation peu commune. Des grappes fournies de piétons allaient et venaient dans tous les sens. Nous nous sentions si bien dans nos peaux, peut-être à cause de cette ambiance de fête sans motif, désordonnée, sauvage. En relisant en diagonale les écrits des premiers jours, chère maman, je me rends compte cette nuit que je ne t'ai pas bien parlé de l'atmosphère que dégage cette ville. C'est difficile de traduire en mots ce qu'un visiteur d'outre-Atlantique ressent en parcourant soit le site d'un grand monument, soit une simple et modeste place comme la place Furstenberg. C'est qu'on y respire un je ne sais quoi d'inexprimable. Je ne suis pas un écrivain de métier, pas même un poète amateur. Il y a quoi, le temps. Avoir du temps bien à soi. C'est une richesse trop rare. Et puis il y a surtout que je suis très fatigué quand s'amène l'heure de tenir ma promesse. Je suis sans énergie. J'ai hâte d'aller m'étendre près de Rachel. Je ne peux pas te rédiger ces lettres impressionnistes le matin car, tu le sais, je ne vaux rien au lever et ne suis vraiment bien réveillé que vers midi. Là-dessus, je suis comme feu papa. As-tu assez crié dans le temps pour nous secouer quand tous les deux on faisait de très grasses matinées ? À midi, ou un peu avant, Rachel charge son appareil-photo, prépare les lentilles et m'entraîne dans sa quête hors clichés.

Je reviens à ce souper en plein air. Te dire d'abord que dès notre arrivée coin Boul'Miche, comme disent les Parisiens, et Saint-Germain, on a vite senti ce petit vent de folie dans l'air. Tout autour de notre terrasse, installée au beau milieu d'une rue, il y a des bars, des «caves», fréquentés par une faune plutôt jeune; ils semblent errer, ne pas savoir dans quelle direction engager leurs pas. Avant de nous installer ici, nous avons parcouru un peu de la rue Saint-Jacques, là où rôda Arthur Rimbaud quand il se faisait vendeur d'anneaux à clés et de lacets. On a «rôdé» nous aussi rue du Chat qui pêche, rue de la Harpe, rue de la Huchette. On a imaginé Ronsard batifolant dans ce quartier au moyen âge. On trouve par ici des libraires et des éditeurs, des cinémas d'essai et de répertoire. C'est te dire que nous étions heureux d'avoir pu trouver une table et y a des murets garnis de vignes naines, nous sommes donc dans une sorte d'enclos au milieu d'un tumulte revigorant. Un vent frais s'était levé, une humidité lourde, pourtant, persistait, ajoutant à cette nervosité dans l'atmosphère. Avant qu'on nous serve, très soudainement, une bagarre éclate dans la rue. Des cris, des coups frappés pas loin d'ici, de la bousculade. On ne sait trop ce qui se passe. On ne sait trop où regarder. Les habitués du lieu semblent absolument indifférents à ce tumulte qui grandit pourtant. On se tiraille maintenant sur deux côtés de notre enclos. Les clients, imperturbables ces Parisiens! continuent de boire, de manger, de bavarder. Cette fois, on bouscule des clients qui attendent debout près de nous. Ça proteste. J'entends: «Ah, ces loubards, quelle engeance!» On voit se lever des bâtons, des bouts de tuyau de fer, s'agiter des câbles et des chaînes! Certains participants de cette bataille lancent maintenant des cailloux dans la grande vitrine d'une pizzeria de l'autre côté de la rue!

Une tablée entière de clients se penche d'un seul mouvement : une volée de projectiles leur pleuvait dessus ! Rachel s'inquiète énormément. Maman, j'avais là une petite idée des émeutes de mai 68, de la Révolution, des révolutions parisiennes ! J'en suis inquiet et presque content à la fois. Ça me rappelle nos bagarres du temps du militantisme radical pour l'indépendance dans les années 60 à Montréal. Je me demande si ce début de bagarre ne fera pas de nous les « témoins privilégiés » d'une immense colère populaire qui sera née place Saint-Michel ! « Rachel, en rentrant au pays, nous serions interrogés à la télé, on nous consulterait pour savoir exactement les tout débuts de cette révolte nouvelle. » Elle est debout et cherche du regard un abri si les choses allaient empirer, prévoyance toute féminine. Il ne semble y avoir ni slogan, ni banderole, ni leader. Maintenant les clameurs s'éloignent un peu, les clients se sont rassis et les serveurs besognent calmement. À Montréal, il y a longtemps que la police serait arrivée avec boucliers, casques et matraques, les grenades à la main. C'est ça Paris, je suppose : on en a vu d'autres. Les cailloux pleuvent sur un ou deux établissements. On questionne le garçon. « Cherchez pas les flics, Paris est abandonné à toutes ces bandes de jeunes truands, ce sont des désœuvrés et depuis la mode du terrorisme il y a pas assez de « poulets » pour garder tous les diplomates, les hommes publics, les gros bonnets ! » Au même moment un des murets de treilles se fait renverser, notre serveur reçoit une branche d'arbre sur l'épaule, le vin se répand sur une table voisine. On est debout et prêts à détaler. Le serveur redresse la palissade et sourit : « Ce n'est rien. Va y avoir des élections dans pas longtemps, vous comprenez alors? Le mot d'ordre c'est «pas trop de flics dans la ville». » On entend alors les grilles métalliques des commerces qui s'abaissent. Rideau! Bruit des cailloux sur le métal. Les batailleurs se calment un peu. Nous dégustons nos choucroutes alsasiennes quand deux «punks» à la parisienne viennent tout près de notre muret pour s'engueuler. Une fille, très noire de poil, en pantalon rose avec gilet vert lime, se met à bousculer à grands coups d'avant-bras un des deux jeunes «Frankenstein». Il s'éloigne en crachant et en jurant, à la française, ce qui n'a rien à voir avec nos litanies liturgiques. Ce sont, à répétition, des «putain de charogne, salope de merdouille, enculée de connasse. » La fille attrape l'autre et lui applique en l'enlaçant un fougueux et long baiser d'amazone tout en lui tripotant les organes génitaux au vu et au su des clients de la terrasse. Des «apaches» de la fin du XXe siècle? Nous font-ils un numéro et passeront-ils le chapeau? Il la tripote à son tour sans vergogne puis s'en vont tête contre tête, tirant férocement sur leurs étroites cigarettes de hasch ou de mari! Maman, Paris, c'est aussi ça. Du temps a passé. On mange de la mousse au chocolat comme il y en a toujours à tous les menus de Paris quand, enfin, s'amènent les gendarmes municipaux! Une pleine camionnette et beaucoup de pin-pon, pin-pon stridents. Les badauds et les clients aussi les accueillent par des cris, des sifflets et des quolibets cruels! On n'en revient pas Rachel et moi. La camionnette n'a fait que passer et déjà s'éloigne, les policiers ayant sans doute constaté que le calme était revenu. C'est quoi encore Paris? Écoute bien ça, nous avions invité à notre table un couple voisin. Des montréalais! Eh oui, on s'est reconnus à l'accent! C'est un jeune avocat en stage d'études et sa jeune épouse, venue étudier ici l'histoire du costume. Nous en étions tous les quatre au café bien noir du genre à trois dollars la demitasse! Nous apercevons une vraie «folle de Chaillot», perruquée toute croche, bouche creuse, plus aucune dent — j'avais cru voir l'étendue du pont Marie. Rachel me dit: «Cesse donc de dévisager les hurluberlus. Tu les attires!» et, à ce moment précis, la gueuse, la clocharde fonçait vers notre muret, d'un geste vif et précis s'emparait de mon café et le buvait d'un trait, rejetant ma tasse sur notre table en gueulant, les yeux exorbités. «Et ta gueule, hen!» Elle s'en alla. C'est Paris! On a fini par s'arracher, avec les Dupois, à cette place magique et bruyante. On a marché dans la rue de Buci, dans la ruelle de l'Échaudé pour aller reconduire le couple qui logeait au, tiens-toi bien, Grand Hôtel de l'Univers, deux étoiles bleues sur l'enseigne! Un hôtel pas plus grand que notre petit Saints-Pères. Il y a comme ça, parfois, à Paris, une certaine inflation verbale amusante! Micheline Dupois a souhaité la victoire à Rachel et son mari, Hervé, lui a promis son aide s'il y avait, en cas de victoire, des contrats au jargon légal compliqué. On s'est promis de se revoir et de communiquer dès notre retour de, probablement, la Côte d'Azur.

Rachel vient de sortir de son bain de bonne eau chaude, elle me regarde fumer ma Time et me dit en souriant: «Pis? on rapporte tout ce qui se passe à Paris à sa maman, le grand dadais?» Je lui ai dit: «Une promesse est une promesse. J'ai raconté cette révolte mort-née place Saint-Michel.» Elle vient lire au-dessus de mon épaule : « Lui dit-on à sa bonne mouman qu'on attire les pochardes éméchées par des regards et des sourires insistants ? » Elle va s'étendre sur le lit, toute nue et toute fraîche, et le grand dadais, pas si niais, sait bien ce qui lui reste à faire et tout le temps perdu qu'il doit rattraper.

Bonne nuit ! brave mère du dadais, Rachel roucoule un tantinet.

Cinquième jour

Allô, allô, maman!

Quelle drôle de journée! Quel vendredi que celui qui s'achève en ce moment! On vient de rencontrer un homme avec un rat sur la main! Je te raconterai ça plus loin. D'abord te dire que ma Rachel était debout de bonne heure ce matin. Et pour cause. Les bruyants préparatifs, ses aspersions matinales, son va-et-vient nerveux entre la salle de bains, le placard du couloir et la chambre ont fini par me réveiller à peu près complètement. Tu comprends, il y avait le grand déjeuner au Récamier, à midi, en son honneur. Rachel qui déteste être le point de mire de quoi que ce soit n'était pas trop de bonne humeur. Comme moi elle n'estime pas beaucoup les grandes sorties, les réceptions et dans ces occasions, chaque fois, je te jure que je me fais tout petit. Je me tais car un mot de trop, une parole de travers et ce serait la tempête, l'avalanche de reproches sans fondement, le défouloir genre: «Évidemment toi tu t'en fiches, que j'aie l'air d'une folle, ça te laisse froid. Rien ne t'impressionne le grand sauvage, l'ermite, le bohémien», et le reste et le reste. Je sors acheter des journaux au kiosque du coin et quatre paquets de Time. Dans le *Figaro,* oh surprise, un petit encadré parle de Rachel et du concours et pendant qu'elle se noircit les cils, conseil de DesOrmes, je le lui lis : *Rachel DeGrâce Robichaud, 39 ans, la lauréate québécoise participant à la finale, est une conceptrice en publicité, elle fait de la production et de la réalisation, et la photographie, qu'elle pratique en amateur (c'était un règlement du concours), est quand même «une activité qui la passionne» dit le communiqué officiel. C'est une jolie brunette, voir notre photo ci-haut.* Rachel fait des « Ah, ah ! », et grimace, riant pour la première fois depuis son lever. Je continue : *Rachel espère l'emporter pour distinguer une fois de plus le talent québécois qui commence à se répandre comme lierre à Paris.* Rachel fait : « Oh, oh ! » Je poursuis : *Ce grand concours de photographie amateur, lancé en janvier dernier par les Affaires étrangères, regroupe quatre pays francophones parmi les plus importants : la Belgique, la Suisse, le Québec et la France. Le finaliste, ou «la», de chaque pays doit d'ici la fin du mois d'avril constituer un album de photos faites en France sur n'importe quel thème, au choix du concurrent.* Rachel m'arrache le journal. « Ne continue pas, ça m'énerve davantage ! » Pourquoi tant d'énervement ? Des Français rencontrés disaient à Rachel : « Vous avez de la chance. Vous irez à de grandes réceptions officielles. » Pourquoi, le plus souvent, les réceptions répugnent aux Québécois ? Complexe d'infériorité ? Crainte de ne pas être à la hauteur, comme on dit ? Je ne sais trop, maman. Nous descendons majoritairement de soldats-fermiers, de coureurs des bois. Il y a des exceptions comme ce DesOrmes qui ressemble si peu aux Québécois ordinaires. Te souviens-tu maman de mes cris quand mes tantes, tes sœurs, s'amenaient le dimanche après-midi en visite? Je finissais par rentrer les saluer, à ta grande honte, dépenaillé, sale, m'arrachant de force à nos jeux sauvages autour des hangars de la ruelle. On ne change guère et je cherche un prétexte pour ne pas accompagner Rachel au Récamier. J'abandonne, car ce serait une lâcheté, je m'en rends compte. Nous avons avalé à l'accéléré nos croissants et cafés que la femme de chambre nous a montés en grognant on ne saura jamais contre quoi ou contre qui. Nous avons parfois l'impression que tous les employés des services ronchonnent perpétuellement sans raison précise. Contre leur condition humaine sans doute, et ils ont bien raison, il leur serait tellement plus agréable d'être touristes aux chutes du Niagara ou au rocher Percé, en Gaspésie, touristes comme nous. On se dit aussi que ce côté malcommode du petit personnel est un trait caractéristique du peuple français dont on a assez dit qu'il avait un fort « esprit critique », hérité sans doute de leurs illustres ancêtres grognons Voltaire, Rousseau et les autres.

Quand nous sommes sortis, présage?, le ciel s'est obscurci davantage! Comme hier, pas de soleil, un ciel bas un peu moins laiteux, charriant d'épaisses nuées grises à vitesse lente. On trouve ça beau! On trouve tout beau à Paris? En voyage? En vacances à l'étranger? Ces paquets de nuages nous rappellent tant d'images reproduites dans les tableaux des grands ténors de la peinture réaliste française. Nous marchons vers le restaurant choisi par notre éditeur québécois, Yvon Duméac, lorsque, à un coin de rue, justement, c'est lui qui surgit avec une mine de joyeux drille. Il ouvre ses larges bras de centaure et Rachel, toujours tendue, est bien heureuse de s'y réfugier aussitôt. Duméac est le petit-fils d'un Breton émigré au Québec au début du siècle. Son grand-père avait prévu, prétendait-il, les affres et les désastres de nos ancêtres au début du XVIIe siècle. C'était un agnostique, nous avait raconté Yvon, qui fit une petite fortune en vendant des missels belges et des chapelets en cristal de roche! Sais-tu, maman, que le grand poète Claudel avait dit à l'acteur Jean-Louis Barrault qui s'embarquait, vers 1950, pour le Québec: «Vous vous en allez dans l'Himalaya du catholicisme!» C'est dans les mémoires du célèbre comédien. Le papa de notre éditeur se lança, quant à lui, dans le commerce de la librairie et puis dans l'industrie de l'édition. Donc, le petit-fils du vendeur de chapelets réconfortait tant bien que mal ma belle Rachel, lui répétant: «Ça va marcher sur des roulettes, faites-moi confiance, les gens du milieu littéraire ne sont pas si vaches qu'on le dit, vous verrez, ils sont charmants en fin de compte.» Je pris des mouchoirs de papier dans le sac de Rachel pour tenter de faire reluire un peu le bout de mes souliers noirs, loin d'être neufs. En marchant, Duméac me disait: «Et puis attendez de goûter la cuisine de ce restaurant. Du délire, mes amis! Aussi bon qu'à La Tour d'Argent et un peu moins cher», riait-il. On se doutait bien qu'avec un tel nom ça n'allait pas être le genre de La Binerie de la rue Mont-Royal. «Avec mon ami Rochemort, on a composé un menu de haute gastronomie qui va faire saliver nos commensaux de la presse. En France, il faut viser l'estomac pour obtenir des résultats. Au fait, Rachel, soyez prudente, ne répondez qu'aux questions posées, avec votre naturel et votre calme habituels. Pour les impressionner ça leur prendrait, à ces grands blasés distingués, un peloton d'«immortels» et encore! Jouez la carte de la simplicité, de la transparence. Les reporters parisiens ne rencontrent que des âmes compliquées et torturées par l'angoisse métaphysique commune aux littérateurs prétentieux.» Je voyais bien que ces propos ne faisaient qu'augmenter l'«angoisse ordinaire» de ma compagne. Il continua pourtant: «Comprenez qu'il vous faut les conquérir dès ce midi. Quelques articles élogieux et vous serez favorisée par les jurés qui lisent les moindres articulets de ces scribes surmenés. Plus tard, aux Services culturels, il vous faudra, au milieu de vos juges, déployer tout votre charme qui est immense, Rachel, je peux vous le dire. On approche. Restez calme et souriez constamment, ayez l'air d'être certaine de gagner.» Yvon ouvrait le chemin devant une jeune femme plus très solide sur ses jambes tant l'émotion l'envahissait. Je suivais en silence, impuissant à aider Rachel. Tohy-bohu dans le petit hall du restaurant décoré sobrement. Le bon gros Yvon ne savait plus trop à quel assaillant répondre, il y avait le maître d'hôtel, le gérant, le chef serveur, du monde onctueux mais agité. Une relationniste à la voix haut perchée paniquait déjà, le cuisinier se mêla à la cohue et Jean Rochemort se décida à hausser sa voix de fausset pour déclamer les dernières décisions prises sur la marche à suivre pour ce déjeuner de presse. Tout ce monde ignorait complètement Rachel, pourtant la raison de ce grouillement impétueux, et ignorait bien davantage ce valet de pied, ce misérable prince consort que je semblais être devenu. Nous finissons par être poussés littéralement dans le grand cabinet particulier au fond du restaurant. On saisissait les bribes des conversations animées comme : «Où va-t-on asseoir le critique du *Monde,* c'est délicat, il déteste Bordelex et jalouse Bertrand Pavot!» ou bien : «Mettez côte à côte le chroniqueur de *Match* et celui du *Matin,* ils ont un flirt depuis dix jours!» Ou encore : «Soyez prévenus, j'ai changé une entrée, ce sera des langoustes à la Danton, très épicées!» Une voix tonna du couloir : «Monsieur Duméac, Roger Laffront a téléphoné, il sera un peu en retard, il a fait sauter la cuisinière!» Des éclats de rire fusèrent, détendant un peu l'atmosphère. À un moment donné, on nous empoigna fermement, Rachel et moi, pour nous forcer à nous asseoir. La relationniste aussitôt poussa des cris : «Les cartons, il faut changer les cartons. » On la vit brasser des cartons comme on brasse un jeu de cartes. Elle en posait entre les rangées de verres, les reprenait, les reposait au-dessus des trois rangées d'ustensiles dans de minuscules supports en argent. Un spectacle, maman! Rochemort s'interposa rudement soudain : «Ah non, vous ne ferez pas asseoir mon patron, Roger, près du rédacteur de *Lire.* Il travaille pour un éditeur rival que Roger déteste. Un coupe-jarret que je n'ai pas besoin de vous nommer qui gîte dans la rue Jacob. » Nouveaux éclats de rire. On ne comprenait pas toujours ces «aménités», sentant que les gens réglaient des comptes inconnus de nous deux. Il y eut un nouveau brassage des cartons et d'autres disputes : on ne pouvait installer ce petit gauchiste avec le «mec» du magazine *Figaro,* tellement réacto! Rachel était redevenue assez calme en face de ces embrouillaminis protocolittéraires. Elle se laissa tomber sur une chaise et ce fut un cri de stupeur de Ronald DesOrmes qui arrivait: «Ma pauvre Rachel, non! Pas là! Non! Vous seriez aux côtés du vieux marlou du *Monde* et il a les mains longues, je vous préviens, c'est un véritable obsédé sexuel. » Encore des rires puis l'éditeur prestigieux, Laffront, fit son entrée, on aurait dit le Premier ministre! Un homme, maman, à la fois hautain et timide avec une belle voix bien placée «dans le masque», comme dit Rachel de certains de ses comédiens à «spots» publicitaires. Après un certain silence respectueux, ce fut une salve de mots de bienvenue pour le grand homme. Rochemort regardait son patron comme on regarde son dieu. Laffront parla à voix feutrée comme savent le faire les gens importants, il intensifia un peu son sourire de rigueur quand Yvon lui présenta Rachel. Il lui baisa la main après lui avoir touché l'épaule d'un doigt, Louis XIV touchant les malades, et lui fit un de ces compliments sauce aristocratie française dont le sens nous parut vague: «Avec vos yeux, madame, vous ferez sans doute des images pétillantes que nous éditerons avec joie!» Néanmoins, ces encouragements stimulèrent Rachel qui retrouvait son sang-froid en disant: «Je gagnerai la finale parce que déjà j'aime Paris, j'aime la France. » Deux journalistes qui arrivaient applaudirent à cette prédiction flatteuse. Laffront entraîna délicatement Rachel pour qu'elle puisse être assise à ses côtés. La relationniste murmura que le vieux satyre du *Monde* serait déçu et elle posa son propre carton près de celui qu'on annonçait comme étant un «maquereau». Elle allait se dévouer, soupirante, les yeux au ciel, vraie martyre. Le maître d'hôtel joua un peu à changer les cartons, j'avais envie de rire et je m'installai entre le gauchiste du *Nouvel Obs,* comme ils disent, et l'envoyé du fameux Bertrand Pavot, animateur adulé de *Entre guillemets* à la télé. Quelques invités se firent excuser dont l'ambassadeur du Canada qui ne pouvait manger normalement à une table où le délégué général du Québec pourrait s'asseoir! Le délégué ne vint pas de toute façon, trouvant impardonnable que les éditeurs aient seulement songé à inviter quelqu'un du Canada! Il manqua aussi quelques journalistes et la relationniste rageait: «Il y a six autres déjeuners de presse en ce moment à Paris! Le métier devient impossible.» Et quand les hors-d'œuvre s'amenèrent, elle quitta les lieux précipitamment au bord des larmes. Était-elle rémunérée au nombre de «prises» de journalistes?

En ce quinze avril nuageux, Rachel déjeunait, frémissante. On aurait dit le Daniel de la Bible dans sa fosse aux lions! Au potage, un certain silence se fit et Rachel, surprenante, dérida les convives en décochant plusieurs flèches moqueuses sur le vocabulaire sophistiqué des menus de la haute cuisine française. On en rit volontiers. Puis l'éditeur Laffront chanta les vertus du pays québécois, révélant qu'il avait une faiblesse pour les Canadiennes françaises catholiques comme elles s'identifiaient volontiers dans les années 50 et 60. Le critique du *Monde* était un vieux beau bien bavard, à belle crinière très blanche. Quand il s'allongeait pour faire des confidences à Rachel, il me dissimulait les réactions de ma tendre moitié. Tu sais comme je suis jaloux, maman, mais je prenais garde de manifester la moindre mauvaise humeur, Rochemort m'ayant dit à l'oreille toute l'influence qu'un bon article aurait sur le jury. Je me contentai de résumer nos timides luttes socialistes au Québec pour répondre aux interrogations de mon gauchiste de voisin. Je ne pourrais te dire avec précision ce qu'on nous a fait manger tant j'étais absorbé par l'énervement rentré de ma Rachel. C'était très compliqué, très à-la-française comme plats. Il en vint un rose et c'était mou, puis un vert accompagné de sauces, l'une couleur moutarde mais c'était sucré, une autre mauve et ça goûtait la moutarde. Puis s'amenèrent des choses raides, d'un gris luisant presque métallique, très ragoûtant, et qui fondaient dans la bouche, puis de petites assiettes remplies de choses brunes fumantes, arrosées d'une sorte de riz couleur saumon et parsemé de graines pourpres. Un régal. Tu as reconnu ton ignare et maladroit fils en matière culinaire, oui? Au dessert, une sorte de joli jeu de blocs aux couleurs criardes m'a réjoui le palais. L'éditeur parisien a raconté que, jadis, il avait cent fois eu envie d'aller installer ses pénates sur les rives du grand fleuve Saint-Laurent. Il a prononcé de sévères jugements sur la gestion publique des impôts, s'est lamenté avec un humour corrosif sur l'appétit des gendarmes du fisc. Il a terminé en parlant de façon lyrique de ses nombreux voyages de pêche et de chasse chez nous et, Rachel et moi, qui ne sommes même jamais allés à la pêche aux perchaudes, l'avons laissé vanter nos ressources naturelles, à son dire, fascinantes. Le rabatteur de Pavot n'a parlé, entre les choses molles roses et les dures vertes que pour grogner sans qu'on puisse l'entendre clairement: «Faudrait un peu de discernement, ras-le-bol des québécoiseries, une vraie peste si ça continue. Paris n'est pas une poubelle, attention les mecs!» Il y eut un silence pesant que brisa le délégué du *Figaro* qui, au contraire, vanta «la fidélité exemplaire du Québec aux valeurs et aux traditions sacrées, cette capacité d'allier les traditions françaises et la modernité nord-américaine ». Il a continué dans un jargon ésotérique, semblant mettre dans le même sac les affreuses lois du « petit père Combe », la Résistance, les nuits québécoises de la poésie, la musique rock qui serait « le néfaste delta prosaïque d'un marais négroïde mal assimilé et traître ». Je ne l'écoutais plus, le galant vieillard du *Monde* avait changé de place et marmonnait d'étranges compliments à une Rachel trop rieuse et encourageante à mon goût! Je guettais ses ébauches de caresses et j'entendais: « Les croyances ancestrales... la lutte contre l'hégémonie américaine... ou encore, la lutte contre la pieuvre des anglicismes. » C'est alors que, s'essuyant la bouche et puis tout le visage, notre éditeur Duméac se leva et entonna de sa forte voix ce couplet: « Nous sommes plus visuels qu'intellectuels au pays, alors ne soyez pas surpris si notre candidate à ce concours rafle le grand prix. Rachel Robichaud, c'est un œil comme disait Cézanne de Renoir. Et j'ajouterai comme Cézanne le fit: « Mais quel œil! » Rachel rougit. Il ajouta: « Son appareil-photo est un appareil très ordinaire, c'est son regard, le plus perspicace du Québec, qui lui apportera la victoire. Ce sera un regard sur la France qui sera neuf, original! » Rochemort applaudit, seul, puis on invita Rachel à parler. Je la vis fondre, elle qui déteste parler en public. On insista et quand DesOrmes voulut parler à sa place, le vieux-beau du *Monde* la força, *manu militari,* à se lever. Au début de son laïus, maman, Rachel bredouilla un peu mais à la fin, mieux assurée par un silence total, elle déclara: « Je veux faire honneur à mon pays mais davan-

103

tage encore à la photographie amateur que l'on méprise parfois trop vite. Jeudi, le vingt-huit avril, j'apporterai, avenue Kléber, des photos personnelles sur un coin de la France qui ne sera pas Paris. Dans treize jours, je serai de retour et ce ne sera pas des « clichés », puisque dès demain matin, nous quittons la capitale, fuyant les cartes-postales-pour-touristes ! » Ce fut un moment de surprise. Je vis un DesOrmes fort inquiet, guettant les réactions de cette proclamation. Les applaudissements fusèrent, soulageant nos éditeurs et moi-même. Alors DesOrmes, Duméac, Rochemort et Laffront entonnèrent des félicitations à la cantonade : « Où allez-vous ? » « Avez-vous songé au Limousin ? » « Allez-vous dans les Vosges ? » « Non, allez plutôt voir les Cévennes ! » Les questions et les suggestions fusèrent de toutes les places. Rachel déclara : « Nous descendons dans le Sud. » Roger Laffront, en sudiste fidèle, parla de Marseille et la complimenta de ce choix. Rochemort recommanda la région de Toulouse qu'il adore. Oh, maman ! Rachel sortit du Récamier transformée, méconnaissable. J'étais fier d'elle. Elle marcha d'un pas assuré vers notre hôtel, un pas que je ne lui connaissais pas. Duméac lui avait pris les mains et l'avait serrée contre lui dans le vestibule du restaurant : « Bravo ! Vous les avez tous charmés. » Ronald DesOrmes l'a arrachée des mains de son éditeur pour lui faire une accolade à bises : « Vous les avez mieux que charmés, vous les avez conquis. Vous êtes sur la bonne voie, Rachel, chapeau ! »

Dans le jardin de notre hôtel, Rachel allait et venait, refroidie, se débattant entre certitudes et appréhensions. Et il y avait une deuxième manche à ce combat, dans deux heures, c'était la rencontre de ses juges, rue du Bac. On fit venir des eaux minérales, surtout pour moi qui ne digérais pas trop bien les choses vertes, roses et gris métallique aux noms savants et difficiles à retenir du genre : « quenouilles de fenouil farcies de crabes en huttes garnies de sauce volante avec millefeuilles fourrés à l'estragon sur coulis de safran » ! Oh oui, c'était bon, mais c'était dur à faire passer dans un estomac habitué à une cuisine simple et saine. Pauvre maman, m'aurais-tu malmené, enfant, le tube digestif avec tes adorables ragoûts et fricassées à la Gervaise, tes petits lards salés au chou, tes pattes de cochon, tes tourtières et tes pâtés chinois ?

Montés à notre chambre pour une sieste réparatrice implorée par moi, voilà que Rachel palpe, ouvre et referme l'album qui lui a valu d'être invitée en France, intitulé : *Ma vitre est un jardin de givre,* qui est un vers de Nelligan. Elle me dit : « J'ai gagné au Québec par défaut. Des jeux visuels avec de la glace, du verglas, du givre au travers de toutes sortes de fenêtres, c'était facile en fait. Il faut que je me dépasse, que je trouve mieux, plus fort. J'ai peur, Clément ! » Et elle me dit que son soupirant du *Monde* lui avait confié avoir appris que la candidate suisse n'était pas vraiment un amateur, qu'elle aurait déjà travaillé pour des publications spécialisées. Cette concurrente lui a avoué que, déjà, à douze ans, elle possédait un excellent appareil allemand ! « Tu te rends compte, mon vieux ? Et descendre au Sud, est-ce que c'est bien prudent, le lauréat français va y travailler, c'est son pays, le Midi ! » Elle a parlé sans arrêt. « Mais, tu sais, moi, j'aurai un regard tout neuf ! Il faut que je le batte ! » Elle balançait, hésitait. J'avais cru, maman, que c'est le voyage seulement qui nous contenterait, un séjour « aux frais de la princesse », quoi. Eh bien non, le concours lui tient à cœur. Elle veut gagner et j'aime bien la voir, comme ça, ambitieuse, décidée, combative ! Son succès au déjeuner de presse l'avait visiblement stimulée. Je me disais qu'après cette première épreuve subie avec éclat, je pourrais peut-être lui demander congé pour le cocktail aux jurés rue du Bac. Je n'ai pas osé. Je me dois de la seconder, au moins par ma discrète présence. Elle a fini par consentir à la sieste. J'ai tiré les lourdes tentures du 52 de l'Hôtel des Saints-Pères. Cinquante-deux fois je lui ai dit que je l'aimais. Je l'ai embrassée cinquante-deux fois, à cinquante-deux endroits différents. Bouche-toi les oreilles et les yeux, bonne mère, cette sieste s'est changée en une corrida qui augure bien pour quand nous irons assister à de vraies corridas en Provence ! Je te dirai seulement, prude maman, que cette sieste nous a détendus mais ne nous a pas reposés vraiment. Mais je sais que Rachel m'aime, maman, elle me l'a crié, cinquante-deux fois !

Vois-nous maintenant bras dessus, bras dessous, dans la rue de Sèvres. Le carrefour, coin de la rue de Grenelle, est très achalandé. C'est le Paris furibond et affairé. Rien à voir avec le Louvre ou la Place d'Armes ou le Trocadéro. À cinq heures de l'après-midi, aux Invalides ou au jardin des Tuileries, c'est la paix touristique. Ici dans ce quartier du Cherche midi, c'est l'animation normale, donc fiévreuse, de toute grande ville du monde. Tout n'y est pas qu'édifices sablés, bâtiments exposés, c'est un lieu plein de réel. On n'y voit pas trop d'appareils-photos pendus aux cous, d'autocars au ralenti, munis de plaques minéralogiques de Hollande ou d'Allemagne. Je dis à Rachel : « Regarde, la rue parle de toi : Cherche midi ! On y va demain ? » Elle me jette un regard inquiet car elle sait que j'aime bien être averti du « programme » même si j'admets volontiers qu'elle est le « chef » de cette expédition photographique. « Ne joue donc pas au susceptible, je t'en ai parlé de quitter Paris. Mais si tu veux, on ne s'en ira qu'après-demain, dimanche, quoi. Les gens vont rentrer du long congé de Pâques et on sera tranquilles sur les routes pour « apprivoiser » la conduite manuelle ! » Je l'embrasse ! Elle est belle aujourd'hui. Je sais : « La femme est journalière, un jour elle est moche, elle le sent, le lendemain elle resplendit. » « On quittera Paris quand tu voudras. » J'ai le goût de la suivre docilement. Je me sens reconnaissant. J'ai envie de l'approuver en tout, sur tout. Je l'aime trop, ma foi, bonne mère ! Nous sommes arrivés trop tôt rue du Bac. Près du « premier magasin à rayons » de Paris, le Bon Marché, j'achète des fleurs pour la secrétaire de Ronald Vilemain DesOrmes. Ça va faire Parisien galant ! J'explique à Rachel que, tout à l'heure, on va sans doute l'enterrer de fleurs. On marche un peu au hasard. On se croirait au Québec du temps de « l'Himalaya claudélien » quand on découvre la maison mère des Missions étrangères ! Je songe à l'oncle Ernest, le frère de papa, mon oncle « exotique » qui vivait en Chine, qui m'excita tant avec ses photos chinoises, ses lettres de vingt pages sur les actualités chinoises qu'il envoyait à papa et qui me faisaient tant rêver d'être, un jour, à mon tour un missionnaire dans une contrée lointaine ! On a vu aussi l'édifice des sœurs de Saint-Vincent-de-Paul, au numéro 140, là où le pape polonais, en 1980, se rendit en secret, la Vierge y étant apparue en 1830. On y a vu aussi un vieux couvent de Carmélites où il y eut des prêtres égorgés ou guillotinés par centaines. Un des massacres des révolutions de la fin des années 1700. Nous remontons vers DesOrmes. Une église encore! Saint-Ignace! «Bon, ça suffit, il faut y aller.» Rachel joue les intrépides, mais je le connais bien son petit air dégagé. Elle s'empare de la poignée de porte du 117 du Bac. Il n'y a que les habitués du lieu, le personnel et ces éternels étudiants, fils ou filles de famille, dans la trentaine, cumulant les maîtrises, voire les doctorats en matières psycho-socio-culturelles, boursiers perpétuels, ratés de talent sans aucune originalité, sempiternels chercheurs-en-archives-rares. Ils viennent parfois traîner rue du Bac, coup de cafard, léger mal du pays. On aperçoit le seigneur DesOrmes sortant en coup de vent de son bureau, sans doute alerté par son cerbère en jupon de l'entrée. Il semble fringant comme une pouliche amenée au pré du printemps. J'ai donné mon bouquet de jonquilles et il l'a jeté négligemment sur son pupitre où trônaient déjà deux immenses vases émaillés blancs et pleins de... jonquilles! D'énormes corbeilles fleuries sont suspendues aux quatre coins du grand hall-salle de réception. Serein mais nerveux, il entraîne avec fougue ma Rachel dans son bureau, me claquant la porte au nez! Quinze minutes plus tard, Rachel me racontera: «Il tremblotait, me serrant les mains avec fièvre, il a posé pudiquement sa tête sur ma poitrine, disant: «Avez-vous peur? je vous supplie de répéter votre numéro de charme du Récamier. Ce sont de vieux bonshommes, mais soyez pétillante, ça les émoustillera. Soyez délicate, ils sont si fragiles au fond. Ils sont vieux, mais pas moins hommes pour cela. De la délicatesse, Rachel, beaucoup de délicatesse. Démontrez une exquise politesse, ils n'ont aucune sympathie pour les créateurs féminins, de la méfiance plutôt. Alors il ne s'agit pas de briller par l'esprit d'à propos ou par la virtuosité intellectuelle. Du charme, Rachel. Séduisez comme « Suzanne au milieu des vieillards ». « Il ricanait, me dit Rachel, on aurait dit un entremetteur préparant une geisha du Japon à séduire de vieux pachas d'Arabie Saoudite. » On a ri dans notre coin, discrètement. DesOrmes lui a lu la liste des jurés avec leurs titres de gloire ou d'honneur. Avant de la libérer, il a ajouté, un pied contre la porte qu'elle s'apprêtait à ouvrir, suffoquant sous tant de paternalisme : « Ma belle enfant (il est de son âge pourtant), quand ils seront là, tenez-vous derrière moi, légèrement en retrait, et vous verrez que tout se passera bien. J'ai l'habitude maintenant. Je ferai les présentations avec les commentaires appropriés à votre intention. Vous n'aurez qu'à bien retenir ces informations implicites. Vous me comprenez ? Elles vous feront un précieux bagage quand, plus tard, ces messieurs renoueront conversation afin de vous sonder les reins et le cœur. »

Il allait partout maintenant, comme un chien fou, d'une agitation, je dirais, plutôt féline, qui lui donnait un teint éclatant. Le distingué grand commis de l'État nageait en des eaux d'officialité qu'il adorait. Elle achevait de me narrer cette séance préventive quand, justement, le Ronald vint prendre la main de Rachel exactement comme on fait avec un petit enfant, et s'éloigna en me laissant seul avec une coupe de mousseux très pétillant qui pouvait bien être du champagne réel, spécifiant à mon intention : « Je vous la rendrai à la fin de cette réception, monsieur Jobin!» Je me demandais si je n'irais pas bouquiner du côté des quais comme j'aime tant le faire dans les vieilles librairies de Montréal, ou si je n'irais pas regarder la télé française dans le hall de l'hôtel, quand un étrange type aux grands yeux pochés d'épagneul triste derrière des «barniques» à monture ancienne, le teint jaune d'un hypocondriaque, le cheveu soyeux, fit son entrée et m'adressa un de ces sourires comme seuls les gens tristes son capables d'en avoir. Il semblait me prendre pour un portier ou un gardien sans uniforme. Je lui dis: «Bienvenue à notre petite réception, monsieur!» Il redresse son visage qui semble lui peser, ajuste ses lunettes et s'excuse. «Je suis si distrait. Je ne vous avais pas vu. Merci! Euh... pouvez-vous me rappeler le motif de cette réception, il y en a tant à Paris?» Je lui parle de Rachel Robichaud, la gagnante québécoise du concours de photo amateur et il me coupe: «Ah bon! Oui. J'y suis là! Bien sûr, je suis un des financiers de madame, le directeur pour les arts visuels au Conseil fédéral des Arts du Canada. Mon nom est Nathan Karim.» Il décide de polir avec énergie les vitres de ses lunettes en se servant du bout de sa large cravate vert olive avec des pois ivoire. Étrange, maman, ce directeur semblait un de ces vagabonds intellectuels du temps de la *Beat generation* de Jack Kerouac: habit noir aux angles luisants d'usure, épaules couvertes d'une neige de pellicules, chemise froissée, col raboudiné comme une vieille crêpe bretonne. Myope, il tentait de voir un peu plus loin en me disant: «Je reçois tant d'invitations, à Bologne, à Francfort, à Bruxelles, à Rome, à Nice, qu'il m'arrive, vous allez rire, que je sois obligé de sortir dans la rue parfois au cours d'un banquet pour bien savoir dans quelle ville je suis descendu!» Vu son apport financier, je tente aussitôt de le guider vers ma dulcinée à travers cette horde grossissante des invités, des pique-assiette. Inutilement. Rachel est en train d'écouter le chef du jury. C'est un énergumène comme monté sur des échasses, le front dégarni jusqu'au milieu du crâne et qui arbore un appendice nasal rivalisant avec celui de Cyrano. Emmanuel Roche, l'air d'un confesseur-inquisiteur, retient Rachel par les deux épaules et, la secouant très doucement, lui débite des propos inouïs: «J'ai feuilleté votre album sur les vitres givrées, c'était brillant, mais il va vous falloir trouver bien plus fort. Mes camarades et moi sommes avides de talent original. Comme disait Diaghilev: «Étonnez-moi! Étonnez-nous!» Alors, un bon conseil, quittez vite ce Paris surphotographié où tout a été dit, montré, peint, sculpté. Allez, tenez, je ne sais pas, allez du côté des mines de charbon, du côté d'Arras, de Lille, montrez-nous la France besogneuse! Faites de l'inédit, les centrales nucléaires près de Beaune. » Il baissa le ton et vérifia si on ne l'entendrait pas: «C'est bien fini la complaisance parisienne des années 70 envers tout ce qui nous arrivait du Québec. De Gaulle est mort, vous savez. Il faudra rivaliser, sans préjugé favorable d'aucune sorte. Vous le savez?» Le grand poète finit par nous remarquer et surtout monsieur Nathan Karim, car il ouvrit de longs bras — j'ai songé à la *Victoire de Samothrace* décharnée et squelettique. Le Nathan lui tomba sur le torse. Ce furent les caresses et l'accolade-à-bises qui surprendra toujours les mâles prudes de l'Amérique. De sa voix tristement nasillarde, j'entends le directeur du Conseil réciter d'un trait:

111

«Comment va mon cher grand poète lyonnais et comment va Dieu, votre quête théosophique, votre âme se débattant entre le Léviathan et le mont Thabor?» Le poète haut perché soupire alors bruyamment — c'est le son de l'orignal qui meurt — et on respire un remugle de café noir, de cigarette franb7aise et de gros rouge à assommer un essaim de guêpes d'un coup: «Les ténèbres, hélas, gagnent sur la lumière. Je suis trop faible!» Il hausse, c'est interminable, d'abord la tête et le cou, puis les épaules et le torse, puis le bassin et les jambes, il se rejette si loin en arrière que j'ai peur de le voir tomber à la renverse, maman! Nathan Karim le ramène en avant par les basques de son costume à carreaux style 1920. «Vous voguez vers le point Oméga. Votre *Aigle noir sur pic blanc* est éloquent. Je viens de le lire, c'est une prophétie, c'est la Bible des années 80.» Abandonnant Rachel et DesOrmes, les deux s'en vont enlacés, sinistres, comme envoûtés par un maléfice diffus, le poète avec son visage d'aigle noir et le Karim l'air d'un pic cassé. Oh, mère, quel monde étrange autour de moi! Que je me sens éloigné de ma petite paroisse du nord-ouest de Montréal! J'ai peur de t'assommer avec cette description bien spéciale d'un certain monde parisien. Je vais être bref. Un poussif s'est amené, gaillard tout en rondeurs, compulsif et rouge, au verbe pétaradant. C'est le «boss» de DesOrmes, c'est le délégué général lui-même, Yvon Michomifrette. Il a les allures d'un super-consul, une diction soignée qui fait claquer toutes les consonnes comme des pétards à mèche. Il s'est tout de suite emparé des mains de Rachel pour y poser de non moins claquants baisers: «N'oubliez pas, mademoiselle, si vous nous faites l'honneur et le plaisir de l'emporter, je vous organise, on vous l'a dit, un dîner princier à mes appartements de l'avenue Foch. » Rachel, intimidée par le poète Roche peut-être, lui dit: « N'espérez pas trop. Paris, c'est dur! »

Les uns après les autres, ce fut assez pénible, les jurés sont venus dire à Rachel, un, que son album québécois n'était pas très fort et, deux, que la finale serait une épreuve quasi insurmontable. Un monsieur de Boissec, ou de Boisèche, de l'Académie s'il vous plaît, lui a même spécifié: « Soyez avertie, madame, tout sujet naturaliste m'est odieux. Ce qui mérite l'attention, c'est l'incessant labeur du génie humain pour transformer justement cette nature rebelle et cruelle. C'est ça le véritable humanisme! Cette mode de l'écologie me laisse de glace et nous sommes plusieurs au sein de ce jury à penser de la sorte! » Rachel, de plus en plus ébranlée, ne disait plus rien et DesOrmes, la tenant toujours bien en mains, pâlissait au rythme de ces brèves interviews. Il balbutia: « Le message est bien reçu, vous verrez, vous ne serez pas déçu, Maître », et il faisait pivoter Rachel dans toutes les directions. Vers monsieur Jehan de l'Hameçon, de l'Académie lui aussi, qui lui cria presque, tant le brouhaha montait de partout: « Le choix d'un thème, d'un motif, d'un sujet n'est jamais grand-chose pour le véritable créateur. Est-ce Braque ou Matisse? c'est Braque, qui disait, oui: « Je hais les métaphores, j'aime les métamorphoses. » Un autre juré, ancien ministre, un dénommé Pierrevide, clama: « Tâchez de ne pas oublier avec cet album que ce pays est votre patrie mère, votre genèse, vos racines, tâchez d'illustrer l'émotion reconnaissante d'une simple petite « fille du Roy » revenue à sa source!» Ce genre de sermon a toujours horrifié Rachel. Je craignais qu'elle ne se fâche. Une soirée éprouvante, mère, je te le garantis. Certains lui disaient: «Il n'y a que Paris en fin de compte!» D'autres: «Fuyez Paris au plus vite!» Soudain Rachel dévisagea DesOrmes pour lui dire abruptement: «Maintenant, vous m'excuserez, je dois rentrer, j'ai des médicaments à prendre de toute urgence.» Elle se sauva et passa la porte. DesOrmes, ébranlé, me regarda: «De quoi au juste souffre votre compagne, Clément?» Je me penchai à son oreille très attentive: «De réceptionnite aiguë. Une crise!» Il en resta pétrifié comme la femme de Loth et je sortis, heureux de rejoindre Rachel et un peu d'air frais. Il avait plu beaucoup. Tout reluisait. Le temps était d'une bonne fraîcheur.

Rachel se presse sur moi, un peu chancelante, menacée par la migraine. Nous décidons de marcher un peu vers la Seine pas trop loin. Quelle bonne nature: Rachel éclata d'un rire libérateur en me répétant les avis judicieux et les conseils contradictoires. Nous avions atteint le quai Anatole France et, attirés par les lumières de la place de la Concorde, on traversa le pont du même nom. La moindre lumière était réfléchie sur la chaussée détrempée, une féerie dans ce décor unique. Un bateau-mouche voguait sur la Seine, illuminant de ses énormes réflecteurs les berges désertes désormais depuis qu'on a aménagé cette voie rapide qui ceinture tous les quais. On nous a dit que c'était, hélas! indispensable pour tenter de décongestionner la capitale. Des touristes nous saluent sur un pont supérieur. «Si on prend de nouveau un bateau à excursion, il faudra en choisir un comme celui-ci, à étage», me dit Rachel. En admirant debout, près de l'obélisque ramené d'Égypte par le petit Corse, les perspectives vers la Madeleine au nord, à l'est vers le Louvre, à l'ouest vers l'Arc de Triomphe, on comprend cette fierté qui semble habiter tous les Parisiens. Nous décidons donc, malgré ce temps menaçant, d'aller faire nos adieux, au moins pour deux semaines, à la « Voie Triomphale ».

De nouveau, le chaleureux spectacle des promeneurs dans cette immense avenue, large, maman, comme quatre de nos plus larges rues mises ensemble ! Plus tôt, rue du Bac, on a parlé de Romain Gary qui y mourut au bout de son riant canular Ajar. Ici, devant la terrasse du Fouquet's, on songe au prodigieux acteur Jules Raimu qui y avait son Q.G. C'est ça, maman, Paris, des souvenirs de lectures diverses, de films divers. Nous avons vu la misère et le luxe se côtoyer, un mendiant de vingt ans, une dame rutilante de bijoux qui sortait d'une Rolls ! Ou encore, des gendarmes, matraques en main, protégeant Aeroflot. Appel à la bombe ? menace de « manif » comme disent les gens d'ici ? Le terrorisme infeste Paris et on a vu souvent, au coin d'une rue, une haie de flics qui se formait soudainement. Les touristes, toujours voyeurs, s'interrogent, mais les Parisiens passent outre, indifférents, habitués comme les clients de la place Saint-Michel hier soir. C'est ça aussi Paris, un barrage de clôtures métalliques qui se posent soudainement avec fracas. Il est huit heures vingt. On a envie de voir un film. On consulte des affiches et on choisit une file où, curieusement, les gens sont très bien vêtus. Arrivés au guichet, on nous demande : « le carton s'il vous plaît ». C'était une première ! On proteste. On a attendu si longtemps. Le gérant est appelé.

Rachel, elle a du culot parfois, lui sort sa lettre des Affaires étrangères l'invitant à Paris officiellement. Le gérant s'excuse et s'incline respectueusement. Nous passons. On détache le câble de velours bleu. Oh maman, nous voici mêlés à tout un parterre de célébrités! «Charles Aznavour, là bas, à gauche, au fond! Regarde ton cher Depardieu qui vient de passer derrière nous!» Elle me tire la manche: «Près de la fontaine, là-bas, ce n'est pas Catherine Deneuve?» C'est ça, maman, Paris! Ton grand dadais de fils regarde un film en avant-première avec, assis devant lui, Lino Ventura, Jeanne Moreau, et qui encore? Ça t'en met plein la vue, hein, la mère? Après le film, pas très bon, nous décidons d'aller voir de près à quoi ressemble un drugstore de Paris, ayant négligé de le faire pour celui de la place du Québec. Nous marchons côté sud des Champs-Élysées, après avoir traversé «dans les clous» et, soudain, des clameurs au loin! Des piétons qui se collent aux vitrines! Un homme, sans âge, court en se tenant la figure avec un foulard de soie blanche. Il passe en trombe devant nous. Les cris se multiplient au bout de la rue. Il prend une rue transversale et nous prend l'envie de voir où il ira. De loin, prudemment. Deux hommes, plus jeunes, l'ont pris en chasse et s'amènent derrière nous en jurant. Nous voilà pris entre deux feux! On ralentit, craignant une issue tragique à cette histoire louche. Plus personne autour de nous! Nous empruntons la rue de Presbourg. Une voiture de police surgit, freine avec fracas. Un policier en sort et nous regarde. «Vous n'avez rien vu, bien entendu?» Il sort son pistolet et sans attendre notre réponse fonce vers le drugstore qui ferme le coin. Quand on y parvient, on voit escorté fermement par des flics, un homme aux cheveux roux qui sort le visage en sang. Il y a eu de l'action au drugstore! On questionne timidement une passante qu'on a vu sortir de l'établissement. «Oh, ce n'est rien! Simple bagarre, quoi! Quelques coups de couteau, quoi!» Elle s'éloigne calmement comme si elle avait vécu cela cent ou mille fois dans sa vie! Au coin de Saint-Laurent et Sainte-Catherine, nous aurions poussé un peu notre enquête mais, ici, à des milliers et des milliers de kilomètres de chez nous, nous n'osons pas questionner davantage, ni, surtout, entrer dans le drugstore en question. On y voit un décor de miroirs et de plastique luisant, des barres de cuivre brillant et des inspecteurs de police qui interrogent quelques clients adossés à un mur de formica très rouge.

Nous retraversons, dans les clous, les Champs-Élysées pour aller voir la raison de ce qui semble être un joyeux attroupement près de la rue Balzac. Des badauds rigolent à gorge déployée et des femmes poussent des cris saccadés. C'est qu'il s'y trouve une sorte de «paillassé» de Charlot au pantalon bouffant, au nez énorme et d'un rouge violacé. Il est l'attraction du moment. On s'agglutine avec les autres. Il a de grands yeux de poivrot désenchanté, mais une gueule toute rieuse. Nous comprenons vite son manège. Le voilà qui s'éloigne un peu de la foule pour «opérer» sur une nouvelle cible. C'est le silence. Un couple de dames bien dignes approche de notre polichinelle et le voilà qui exhibe un énorme rat d'égout qu'il retient habilement par la longue queue! La victime n'a que le temps d'apercevoir la bête sur le bras du bonhomme qui actionne très habilement l'avant-bras puis la main. La dame a l'illusion que le rongeur fonce sur elle et c'est le hurlement de frayeur attendu! Rires des badauds aussitôt. Le clochard range son rat de caoutchouc dans la poche de son manteau ouvert. Rachel, comme de raison, trouve le numéro sinistre et je ris, oh, à peine, maman, par en dedans. On s'en va, le Charlot, lui, recommencera son stupide manège et il passera la casquette pour son tour de presti-digitateur efficace, en titubant d'ivresse chroni-que.

Revenus à la Concorde, on a tout à fait ou-blié la satanée réunion de la rue du Bac. Pas-sant innocemment par la terrasse du bord de l'eau, des silhouettes plutôt inquiétantes émet-tent des protestations sourdes. Ce n'est pas long que nous comprenons que ces ombres exclusi-vement mâles n'apprécient guère le passage d'un couple d'hétérosexuels en leur domaine privé, la nuit tombée! On marche un peu plus vite, non sans entendre des quolibets méprisants à notre égard et quelques moqueries d'un sarcasme tout à fait adapté à ce sanctuaire de sodomites! C'est Paris, ça aussi, même à l'ombre du Louvre!

Nous piquons vers les quais et d'autres silhouettes, pas moins inquiétantes, circulent sans circuler. Rachel passe la courroie de son sac à main autour de son cou au cas où... On force le pas, malgré notre grande fatigue, vers le pont des Arts et c'est, encore, cette envie irrésistible d'aller à la terrasse des Deux-Magots pour revoir notre imprécateur, l'accordéoniste à complain-tes, le mime-automate, mais la pluie se met à tomber soudainement. J'ouvre mon petit para-pluie rétractile et c'est clopin-clopant que l'on tente de courir dans la rue des Saints-Pères. Le portier-veilleur met du temps à se réveiller. Quand, enfin, il vient ouvrir, il bâille un: «Excusez-moi, je rangeais des bouteilles dans la cave ! »

Maman, je ne sais pas comment j'ai fait pour t'écrire tout cela pour cette cinquième journée à Paris. Je cogne des clous. Et Rachel, tu ne le répéteras à personne, ronfle. Oh, un petit peu, pas beaucoup et pas souvent. Bonne nuit et à demain !

Sixième jour

Mère,

Sixième jour en France, un samedi épuisant. On a roulé, on a roulé! Te dire tout de suite que je suis parvenu à maîtriser assez complètement la transmission manuelle de la petite « verte ». Mais avant de quitter Paris, un coup de fil du bon Yvon Duméac: « Vous devriez aller tout de suite au siège de Radio-Canada à Paris. J'ai « pris bouche » avec le chef. On va vous fabriquer un petit reportage sur film qui pourra être vu là-bas au pays en plein téléjournal. » Rachel n'y tient pas et n'a qu'une envie, sortir au plus vite de Paris, qu'elle adore déjà tout comme moi, « mais où je ne trouverai jamais de sujets originaux pour mon album ». Quant à moi, j'ai insisté: « Tu vas passer aux nouvelles, tout le monde te verra, nos amis vont en râler d'envie. Et maman aura des nouvelles fraîches, comprendra que je ne me suis pas mis en ménage avec n'importe qui. » Je ne lui dis pas, mais je me dis qu'il se pourrait bien que je sois filmé à ses côtés même si je ne suis pas questionné. Oh, coquetterie! Mais quoi, maman, c'est le rêve de tous de pouvoir apparaître un jour au sérieux téléjournal. Il n'y a qu'à voir la bousculade des badauds lors d'un vol de banque ou d'un incendie télévisé.

La télé publique canadienne a ses bureaux pas très loin du Palais de l'Élysée où loge le Président de la République. On n'a pu qu'admirer les grilles bien surveillées par des gardes républicains en uniforme imposant, ça m'a tout l'air d'un logis princier pour un chef démocratique en république! C'est ça la France révolutionnaire? On a vu le « siège » de Cardin pas loin et puis on a grimpé vers les bureaux de Radio-Canada. Drôle d'accueil, je te jure, maman. Une mijaurée toute vêtue de cuirette, ou de vinyle peut-être, nous a « sommés » d'attendre en nous indiquant un divan... de cuir... ou de vinyle. Un énorme « bœuf », un monsieur Pédalo, les deux mains pleines de liasses de papiers du genre « télex ou télétypes » — j'ai déjà vu ces rubans des agences de presse au cinéma — s'est arrêté et sans nous regarder a dit : « Qu'est-ce que c'est? Qu'est-ce que vous attendez? » « Il s'agit de la concurrente du Québec au concours de photos... » Il a grogné en m'interrompant : « Compris! Vous êtes Rachel je sais plus qui? Vous tombez mal, on a un surplus de nouvelles depuis deux semaines. Pas de place pour les trucs d'amateur, je regrette. » J'ai voulu plaider, mais le gros bedonnant était déjà parti. Une femme criait, à la française, qu'elle avait enfin une « ligne libre » avec Montréal. Il y eut une petite bousculade entre deux petits maigrelets vers la crieuse. J'aurais bien voulu m'emparer de cette « ligne libre » pour composer ton numéro, maman, et te surprendre encore au lit vu le décalage horaire. Un autre grand type, mais sans bedaine, s'approcha, les lunettes juchées sur le front dégarni. Il s'est présenté : « Je suis Élie d'Anfosio. C'est la vérité, vous savez, nos cameramen sont des pigistes et ils ont des assignations pour au moins cinq jours d'avance. On ne pourra pas vous interviewer, c'est dommage, parce que vous avez un bon physique qui passerait bien l'écran. » Il lui tapa un clin d'œil et s'éloigna en disant à Rachel : « Félicitations quand même, madame Dubichaud. » Rachel fulminait et me dit : « Bon, on s'en va ! On a vu comment notre propre télé nous respecte et nous estime. Viens. » C'est alors que la luronne en cuirette se redressa derrière ses pots de maquillage et ses bâtons de rouge à lèvres pour protester : « Le patron va vous recevoir, attendez un peu ! Rasseyez-vous ! » Rachel allait passer la porte lorsque je vis la secrétaire sortir en entraînant son patron par le bras comme on conduit un enfant récalcitrant chez le dentiste. C'était un individu au teint jaune ocre comme ceux qui se font bronzer en mangeant beaucoup de carottes. Il avait les yeux rougis comme quelqu'un qui est inconsolable d'un deuil éprouvant. D'une voix à peine audible, il balbutia : « Je m'excuse madame, madame Jobin ou madame Robichaud ? » Rachel trancha par : « On voit bien que je dérange, peu importe mon nom. » L'homme aux cheveux d'ébène luisant et au teint d'iode ajouta : « Entrez dans mon bureau, je vous en supplie. » On entra. J'avais cru que son bras grand ouvert indiquait que j'étais invité avec Rachel. « N'allez pas répéter à Montréal que vous avez été mal reçue. Je perdrais mon poste à Paris et je me ramasserais dans un trou au fond de la province. Il y a eu déjà tant de plaintes. La dernière fois, ce fut l'auteur Robert Lemalin. Il est pesant à Ottawa et il a des amis chez les ministres et chez les sous-ministres. » Rachel rétorqua : « Ne craignez rien, monsieur

Pichette, je n'ai aucune relation politique. Je suis dans la publicité. » Il devint vert ocre : « C'est encore pire, les commanditaires ! C'est un monde à ne pas s'aliéner, on se le fait dire tous les jours. Vous allez me comprendre. » Il avala un comprimé avec de l'eau de Vichy, ce qui me fit comprendre que son teint devait moins aux carottes qu'à un foie sujet à jaunisse. « À Paris, les équipes prennent le rythme de la télé à la française. Personne n'est pressé. Tout le monde, ici, se dit très occupé. C'est à s'arracher les cheveux. Mes gens se croient tous en congé sabbatique ! Je vis sur les nerfs. Je ne trouve jamais personne de libre, même si le pape venait me voir, ou la reine d'Angleterre. » Rachel se releva en disant : « Bon. Ne vous en faites pas. C'est monsieur Duméac qui m'avait dit que vous vouliez réaliser une interview. On va s'en aller, j'ai mon travail. » Pichette la suivit jusque dans le hall : « Si vous voulez attendre, il y a sans cesse des élections en France, disons… trois, quatre jours, peut-être une semaine… » Rachel me regarda. J'osai lui dire : « Nous sommes attendus sur la Côte d'Azur. Nous prenons la route à l'instant. » Pichette nous suivit dans l'escalier et je crus voir d'Anfosio et Pédalo qui ricanaient dans son dos les mains toujours pleines de bulletins importants. « Peut-être que je pourrais consacrer une équipe de Montréal qui travaille à Nice en ce moment. Peut-être ! » Rachel était déjà dehors et il parlait encore, tenant la porte ouverte : « C'est pas facile, vous savez ! Tous les Québécois de passage ici veulent qu'on les fasse passer à la télé et je n'ai pas de moyens, pas d'argent, une équipe réduite… »

Rachel me dit, une fois assise dans l'auto : « Si je gagne et je gagnerai, je leur refuserai toute

123

entrevue à la fin du mois. J'ai jamais été si humiliée. » Là, maman, tu peux dire que l'attitude de Rachel m'étonnait. Je la sais très fière, orgueilleuse, mais après tout, elle n'était qu'une concurrente encore. Néanmoins, j'aimais sa confiance revenue. Malgré les propos négatifs des jurés rue du Bac.

Tu savais que je finirais assez vite par savoir rouler dans Paris. Ça n'a pas été long que j'ai attaqué les Champs-Élysées. J'ai roulé à droite, en surveillant ma droite, dans le funeste rond-point. J'ai foncé sur le premier pont aperçu. J'ai pu attraper le boulevard Raspail et puis celui du Général Leclerc puis, par Denfert-Rocheleau, il me semble, la porte d'Orléans s'ouvrit devant nous, si je puis dire, et Rachel, navigateur émérite, me guida vers l'autoroute du Soleil. En dehors des feux de circulation d'une ville, je maîtrise assez bien la « manuelle » ! Rachel, cartes variées sur les genoux, dans les mains et à ses pieds me criait : « Oui, ici, à gauche ! » « C'est ça, à droite maintenant à la prochaine fourche ! » Il a fallu goûter au satané boulevard périphérique, veux, veux pas ! C'est le genre de nos autoroutes est-ouest, Ville-Marie ou Décarie aux heures de pointe ! Là-dessus, les conducteurs français, et les conductrices aussi, sont de vrais démons du volant. Ça grouille de toutes ces mini-voitures à l'européenne, c'est cela qui doit donner tant d'intrépidité folle, de hardiesse casse-cou. À les voir « chauffer » de cette façon agressive, on se croirait perpétuellement dans les voitures tamponneuses d'un parc forain. C'est vraiment démentiel, j'en avais entendu parler de la « tenue de route » en France, mais il faut l'avoir vécu comme moi ce matin pour le croire. Tout le monde conduit sans vraiment regarder devant, mais la tête tournée vers la fameuse droite qui a toujours priorité. À gauche d'un conducteur, tu n'existes tout simplement plus ! Une fois sur l'autoroute qui annonce Lyon, j'ai pu respirer normalement et Rachel, d'un geste, a balancé toutes ses cartes sur le siège arrière. Avant de partir ce matin, j'avais collé une affichette dans la lunette arrière de la Renault, marquée : « Québec », pour que l'on soit indulgent, que l'on sache que nous étions des visiteurs. Sur le périphérique, je pense que mon affiche les excitait ces fous du volant, car on n'a pas cessé une seconde ou de nous coller au train, ou de nous doubler. Des deux côtés en même temps avec des regards d'enragés !

Maman, tu sais comme j'aime la campagne. J'en avais de toutes neuves, de vraiment inédites à me mettre sous les yeux. J'ai donc passé le volant à Rachel pour me rassasier à mon aise. Les champs sont différents en France. Comment t'expliquer ? D'abord on n'y voit pas nos innombrables clôtures de broche avec les pieux vermoulus. Parfois de discrets murs de pierre. Certes les arbres sont souvent très semblables aux nôtres : chênes, ormes, hêtres. Et le gazon, c'est du gazon. Pourtant il y a une différence ! C'est plus doux. Oui, plus tendre. Les couleurs, je suppose. Ou est-ce la lumière continentale qui change les couleurs des champs cultivés ? Pourtant le ciel était toujours gris ce matin. Des nuages, de type stratus, voyageaient sans cesse, brouillant sans arrêt de pâles lueurs solaires qui tentaient de percer. Un éclairage timide, hésitant, vacillant entre la lumière du jour et l'obscurité pâlissante d'avant l'aube. Il n'y a pas trop de villégiateurs sur cette autoroute vers le Midi, la Provence. On roule, on fonce vers Lyon, vers

Beaune, vers, on l'espère, le soleil radieux de la Côte d'Azur. On se dit que l'été, au moment des vacances annuelles, en août surtout, cette route doit être autrement plus encombrée !

J'ai repris le volant et c'est maintenant Rachel qui s'exclame, s'extasie par moments sur ces grands carreaux multicolores. Il semble que les cultures soient fort variées en France puisque les couleurs changent de carré en carré. Ici, les terres ne sont pas découpées comme au Québec en longues bandes étroites. J'ai l'impression que les villages, moins en longueur que les nôtres, voient les terres partir de leurs frontières dans toutes les directions. Cela fait des villages compacts, si j'ose dire, qui ont des allures de petites villes fortifiées. Rachel se pâme, ravie, je ne la savais pas si grand amateur de beautés champêtres. « Oh, c'est tout rouge ! Ah, c'est maintenant tout bleu ! De la lavande peut-être ? » L'arc-en-ciel est nommé. « Ouh ! c'est tout jaune par ici. Serait-ce de la moutarde ? » J'aimerais prendre le temps d'arrêter partout et de questionner les paysans mais, c'est bête, on roule, on roule, une force obscure amène toujours, hélas, l'automobiliste à rouler sans cesse. On voit Dijon qui s'annonce : « Dijon ? Oui, Rachel, le jaune c'était de la moutarde ! »

Rachel, ça y est, a sorti son mini-Pentax et croque des campagnes. Enthousiaste, elle me demande : « Sortons de l'autoroute, c'est joli ! » On sort. Déception : des stations d'essence avec les enseignes de grosses compagnies tout comme chez nous ! Rachel a faim et moi aussi. Nous avons roulé dans des chemins pas très confortables, mais le paysage redevient enchanteur en pleine Bourgogne. Rachel me dit que les labours semblent plus coquets, proprets qu'en Amé-

rique. Que même les champs de pâturage semblent entretenus par la main de l'homme. C'est
soigné, dirait-on, maman! Est-ce parce qu'ils ont
moins grand à entretenir? Partout des fleurs
sauvages printanières apparaissent, en avril!
Excitée, Rachel, parfois, me fait stopper et,
appareil-photo au bout du bras, elle gambade à
la recherche d'un carreau de couleurs rares pour
nous. Et puis elle eut très, très faim. Maman,
quand Rachel est affamée, elle devient impatiente et maussade. Nous évitons Dijon, on se
connaît, on s'y perdrait, on décide qu'on va
manger dans le village de Champagnole. C'est le
village de province qu'on imagine là-bas, qu'on
a vu au cinéma du temps que la mode était aux
«Fille du puisatier», aux «Femme du boulan-
ger» et dont «Farrebique» fut un sommet de
vérité. Une certaine pauvreté aussi se découvre.
Ou bien c'est l'ancienneté du lieu? On trouve un
restaurant, au hasard, avec l'octogone métallique
bleu et deux étoiles imprimées dessus. Tous les
restaurants, hôtels, simples auberges sont
marqués au fer... bleu, en France. Pratique!
C'est Chez Desforges, un nom bien de chez nous,
hein maman? On y est accueillis sans façon
comme des enfants de la maison. La patronne
coud et repose des rideaux, sa fille fait du repas-
sage dans un coin de la salle et le patron arrosait
ses plantes dans la cour arrière! On nous questionne sur le pays avec cette bonhomie qui doit
caractériser la province. On ne verrait jamais
cette amabilité dans les grands restaurants de
la capitale et même pas dans les petits restaurants des États-Unis. Pourtant nous ne sommes
pas encore vraiment dans le Sud où, nous a-t-on
dit, l'affabilité est partout répandue. Rachel
mange avec un appétit communicatif, le patron

Desforges en est ravi. Il s'informe de lointains parents exilés à Vancouver, nous demande si on ne les connaîtrait pas « par pur hasard ». On rit et on lui explique que Vancouver est à quatre ou cinq heures... d'avion de Montréal, du Québec. Sa femme, qui s'amène, nous demande si, « par pur hasard », on aurait entendu parler de ses cousins partis s'installer à San Francisco, en Californie. Son mari lui fait alors... notre leçon. Nous rions. Nous avons parlé de tout. Du peu de neige qui tombe en Bourgogne. Des fleurs qui enjolivent déjà les boîtes, dehors sous les fenêtres. Des voisins se sont mêlés à nos conversations, à un moment donné, on aurait pu croire à une joyeuse réunion de parenté et de vieux amis retrouvés. J'en étais franchement ému. C'est ça aussi, maman, la France ? On lui dit notre émotion, alors le patron peste contre les grandes villes et surtout contre Paris : « La ville des fous ! » On ne dit rien parce que, déjà, nous adorons Paris malgré tous ses fous ! Rachel est tout à fait détendue, bavarde, reposée des aménités très spéciales des Services culturels de la rue du Bac. On est comme chez soi. On est comme à la maison. Je me sens aussi bien que ces dimanches quand je vais te voir et, le poète Roche aurait donc raison, maman, la France est notre mère ! Champagnole nous laissera un souvenir indélébile, par ce seul repas dans cette salle qui m'a rappelé la marmaille réunie après la messe obligatoire quand nous n'étions, maman, que tes petits enfants.

On a repris l'autoroute pour regagner ce temps perdu avec tant de bonheur. Rachel me dit : « J'ai pensé faire un album de photos de tous ces champs si colorés, mais j'ai changé d'idée. J'aurais l'air de quoi ? De vouloir jouer la carte «québécoise», l'indéracinable qui, en France, a la nostalgie des grands espaces! Et si les jurés ne savent pas la différence, ils diraient que ces photos des champs auraient pu être prises dans nos campagnes à nous!»

Rachel m'amuse tant, maman! Elle est ainsi, cyclothymique? Un moment emballée pour un thème et puis, crac, soudain, elle déchire son idée. Change d'avis complètement. Ça fait partie de son charme. Elle ne m'ennuie jamais! Mon Dieu, maman, j'oubliais de te raconter un fait... humide. Avant de quitter nos gentils restaurateurs, j'ai besoin d'aller aux toilettes. Je m'excuse du trivial de l'anecdote, mais j'ai été si surpris! Qu'est-ce que je découvre au cabinet d'aisances? Des carreaux de faïence partout, au sol et aux murs, pas de bol, pas de «cuvette» comme disent les Parisiens! Rien qu'un trou d'égout. Pas de siège pour «trôner», comme disait papa de son vivant. Il y a une armature de métal chromé. Je pense un moment que la famille Desforges comporte peut-être un infirme, un grave handicapé. Bon. Je me débrouille. Je m'accroche, culotte au sol, je me suspends. Je fais ce que même le roi fait accroupi. Vient le moment de tirer la «chaîne», ce que les Français appellent «la chasse d'eau». Il n'y a pas de «chaîne!» Qu'une pédale. Je pédale! Oh, désarroi! Oh, rage! Je me fais arroser copieusement, la douche de pied m'éclabousse jusqu'aux genoux, c'est un torrent surprenant pour un non-habitué. J'ai failli crier, appeler Rachel à l'aide! Je n'ai pas ri sur le coup de cet orage, seulement après, quand j'ai raconté à Rachel, dans l'auto, cette installation archaïque. «J'en avais entendu parler, ce sont des toilettes turques!» Sacrés Turcs, jurerait un monsieur Jourdain nord-américain, habitué au confort des sièges souvent tapissés de laine chaude et même parfois rembourrés.

Nous filons vers Beaune, vers la Saône. Rachel boude la campagne, la trouvant inintéressante maintenant qu'on se rapproche du Midi à bonne allure et que le soleil réussit de plus en plus souvent de chaudes percées. « Je pèse sur le gaz », comme on dit chez nous, quand Rachel, soudain, se souvient d'une ancienne copine qui a épousé un Français lors de l'Exposition universelle de 1967. Une certaine Lise Bourdelle qui se serait installée avec son homme à Mâcon. Détour donc vers le pays de Lamartine. « Ça va lui faire une fameuse surprise à ma vieille partenaire de tennis du parc Lafontaine, tu te rends compte ? » Rachel se recoiffe, se maquille. Faut voir ça, bonne maman, c'est une opération cocasse. D'abord je suis, chaque fois, privé aussitôt du rétroviseur, ensuite, c'est l'étalage sur le dessus du couvercle de la boîte à gants. Elle fait ça en vitesse, on dirait une chatte pressée, un écureuil stressé. Série de gestes brefs et nerveux. Quand elle a terminé, elle découvre qu'il y a un miroir derrière son pare-soleil et s'en excuse.

Le pauvre petit soleil réapparu est bien bas quand nous entrons dans Mâcon. J'adore entrer ainsi dans une ville pour la toute première fois. Je ralentis énormément et on nous « corne » effrontément. C'est pourtant marqué « Québec » sur notre lunette arrière ! Mâcon est vivante mais si paisible en comparaison de Paris. J'examine tout, comme d'habitude, jusqu'aux affiches dans les vitrines des magasins, boulevard des Perrières, rue des Épinoches, rue Carnot. On sait la Saône pas loin, on voit qu'encore loin du Midi, il y a pourtant des toits de tuiles en

130

arrondi un peu partout. Rachel est allée téléphoner, s'étant enfin rappelé que le prénom du mari de sa Lise était Alphonse, comme celui du héros littéraire de cette ville. J'examine même les faciès des Maconnais, cherchant en vain à y déceler des caractéristiques communes! Rachel me revient souriante : « Il y avait un seul Alphonse Bourdelle, Dieu merci, dans l'annuaire téléphonique. Il a reconnu ma voix et nous a donné rendez-vous à l'Hôtel des Dombes. » En France, chère maman, il paraît qu'on n'entre pas facilement dans les foyers! On n'ouvre sa maison qu'après bien des rencontres au restaurant ou à l'hôtel. C'est comme ça! En roulant selon les indications d'Alphonse, Rachel me dit : « Il avait un ton étrange, je t'avertis. Quand je lui ai demandé des nouvelles de Lise, il m'a dit qu'il en avait long à me raconter à son sujet et qu'elle n'était pas à la maison ces jours-ci. » On se questionne. Elle serait malade, hospitalisée, ou quoi encore? Une dispute de ménage peut-être? « Il a insisté quand je lui ai dit qu'on repasserait peut-être par Mâcon en revenant de la Côte d'Azur. Il a insisté, m'a dit qu'il tenait beaucoup à me rencontrer. »

Nous entrons à l'hôtel choisi par Bourdelle. Tout de suite l'endroit me fait songer à nos hôtels de province, à Rimouski ou à Trois-Rivières, à Chicoutimi, à Hull. Pourtant de petits détails dans la décoration me disent clairement que je suis toujours en France. Un maître d'hôtel nous accueille et nous invite avec insistance à passer à la salle à dîner. Il vient de recevoir un coup de fil de monsieur Bourdelle. « Il vous prie de patienter un peu en vous offrant l'apéritif! » Le type est amène, onctueux, d'une politesse nerveuse et on va comprendre pourquoi plus tard. Il a l'air d'une grosse carpe, avec sa grande bouche toujours à demi ouverte, il a la tête prise à même le torse, il n'a pas de cou, les cheveux lisses, tapés, d'un brun-noir très luisant, on dirait aussi un dauphin. Malgré la grosse bouffe prise à Champagnole, Rachel a encore faim et boit en vitesse, trop vite, un martini! Pourtant elle sait que le martini la rend «pompette» en un rien de temps! D'ailleurs, déjà elle commence à rire pour rien. Mais attends, elle va rire pour quelque chose. Dans cette jolie chambrette d'Orange, je ris encore de ce qui s'est passé à Mâcon. Car, oui, en ce moment, nous sommes à Orange, une petite ville de Provence, je t'en reparle tout à l'heure. Par où commencer? D'abord l'Alphonse se fait vraiment attendre. Tellement, que nous décidons de commander. D'abord des escargots à l'ail dont nous raffolons. La jeune serveuse est une grasse morue, luisante comme son patron, et qui n'est pas dégourdie du tout. On l'a vue d'abord arroser de potage bien chaud les deux clients d'une table voisine, ensuite elle a aspergé de thé bouillant le dos d'un vieux monsieur bien digne qu'on avait baptisé Fantôme-Lamartine. Il a crié et protesté comme un diable dans l'eau bénite... bouillante. En nous servant elle a réussi à nous éclabousser de sauce à l'ail! On n'en revenait pas. Surtout qu'à chaque gaffe, elle s'excusait en riant abondamment, car elle était prise d'un rire incontrôlable. On en rit nous-mêmes. Elle en est toute secouée et la main sur la bouche. Après chaque accident, elle court se réfugier aux cuisines, pour rire tout son saoul, suppose-t-on! Le dauphin est humilié, va vers chaque victime, se répandant en excuses navrées. Les autres clients sont inquiets et lui, apaisant et souriant de son profil droit, de son profil gauche fustige du regard cette bizarre recrue. Dès qu'elle passe près de lui, il l'engueule ferme entre les dents et puis se tourne tout sourire vers ses clients nerveux. C'est un manège vraiment spectaculaire qui nous met en joie, tandis que le pauvre homme est au bord de la crise d'apoplexie. La grasse morue est un phénomène, elle renverse un sucrier, échappe un crémier, accroche un vase de fleurs! Chaque fois, c'est la panique chez le maître d'hôtel, et sans doute pour se calmer, il va se jeter sur le piano de la salle à manger, il frappe sur les notes comme un dément, plaque des accords tonitruants et tente de sourire aux clients guère rassurés par ce pianiste véhément. Ce n'est pas de la musique, c'est du fracas! Rachel et moi, nous rions maintenant aux larmes. On se croirait dans un vieux film de Laurel et Hardy! Dès que battent les portes-persiennes à ressort, et que, de la cuisine, sort sa serveuse-novice à la peau huileuse, il court à son clavier et joue fortissimo, tentant d'avance de couvrir les prochains renversements, qui ne manquent pas de se produire. Oh, chère maman, c'est dans ce climat vaudevillesque que s'amène, hélas, notre Alphonse Bourdelle! Rachel ne le reconnut pas tout de suite. Dans lauto, elle me confiera qu'il était devenu une loque humaine, lui, si jeune, si beau du temps de l'Expo 67. Il se laissa choir comme une poche de patate vide à nos côtés et ce fut sur le tempo tragique du pianiste improvisé qu'il nous fit le pathétique récit d'un Alphonse trompé, trahi ignominieusement, aban-rue de novice qui aggravait son cas à chaque service qu'elle entreprenait et qui était toujours prise de son fou rire qui exacerbait et les clients et son patron, devenu une carpe cramoisie se jetant sur le piano avec la fougue d'un désespéré. Tu comprendras que nous arrivions très mal à compatir aux épreuves sentimentales d'Alphonse. Ce dernier élevait le ton de plus en plus, à mesure que l'autre se saignait les phalangettes sur le clavier qui fumait de poussière. On n'en pouvait plus. J'avais peur, terriblement, d'éclater de rire au beau milieu des narrations accablantes de Bourdelle. Il s'écriait maintenant : «Vous l'avez connue, Rachel? Comment a-t-elle pu, elle, devenir une mère dénaturée, car elle m'a laissé les deux mômes sur les bras?» Il vociférait : «Répondez-moi, Rachel? Lise qui était si douce, si bonne?» Le piano tonnait et des assiettes se fracturaient sur les dalles du parquet! C'était du délire et je voyais bien que Rachel n'en pouvait plus de tout ce cirque, qu'elle allait pouffer de rire d'un moment à l'autre. Elle le fit. Elle se mit à rire. À rire. À rire. Se libérant enfin! Alphonse devint blanc comme la nappe pas encore souillée par la morue hilare. Il se leva et me fixa au fond des yeux : «Vous voulez mon opinion, monsieur? Toutes des dingues, ces Québécoises!» Il s'en alla! Sans régler l'addition évidemment! Des larmes roulaient sur les joues de Rachel qui était pourtant désolée et tentait de s'excuser à un Alphonse qui fuyait, ignorant tout des frasques de cette serveuse insolite et du tapage de ce pianiste névrosé.

En roulant vers Orange, nous en avions des hoquets. Pour nous calmer, on s'est mis à chanter des vieilles «tounes» de Charles Trenet et puis des chants patriotiques, *l'Alsace et la Lorraine,* puis la *Marseillaise!* Ce morceau à la Feydeau de l'hôtel de Mâcon nous avait épuisés. Rachel cognait de petits clous, avait hâte qu'on se trouve un gîte. «Tu sais, une intuition, je sens que c'est dans le Midi de la France que je dénicherai un bon thème pour mes photos. Tu vas voir!

Nous sommes arrivés à Orange en pleine obscurité. Une belle nuit. Une chaleur nouvelle. C'était l'orée de la Provence. Fini l'humidité parisienne. Tout nous annonçait un séjour agréable. Nous avons loué la dernière chambre libre d'un coquet petit hôtel dans un square minuscule — il était recommandé par un «guide des auberges et logis de France» que Rachel avait eu la bonne idée de se procurer dans une librairie près des Invalides. La subvention des Affaires étrangères ne permettait pas les palaces à quatre étoiles. Y avait-il un tel palace dans cette petite ville que la nuit rendait si accueillante? Et puis nous aimons bien la modestie chaleureuse des auberges simples. Notre chambre possède une étroite «terrasse» — c'est ainsi, maman, qu'on nomme un balcon avec une grille de fer ornemental à l'espagnole. Nous avions stationné la petite Renault devant les fenêtres d'une des coquettes petites maisons de la place. Une femme me surveillait. Je lui ai dit, voyant ses yeux mauvais: «Je peux, oui?» Elle me grogna d'une voix rauque: «Oui, oui, les petits, ça va. Ça va. Je ne tolère pas les grosses voitures, c'est tout!» On a eu envie de descendre de notre terrasse haut perchée pour aller jeter un petit coup d'œil dans Orange. À quoi? à six ou sept heures de Paris, le climat était déjà tout autre. C'est un peu comme lorsqu'on arrivait en Virginie ou en Caroline sur notre chemin d'hiver vers la Floride. Ça nous a redonné des forces, ça a réveillé Rachel. Quelle douceur de marcher dans cette douce nuit dans une petite cité inconnue! Et, n'oublie pas, maman, on est en France, je veux dire, ça parle français partout

135

autour de nous, ça parle la même langue que nous et nous sommes à des milliers et des milliers de kilomètres de chez nous ! Orange est donc un gentil songe éveillé, nous étions frémissants de bien-être. On ne savait pas précisément pourquoi. Un rêve. Nous étions dans le Midi, nous y étions enfin dans cette Provence dont j'ai toujours tant aimé l'accent chantant depuis que tu m'avais amené voir, à douze ans, *Marius* de Marcel Pagnol joué dans le « soubassement » de l'église Sainte-Cécile.

À un carrefour décoré de lanternes multicolores, je ne sais qui on avait fêté ou quoi on allait fêter, nous avons croisé à plusieurs reprises de drôles de voyous. Ces jeunes gens, pour la plupart éméchés, étaient des soldats ! Oui, maman, des légionnaires en permission ici. Ils gueulaient, tentaient d'attaquer des passantes, plusieurs visiblement. Ils cognaient sur tout ce qui se trouvait sur leur passage. Inquiétante soldatesque en vérité ! Rien à voir avec les marins à pompons rouges d'un navire-école qui avait croisé dans le port de Montréal et qui étaient si disciplinés que c'en était gênant. Rachel, inquiète, me parla des loubards de la place Saint-Michel et m'avoua préférer rentrer à l'hôtel. Nous étions arrivés près d'un mur immense qui nous barrait le chemin. En s'approchant de ce mur gigantesque on a pu lire une plaque. Il s'agissait d'un mur antique, celui d'un théâtre construit par d'autres légionnaires que les vulgaires dragueurs de l'autre rue, ceux de César ! On s'est promis de revenir ici dès demain matin. Nous nous sommes étendus sur le lit, vidés et épuisés. Rachel s'est endormie d'un coup sec. J'ai tenté de la dévêtir tout doucement. Craignant qu'elle ne s'éveille, j'ai abandonné. Je suis re-

tourné voir la nuit d'Orange sur ma petite terrasse. J'ai revu la vieille femme dans sa fenêtre
qui guettait les voitures stationnées. J'ai pensé
à toi qui, bientôt, pourra sortir sa chaise ber-
çante sur le balcon de la rue Saint-Denis et je
me suis secoué pour te décrire cette sixième
journée en France sur mon deuxième cahier
rouge.

Bonne nuit, belle et bonne maman. J'ai hâte
à demain déjà.

Septième jour

Mère,

Aujourd'hui, tout à l'heure, nous allons dormir dans un vieux lit au matelas sans doute bourré de plumes, comme au temps de notre enfance, au numéro 48 du troisième étage de l'Hôtel La Malmaison, rue Victor-Hugo à Nice, sur la fameuse Côte d'Azur! Ouf! Eh oui, on a roulé beaucoup petite mère!

Laisse-moi d'abord te raconter cette journée, notre septième en France. D'abord ce matin, dès après le café-croissant, on a voulu voir Orange dans la lumière du jour et, surtout, ce qu'il y avait derrière le haut mur de pierres antiques. Rachel n'en est pas encore revenue! Tout à coup, on s'est trouvés plongés dans un passé très lointain. C'est un immense théâtre romain. On est entrés dans cet amphithéâtre, majestueux malgré les siècles, et c'est comme si l'on entrait à Rome, dans l'Italie de l'Antiquité. C'est assez bouleversant quand c'est la première fois qu'on découvre, de visu, un tel cirque minéral! Nous avancions lentement, très lentement, dans cette enceinte aux proportions si agréables. On a peine à y croire. Rachel, enthousiaste et excitée au maximum, n'arrête plus de faire son «cliquetis» coutumier. Maman, être dans le Vaucluse, être à Orange et soudain, se sentir chez les Romains, transporté dans le temps comme à bord de la toupie de l'illustré *Jacques le Matamore!* Rachel mitraille le haut mur du proscenium, il doit bien avoir cent pieds de haut et trois cents de long. Au beau milieu, dans une niche géante, nous admirons Auguste, l'Empereur de Rome. Une statue extraordinairement bien conservée! Et qui doit bien faire une vingtaine de pieds de hauteur. Rachel en salive. Elle triomphe. Elle me dit: «Je songe au pont romain du Gard qui ne doit pas être très loin d'ici, aux arênes de Nîmes. Si je dénichais assez de ces belles ruines, ça pourrait peut-être former le thème de mon album!» Un jeune guide fait son entrée, côté cour, suivie d'une horde d'écolières, apparemment de jeunes Britanniques puisque ça parle anglais avec une bonne diction, un anglais articulé qui ne nous est pas familier comme celui de nos chers voisins américains. Mine de rien, nous l'écoutons réciter sa leçon d'histoire, assis dans les gradins de pierres aux assises nettes et régulières. Je tente d'imaginer les «Astérix d'Orange» travaillant ici avec les simples soldats romains en train d'édifier cette bâtisse admirable! Je vois les soldats-comédiens jouant quelques drames adaptés de la mythologie gréco-latine. Un beau songe, mère! Maintenant le jeune guide entraîne ses pupilles dans tous les coins du théâtre, les fait grimper aux plus hauts sièges de pierre adossés à une colline naturelle et illustre par des effets de voix l'accoustique étonnante du lieu. Elle signale que, l'été venu, des troupes viennent ici faire du théâtre classique: Racine, Corneille, et aussi des textes modernes. «Ça doit être fascinant, avec les éclairages et tout», me souffle Rachel qui poursuit espiègle : « Quel beau « spot » commercial je pourrais tourner ici pour des vêtements, par exemple ! » Nous sommes allés rôder un peu dans Orange et on y découvre, élevé en l'an 49, peu après la victoire de César, un superbe arc de triomphe. Il est élégant, bien conservé, n'a rien à voir avec l'imposante masse qui ferme la perspective ouest des Champs-Élysées à Paris. L'arc d'Orange chante l'harmonie, la grâce, et voilà mon as photographe presque à genoux sous l'une des trois arches qui le constituent. Rachel exulte : « Je te le dis, Clément, je tiens mon thème. Ça pourrait être : les monuments romains bâtis en France ! » Elle en rit d'avance, bat des mains, fait plaisir à voir, déjà assurée de la victoire à la finale de la fin du mois. Je lui parle d'y mettre, en légendes, des textes du journal de César : *La Guerre des Gaules.* Elle voit déjà son album en pensée, fait des gestes : « Je pourrais intituler ça : *Rome en France.* C'est bon, non ? *Rome en France.* » Ça va être insolite, surprenant. Il fallait y penser, c'est un œuf à la Colomb ! » Je ne dis rien. Je la connais. Demain, ou même dans une heure, elle découvrira autre chose et aura une nouvelle idée d'album, un autre thème. C'est une artiste. Moi je suis aussi un technicien, presque un chimiste, pas seulement un céramiste. J'ai donc un tempérament plus réaliste. Stimulée par ses premières ruines, elle a voulu qu'on monte à Vaison-la-Romaine. Rachel questionne tout le monde pour qu'on lui indique où il y a des vestiges de l'invasion italienne de César. Elle trépigne d'impatience tout en croquant les reliques des fouilles toujours en cours.

Nous avons fait grimper la petite Renault 5 sur le mont Ventoux, six mille pieds d'altitude.

Pas de ruines romaines en vue de ce côté. Déception de Rachel. Nous sommes allés visiter le lieu dit de la Fontaine de Vaucluse. Un écriteau nous parle d'un séjour qu'y aurait fait le grand poète Dante Alighieri. C'est un village comme hors du temps. On se croirait dans un village artificiel, inventé par des décorateurs pour un parc sauce Walt Disney, mais mijotée à l'européenne, et c'est vrai. Pas du carton-pâte ces jolies rues de jolies maisons anciennes. Pas du toc! Une rivière à cascades roule et, à son extrémité, on voit une grotte où l'eau prend des teintes inouïes selon l'heure du jour à cause des rochers qui l'enserrent. On s'installe à une des terrasses qui bordent un côté des rives. Pastis! à la provençale. Il n'y a pas trop de monde, avril est si éloigné des vacances d'été, des multitudes qui doivent sans doute envahir un si joli site. Rachel, sans entrain, a fait quelques photos. Je me moque gentiment d'elle qui n'a plus de regard que pour sa quête des monuments romains, totalement absents ici. Je la console en lui disant que les légionnaires de César ont dû venir se baigner dans ces cascades. Elle me tire la langue. « Pourquoi pas un album sur toutes les fontaines naturalistes de France, Rachel ? » Elle me lance un regard de feu : « Non ! « Rome en France ! » C'est bon. C'est génial et je suis certaine qu'aucun de mes rivaux va y penser. » J'ai quitté à regret la Fontaine de Vaucluse et son décor rafraîchissant. J'aime l'eau. Et la terre, bien entendu, potier !

Par la suite, j'ai honte à l'avouer, j'ai perdu le peu de sens de l'orientation que j'avais et on s'est retrouvés dans d'étranges paysages aux collines pierreuses, dans d'étroits sentiers qui « tournicotaient » en nous conduisant vers de minuscules déserts. C'était fascinant et épeurant à la fois. Plus d'affiches. Plus rien. Le bout du monde! Tu sais, maman, comme je peux perdre mon chemin facilement, tu te souviens des balades erratiques derrière les villages perdus dans Lanaudière, dans les Hautes Laurentides, ou dans le Vermont aux États-Unis? Je ne me corrige pas. Je roule, au hasard, je tourne à gauche, puis à droite, sans raison aucune... On a eu peur. Les étroits chemins poussiéreux se rétrécissaient. Aucun passage de voiture. Pas âme qui vive! Une heure à tourner en rond. Des huttes étranges faites de pierres plates empilées sans mortier et puis, enfin, un costaud, très poilu, très barbu nous apparaît au détour d'un chemin. Il est en vélo, le béret enfoncé jusqu'à ses épais sourcils très noirs. Il nous renseigne, nous parle du village noir, du village de Bories, du Lubéron et de Gordes pas trop loin sur une colline, nous assure qu'on est toujours en France, qu'on n'est pas sortis de la Provence. Tu vois, maman, la France, c'est ça aussi. Tu quittes les gorges du Vaucluse où il y a du monde aux terrasses, tu roules une heure à peine et tu te retrouves dans un décor de collines arides, dans une campagne revêche, et tu te sens perdu. La France, c'est la variété à peu de distance: un champ de lavande, tout mauve à perte de vue, une colline garnie de figuiers, une petite plaine remplie de moutons, une rue tortueuse, le trafic autour d'un arc romain, une vieille fontaine publique encore utile, un théâtre antique encore tout neuf, ocre et rose. Et c'est toujours la Provence. Comme on aime Paris, on aime déjà ce pays, son climat estival en plein avril, ses fleurs partout. La frayeur de tout à l'heure nous a creusé l'estomac. On roule vers Cavaillon.

On roule sur une de ces routes aux ombres bleues, rouges, violettes tout à fait comme sur des affiches et dans les tableaux impressionnistes. De gros platanes aux écorces de couleurs pastel forment une perpétuelle ombrelle au-dessus de nos têtes. Voyant quatre grands parasols et des tables à dîner dans un jardin, Rachel pousse un cri de joie et je freine aussitôt. Je me mets difficilement en marche arrière, maudite Renault-à-bras ! Une chaîne ferme l'entrée charretière du restaurant de Cavaillon ! L'aubergiste en long tablier pas très immaculé nous fait déjà des signes de regret. «C'est terminé les déjeuners ! Trop tard !» Le lourd bonhomme, s'approchant, voit mon affichette dans la lunette. «Vous êtes du Québec ? C'est différent. Venez, je vais vous servir. » Il retire la chaîne puis me prend par les épaules : «Vous comprenez, on n'arrêterait plus ! C'est fermé pour les British, les Nippons et les Prussiens. Pas pour les Québécois ! Venez ! Prenez-vous une table près du vieux puits là-bas. » Il ira chercher son unique «menu du jour». Il est de bonne humeur. C'est rempli de chiens et de chats qui font bon ménage apparemment. Nous commandons des… «pieds et paquets» juste pour savoir si ce ne serait pas des pattes de cochon comme tu faisais à la maison. Ce «déjeuner» est comme une fête. Pourquoi ? On ne sait trop. Le ciel si bleu, les arbres tout autour, le garçonnet qui pratique sur sa vieille guitare dans le fond d'une dépendance… On n'a pas trop bien su ce qu'il y avait dans ces «paquets» sinon que c'était odorant, épicé, provençal parce que plein d'herbages. Bon et lourd. Très lourd pour la digestion ! On a décidé de prendre l'autoroute vers l'ouest, vers cette fameuse Côte d'Azur. Ça nous attirait. À chaque enseigne routière, nous avions envie de sortir, chaque annonce nous remémorant tant d'écrits, tant de tableaux ou de films français célèbres. Tu dois nous comprendre, nous lisions : Aix-en-Provence, le Cours Mirabeau, Marseille, Aubagne (Le cher Pagnol !), Saint-Tropez (tant de reportages de vedettes), Saint-Raphaël, Cannes, Juan-les-Pins (Chagall, Miró !), Antibes (Picasso !) Mais on a résisté et on a roulé jusqu'ici, jusqu'à Nice. Rue du Bac, Ronald DesOrmes nous avait donné les coordonnées d'un très célèbre photographe, un certain Maurice Lazari, professeur en communications à l'Université de Nice. « Il aime bien les Québécois, il a séjourné comme professeur invité à l'Université de Montréal. Il vous aidera de ses bons conseils ! » avait dit Des-Ormes à Rachel.

Tantôt, maman, on est montés dans un mini-ascenseur pour aller prendre le frais sur le toît de l'Hôtel La Malmaison. Nice, vue de là-haut, est d'une grande beauté avec ses innombrables toits de céramique rose. La mer Mé-Mé-Méditerranée, d'un bleu saturé, est à quatre rues de nous. Nous avions voulu cela surtout, voir la mer. Tu sais comme je l'aime. Rachel aussi. N'importe quelle mer nous attirerait même si nous ne connaissions que l'Atlantique de Gaspé à Miami. Plus tôt, nous sommes allés marcher sur la célèbre Promenade des Anglais. C'est un *boardwalk* mais pavé ! C'est cossu, bondé de vieux bâtiments rococo dont le fameux Negresco, un hôtel tout droit sorti des « années folles », garni de « pâtisseries » de stuc blanc. Rachel a fait des photos. Je lui ai dit : « Un album sur l'architecture pâtissière ? » Elle m'a dit : « Oh ! peut-être ! Pourquoi pas ? » sentant mon ironie pas très fine. Il y a des palmiers. Plus petits mais plus gras

144

que ceux du sud de la Floride. On a mis de grands drapeaux tricolores à tous les lampadaires. La vue de drapeaux, le sais-tu assez?, me met toujours le cœur en joie, tu te souviens comment, pour la moindre fête, je m'appliquais pour décorer la maison, sortant tous nos stocks de vieux drapeaux du Québec, du Sacré-Cœur, du Vatican, en jaune et blanc.

Innombrables mobylettes, dans Nice, une vraie cacophonie pétaradante parfois. De belles jeunesses les enfourchent. Nous avons fait la rencontre du prof Lazari. C'est un vif et bouillant quinquagénaire, avancé lui. Il est d'origine corse et il a un bagout inépuisable, mêlant l'accent italianisant avec celui du Midi. Il est venu nous trouver à l'hôtel avec une belle fille plus grande que lui, Carole. Il nous l'a présentée comme étant son adjointe, son bras droit, sa secrétaire et quoi encore. Carole est très brune, teint hâlé, possède à fond cet accent méridional que j'aime tant. Lazari nous a menés dans sa Peugeot brinquebalante et tintinnabulante à La Poularde, un restaurant huppé de Nice. Il conduisait dangereusement, la tête constamment tournée vers nous qui étions assis derrière. Sa Carole s'en mordait les doigts et Rachel s'agrippait aux poignées de portière, riant par nervosité. « Que voulez-vous, cria Carole dans un virage en « U », c'est un fou, c'est un Corse. Je ne m'habituerai jamais ! » On riait par politesse. À ce restaurant, on nous a servi, avec un immense bloc de beurre blanc, des asperges d'une grosseur et d'une longueur jamais vues au pays ! Rachel dévorait et les asperges et les langoustes badigeonnées de sauce à l'ail très parfumée. Elle a vraiment un appétit gargantuesque et pourtant ne grossit jamais. Un mystère. Je l'envie. Diras-tu, maman, comme tu disais pour feu papa à la perpétuelle goinfrerie, que ma Rachel souffrirait du « ver solitaire » ? Rachel n'a pu placer un mot. Dès l'entrée aux asperges géantes, le prof l'a assommée de milliers de bons conseils. Il n'arrêtait pas de parler, surtout de technique, ce qui embêta Rachel qui n'y comprend goutte et fait de la photo en amateur. En mordue, mais en amateur. Le défilé des trucs techniques, des différences entre les lentilles allemandes et japonaises, des qualités des meilleurs posemètres, des films selon le ASA et quoi encore, ne coupait pourtant pas son appétit d'ogre. Elle ponctuait par des « mm », « mm », et mangeait. De mon côté, j'ai essayé plusieurs fois d'entamer des apartés avec sa Carole, mais cette beauté plantureuse restait plutôt muette. Elle semblait ailleurs. J'ai senti que quelque chose n'allait pas. Comme disent les Parisiens : il y avait de l'eau dans le gaz ! Et ne me demande pas de t'expliquer ça, je ne pourrais pas. Carole, les yeux alanguis, ne faisait que regarder son patron Maurice. Elle mangeait du bout des dents les délices de La Poularde. À mes propos diversifiés cherchant l'amorce d'une conversation un peu durable, elle ne faisait que répondre par des acquiescements automatiques de la tête. C'était clair, elle ne m'écoutait pas, elle implorait du regard le professeur chaque fois qu'il cessait par brefs moments son incontinent cours accéléré de photographie pour le bénéfice de la concurrente Rachel. Il jetait vers son « adjointe » des regards de courroux qui semblaient signifier : « Mange et laisse-moi tranquille. La paix ! »

Nous en saurons peut-être plus long demain sur ce chapitre puisque Lazari a chargé sa secrétaire de nous conduire à déjeuner à Cagnessur-Mer, juste en bas de Cros-de-Cagnes, drôles de noms hein, sa mère? Lui, pris par les problèmes de grève de profs, viendrait nous rejoindre au dessert. Nous ramenant boulevard Victor Hugo, Lazari nous a parlé longuement de ses soucis majeurs : un, cette grève à co-organiser, à animer, à structurer ; deux, héberger et cacher des militants de la libération de la Corse. Il avait l'air d'un homme qui fuyait cette Carole.

J'ai cessé d'écrire quelques instants pour aller regarder dans la rue Gounod d'où venaient des bruits curieux. Il y a, oui, une rue Gounod comme dans notre quartier de jeunesse, mère. Notre « terrasse » est bétonnée et minuscule. Les bruits viennent d'un déchargement de stock pour une pharmacie pas loin. Ces bruits me rappellent quand les livreurs chargeaient et déchargeaient les caisses d'eaux gazeuses au restaurant de papa certains samedis matin. Je prends conscience, je ne sais trop pourquoi au juste, que je reviens de loin. Bonne nuit, maman !

Huitième jour

Chère mère,

Le 48 de La Malmaison est spacieux en comparaison de notre chambre d'avant-hier soir à Orange. Une rareté, ce me semble : on a un téléviseur, en noir et blanc ! Et il est souvent... neigeux. La salle de bains est vaste, ça fait bien l'affaire de Rachel. On nous a monté le petit déjeuner après un coup de fil au bureau. On y a mis un numéro de *Nice-Matin*. Le journal contient des photos en couleurs claires, ce qui dédramatise le côté sombre obligé d'un quotidien. Ce détail ajoute à cette sensation que nous avons d'être dans un pays léger, ensoleillé, de vacances perpétuelles. Ce qui est faux puisque, sans doute, il doit y avoir à Nice des travailleurs attelés à de sordides besognes comme partout ailleurs. *Nice-Matin* annonçait l'ouverture très prochaine du Festival du film de Cannes. Cela excite considérablement Rachel sur le coup : « Faudra y aller, ce sera probablement la dernière fois qu'on pourra côtoyer tous les grands du cinéma mondial ! » Elle rit du Belge, l'imagine faisant son album avec des starlettes déshabillées sur la célèbre Croisette de Cannes ! On lui a tant dit que c'était un demeuré et un voyeur. L'adjointe du prof Lazari, Carole, d'une voix neutre a téléphoné pour nous dire qu'elle ne passera pas nous prendre avant midi et demi. Nous avons donc le temps en masse d'aller voir de quoi a l'air Nice en pleine matinée ensoleillée. Dès qu'on a traversé quelques rues vers l'est, on voit vite que Nice n'est pas la nordique Paris. Il y a des fleurs partout, une sorte d'invitation à sourire sans cesse. Oh, maman, la vue de toutes ces fleurs partout rendrait heureux le pire des neurasthéniques! Pourquoi donc ont-elles été tellement absentes tout au long de notre jeunesse? À cause de notre hiver six mois par année? Je me rappellerai toujours les pauvres pissenlits par milliers dans le parc Jarry en juin! Les quelques fleurs dans certains parterres, chez le notaire, chez le vétérinaire. Pour voir beaucoup de fleurs, il fallait entrer dans un salon mortuaire, ou bien aller se coller le nez chez la fleuriste au coin de la rue Jean-Talon. À Nice il y en a partout, même tout autour de la vaste structure de béton d'un parking public à étages. On en voit aux portes et aux fenêtres, dans des petits pots, dans des corbeilles suspendues, dans des boîtes, dans d'énormes baquets. En avril! Nous marchons donc, vers nulle part, vers l'inconnu et c'est ça qui est excitant à l'étranger.

Tiens, hier midi par exemple, nous découvrions la Fontaine de Vaucluse. On n'y était jamais allés, évidemment. C'est là que le regard s'excite, que les yeux fonctionnent au maximum. On veut tout inspecter et tout retenir, et c'est là que Rachel m'a dit: « Vaucluse, c'est comme Lourdes, il me semble, où on est jamais allés pourtant! Est-ce la grotte, l'eau partout, ces boutiques de souvenirs le long d'une rive? » De mon côté, je me disais que l'endroit devait ressembler à la célèbre caverne de Capri en Italie, que je n'ai pas vue davantage! J'ai aussi pensé à Vichy, à une station thermale comme celle illustrée dans le film de Fellini, *Huit et demi*. Ainsi on fait, en touristes, des comparaisons loufoques avec des lieux qu'on imagine. On invente comme ça un incessant jeu d'associations d'images. De «clichés», dirait Rachel. Nice nous captive maintenant. Pourquoi? Pour rien. Pour ces bandes de jeunes devant un lycée, qu'il fait plaisir à observer, débordant d'énergie, riant, criant, se tiraillant comme tous les collégiens et collégiennes du monde. Je tente, manie, de capter des bribes de ces conversations animées. En vain. De beaux adolescents font grimper de jolies adolescentes sur leurs mobylettes, innombrables devant le collège, et c'est des « au revoir», «au revoir» qui fusent avec ce si bel accent chantant.

Au Palais des Expos, des ouvriers s'affairent à l'installation d'énormes banderoles et de colonnes d'affichage pour la Foire du Livre qui va s'ouvrir dans quelques jours. «Mon album, *Ma vitre est un jardin de givre*, y sera sans doute exposé au stand du Québec», me dit une Rachel jouant la fierté démesurée. Nous finissons par arriver, plus au sud, dans le Vieux-Nice. Quel amusant décor que ces longues persiennes à battants relevés à toutes les fenêtres des vieilles maisons! Nous avons pris une rue étonnante, en escalier, qui conduit aux ruines d'un palace et à un parc public aménagé au faîte du Mont Valrose. Est-ce un coin de ville artificiel? Non. Deux fillettes jouent à la corde à danser, une ménagère secoue sa vadrouille entre deux persiennes. Sur un mur, une Vierge s'empoussière, son lampion posé sur des fleurs de plastique usé. Une petite fontaine laisse couler un mince filet d'eau. Un bambin, armé de pistolets de plastique, vient s'y désaltérer. Arrivés au haut de la colline, ayant grimpé tous les paliers de cette rue, on découvre la longue plage de Nice, la Promenade, la ville qui s'étale à l'ouest, mosaïque de roses, de crème, de blancs divers s'harmonisant avec le bleu du ciel, le jade de la mer... et ces tricolores qui dansent sous le vent du large. La beauté! Une aquarelle de Matisse! «Si j'étais du genre géométriste comme ma rivale, la Suissesse, je tenterais un album fait de ces toits de tuiles partout!» dit Rachel mi-figue, mi-raisin. De partout, descendent des sentiers en lacets, on en emprunte un pour découvrir une haute chute d'eau, artificielle probablement tant son plan est net et plat. Le chant de l'eau qui tombe est toujours stimulant. Nous remontons en vitesse, nous souvenant du rendez-vous de Carole, pour y prendre la cage-ascenseur grillagée. En bas, c'est la mer, la plage, hélas, de galets! Galets polis par la mer Mé-Mé-Méditerranée. Si tu voyais ça, maman, on ne rêve pas: les quelques baigneuses de la plage se font dorer au soleil, la poitrine nue. Oui, les seins à l'air! C'est pas très catholique, mère? C'est ça, Nice, maman. Sur le coup, l'homme puritain de la prude Nord-Amérique tique un peu mais on s'y fait et cela ajoute à l'atmosphère dionysiaque de cette ville. Car, après tout, on est en pleine ville. À cent pas, c'est le trafic intense d'une cité active! «À Nice, Rachel, fais comme les Niçoises!» Je taquine Rachel qui soulève son gilet et rit. Tous ces seins exposés ne font pas exhibitionnistes, il fait si beau, la mer est si jolie ce matin; les promeneurs ne semblent même pas y porter attention, habitués qu'ils sont sans doute aux jolies poitrines des Niçoises. Il se dégage de ce coin édénique de Nice une sensation de Paradis terrestre à palmiers, de paradis « d'avant le péché ». Mais un gras gaillard, installé sur un énorme tricycle motorisé, lunettes noires sur le nez, longe laborieusement les murets, contourne les escaliers de sortie de la plage, la mâchoire contractée, et semble passer en revue d'examen tous ces seins. Un obsédé? Un voyeur pathologique dans le beau jardin des premiers parents?

Nous ne voyons ni mouettes, ni goélands, ni cormorans ou autres grands oiseaux blancs si nombreux en Gaspésie ou dans le Maine. Non, que des pigeons! De plusieurs couleurs. Et des chiens! De toutes les races! Des chiens libres sur la plage. La population canine nous semble énorme sur cette Côte d'azur! Les vagues sont courtes, se déroulent brièvement. Je préfère la force ahurissante des vagues de la côte Atlantique, du Maine à la Virginie. Nous allons vers l'hôtel.

À midi et demi exactement, la belle Carole du prof nous conduisait à Gros-de-Cagne, tout près de Saint-Laurent-du-Var. C'est un restaurant-marina. On y a bien mangé au sein d'une étonnante clarté scintillante, le soleil, la mer, le tout tamisé par des stores de bambou à demi tirés. À l'apéro, dehors, des marins du dimanche calfataient des barques au ventre bien rond, aidés mollement par des filles, oui mère, aux seins nus. Image toujours fascinante, toujours paradisiaque. Une grande fresque animée de Gauguin. À l'intérieur, les serveurs travaillent en chantant des airs populaires, ou d'opéra, ou des ritournelles italiennes. Le repas devient une sorte d'opérette bon enfant, de comédie musicale sans livret et dont nous sommes les acteurs bénévoles et involontaires. Rachel me regarde, les yeux brillants de bonheur. Elle n'a jamais été si radieuse. Je lui murmure à l'oreille : « Tu es belle ! » Elle me dit : « C'est mes cheveux. Au bord de la mer, ils sont beaux, je le sais ! » Comme toutes les femmes, Rachel sait quand elle est avantagée et exactement pourquoi. Carole, elle-même, nous paraît moins fermée et moins triste qu'hier soir à La Poularde. Un vendeur passe en répétant : « Jasmin ! Jasmin ! » Je vois ces fleurs pour la première fois de ma vie. Rachel insiste pour en acheter un bouquet. C'est une plante blanchâtre, modeste d'allure mais au parfum... fantasque. Musqué.

Après avoir dévoré nos salades... niçoises, maman, et des escalopes bien tendres, bien saucées, soudain, attendant nos desserts et l'arrivée de Lazari, voilà que Carole fond en larmes ! On est très gênés, ne sachant trop quoi dire, comment réagir. On la connaît si peu. Tout au long du repas, est-ce l'accent du Midi ?, elle nous a semblé gentille, pleine de douceur, curieuse des autres, nous questionnant sans répit sur nos us et coutumes. On a découvert une jeune femme intelligente, chaleureuse aussi. On voudrait la consoler. Elle finit par se calmer, s'éponge les yeux, s'excuse, s'explique : « Vous ne pouvez comprendre, vous ne savez pas ce qu'il me fait endurer. Il joue avec mes sentiments. Il m'utilise. Il ne m'aime plus. Je me demande s'il m'a vraiment aimée toutes ces années. » Nous n'osons la questionner. Elle se mouche et poursuit : « Il y a une autre femme dans sa vie. C'est une de vos concurrentes à ce concours de photos, Rachel ! » Rachel sursaute. Je suis très étonné. « Oui, c'est la Suissesse. Elle est venue souvent à l'univer-

153

sité, soi-disant pour le consulter. Sans doute, lui prodiguait-il tous ces conseils qu'il vous donnait hier soir au restaurant. L'hypocrite, j'aurais voulu le tuer. Il la voit très souvent, presque tous les soirs. Il joue le grand *coach* désintéressé quand j'y fais allusion. Il me prend pour une naïve!» Maladroitement, je tente de lui expliquer que le prof a le droit de conseiller les lauréats qu'il veut, qu'il a même le droit de penser que la photographe de la Suisse l'emportera. Carole s'est dressée: «Mais moi je l'aime. Je l'ai attendu patiemment toutes ces années pendant qu'il vivait avec sa légitime. Maintenant qu'elle est morte, il me délaisse et va faire des petits tours à Montreux, au bord du lac Léman! Vous vous rendez compte?» Elle s'est remise à pleurer en balbutiant: «Je l'aime toujours, idiote. Il couche avec elle. Il se fout qu'elle gagne ou qu'elle perde, tout ce qu'il veut c'est de l'avoir dans son lit, le salaud de Corse!» Un peu comme au restaurant loufoque de Mâcon, à cause du joyeux chant des serveurs, on entend assez mal ce qu'elle tente de nous dire: «Vous verrez, il s'en ira enseigner là-bas. Il a fait des démarches à Genève ou à Lausanne, je ne sais plus trop. Il me laissera seule ici dans le petit appartement qu'il m'a loué dans le Haut-de-Nice.» Des airs d'opérettes archiconnues fusent maintenant joyeusement et cela contraste avec la peine de Carole. Elle se rend vite compte de l'incongru de la situation, se lève soudain, nous embrasse toute chaude de larmes et quitte les lieux en vitesse en nous faisant ses adieux.

Maman, tu nous vois, deux étrangers soudainement plongés dans une grande histoire d'amour malheureux? Nous étions déjà un peu attachés à cette grande brunette-rousse. Cette histoire nous conférait une sorte de statut d'intimes de la vie niçoise. Nous savons bien que partout où nous allons, il se déroule mille drames intimes et voilà que le destin nous livrait un pan de ses secrets. Nous étions devenus les témoins privilégiés d'une jolie secrétaire qui pleurait à fendre l'âme pour une passion bafouée. À cause de cela, Nice ne sera jamais une ville visitée comme les autres, un simple relais de nos pérégrinations touristiques. Quand, enfin, Maurice Lazari s'est amené à la marina-restaurant, il s'est tout de suite inquiété de l'absence de Carole et il a bien fallu lui raconter un peu ce qui s'était passé. Il s'est frotté le visage en disant : « Carole était une compagne charmante, mais beaucoup trop sentimentale. Quand je suis devenu veuf, elle s'est tout de suite imaginé que j'allais, illico, me mettre en ménage avec elle. C'est, je suppose, le rêve de toute maîtresse. Mais non. Je suis libertaire, moi. Je suis Corse, moi. On ne se marie qu'une fois et jeune. Vous comprenez ? Je n'aime plus les cages, même les jolies cages d'amoureux ! » Alors, il se mit en frais de dévorer le vaste dessert aux dattes et au caramel, glouton et libéré. J'ai vu les yeux de Rachel devenir sombres et mauvais. Elle pour qui l'amour est le seul but d'une existence, pour qui le barème parfait d'une vie réussie est la formation d'un couple heureux, un idéal pour lequel il faut être prêt à tout sacrifier. « Le bonheur à deux ou la mort » me semble parfois être son slogan. Trop délicate pour épiloguer sur le drame de Carole elle décide de lui jeter : « Vous auriez pu avoir la franchise de m'avouer que vous assistiez ma rivale de la Suisse, et de façon permanente ! » Lazari, pris par surprise, se beurre le nez dans la crème de son café *capuccino*. Il bafouille de vagues explications et finit par se lever de table en nous disant : « Il faut que je parte maintenant. Le téléphone n'a pas cessé de sonner ce matin. Je dois rentrer au bureau. Il y a mes militants à protéger. Ce concours de photos n'est pas la fin du monde, vous savez, ma pauvre Rachel. Il y a cette grève qu'il faut organiser. Je ne dors plus. Et croyez-moi, je n'ai ni le temps, ni le goût de dormir avec qui que ce soit. Dites-le bien à Carole si vous la revoyez. » Il a réglé l'addition, a insisté pour nous reconduire à l'hôtel. Nous avons accepté sans enthousiasme et tout le long du chemin du retour, pour bien nous illustrer que ce concours de photos le laissait de glace, il s'est efforcé de ne parler que de la Corse à libérer du rouleau compresseur de Paris.

Cet après-midi, maman, on est allés jeter un coup d'œil dans le Haut-de-Nice. On espérait rencontrer Carole. En vain. C'est joli là-haut, propret, bien différent du Vieux-Nice-à-persiennes qui nous avait fait penser, souvenirs de cinéma encore, à Naples ! Carole, avant sa crise, nous avait chaudement encouragé à aller visiter Saint-Paul-de-Vence dans les montagnes au nord-ouest de Nice. Nous avons décidé d'aller souper, dîner quoi, là-haut. Patatra, on s'est, une fois de plus, égarés dans les petits chemins des collines de ces Alpes maritimes. On tourne en rond comme hier après-midi près du village de Borie et de Gordes où vit, a-t-on appris de Lazari, le fameux peintre cinétique Vasarely, sans doute l'idole de la rivale Suisse de Rachel. Soudain, tout à fait comme dans un roman du grand Giono, c'est l'apparition d'un troupeau de moutons remplissant à ras bords notre petite route. Quelle belle image mouvante, maman ! Le vieux berger donne de petits coups de sa longue crosse aux derrières de ses bêtes traînantes cherchant sans cesse à brouter dans les fossés. Il a fallu ranger la «petite verte» dans l'accotement. On a regardé défiler le pâtre et ses bêtes bêlant à qui mieux mieux. Rachel fait un tas de photos à toute vitesse. Maman, la France moderne d'aujourd'hui, c'est aussi ce tableau éternel et antique à la fois! On a fini, en toute fin d'après-midi, par trouver le bon chemin vers Saint-Paul et Vence. À ce dernier endroit, la célèbre chapelle, décorée par un Matisse vieillissant, était fermée. Par contre, on a pu visiter ce très vieux village-forteresse, Saint-Paul. Voyage dans le temps encore! C'est étonnant, le moyen-âge conservé intact! Des rues tortueuses, pavées grossièrement, des échoppes d'artisans un peu partout, orfèvres, sculpteurs, tisserands et potiers. Une sorte d'enfermement de toute beauté. Alors nous avons songé à cette série télévisée, faite en Angleterre, *Le Prisonnier.* Une population protégée, rendue heureuse un peu malgré elle, délivrée de l'enfer du modernisme stressant, mais où il était interdit de sortir sous peine de mort. Nous éprouvons un certain malaise, Rachel et moi. Vivre au sein de cette harmonie passéiste ne nous plairait probablement pas longtemps! Certes c'est Saint-Paul, un beau refuge! Néanmoins il nous serait impossible d'y vivre à l'abri de la vie réelle, de la vie active. On a lu que ce «village» était une organisation coopérative et ils nomment cela en France un «syndicat d'initiative».

On a joué aux funambules sur les fortifications millénaires, avec vue panoramique tout autour. On a été épatés par certains mini-carrefours où même les poignées des portes sont... d'époque. C'est vraiment un «voyage» fascinant. À la sortie des murs, on s'est installés dans un restaurant à joli patio entouré d'oliviers, de bosquets divers. Un site enchanteur : des collines et des vallons à perte de vue, des verts de toutes les valeurs jusqu'au-dessus de nos têtes avec ces vignes qui courent sauvagement. Ça s'appelait Chez Henri. Nous avons passé une veillée au Jardin des Oliviers, sans les sombres couleurs d'une veille d'agonie ! Henri est un joyeux luron. Il bavarde abondamment avec ses rares clients. Comme tant de Français, faible en géographie, il confond quelque peu le Québec, le situant au large de l'Australie, ou parlera de nos frontières avec le Mexique ! Il nous plaint de vivre sous le joug de la monarchie britannique, d'être obligés d'envoyer des députés à Londres et finit par nous demander s'il est vrai que des curés et des évêques sont archiministres et contrôlent notre gouvernement. On tente de lui donner un peu « l'heure juste » et il rit de ses bévues avec de grands éclats très sonores qui se répercutent dans cette belle campagne de Vence. Il nous offrira les digestifs. Il était tard, la noirceur s'installait, quand nous avons enfin réussi à nous arracher à ces jolies montagnes, à ce pittoresque jardin. Il nous a montré son arrière-boutique, sa cuisine cocassement installée à même le roc. Une caverne ! Et lui, Henri, on y repensera toujours comme à un troglodyte heureux.

Nous avons filé dans la nuit vers Nice. Autoroute bien éclairée, péage fréquent et cher en comparaison avec chez nous. Vas-tu me croire, j'ai réussi à me perdre une fois de plus ? On s'est retrouvés à Beaulieu. Sortie, détour, retour vers l'ouest, voilà que nous cherchons une issue dans notre labyrinthe, et c'est le port de Nice. Une bande d'étudiants en océanographie sort d'un édifice universitaire, ça gueule, ça rit. La vie ne lâche pas, la jeunesse est toujours exultante, même la nuit. Sur les corniches conduisant à Nice, ma petite machine a grondé bien des fois dans les virages! Rachel m'a parlé de Carole, des hommes, m'a fait jurer, en riant, que je l'aimerai jusque dans l'éternité, et puis s'endort soudain d'avoir peut-être trop mangé au Jardin des Oliviers ou d'avoir été trop secouée dans ces courbes incessantes. Un vent très doux me caresse le visage quand je vais pisser discrètement entre deux gros rochers fantomatiques. Il souffle du sud, de l'Afrique, au-dessus de la mer Mé-Mé-Méditerranée.

Tantôt, ayant retrouvé notre rue Victor Hugo aux énormes platanes à tête rasée, une dizaine de mobylettes ont passé en une trombe fracassante dans cette nuit si calme. J'avais sommeil et pourtant je m'obstinais à regarder la télé. Des libraires, des éditeurs, un délégué des Affaires culturelles se jetaient à la tête de terribles accusations. À la française. Avec une politesse glacée. J'ai aimé ce qu'un libraire de Poitiers, invité à cette table ronde, a dit: «L'industrie du livre est la seule qui produise tant de prototypes originaux chaque année, pas un titre ne ressemble à un autre. C'est unique parmi toutes les industries.» C'est pourtant vrai, maman. Je n'y avais jamais pensé! *Rome en France* sera un album unique! «Espérons-le du moins!» ai-je dit à Rachel... qui dormait déjà. Je bâille et rebâille. Bonne nuit, petite mère!

Post-scriptum: Rachel est déçue, pas de ruines romaines dans nos alentours. Je suis sorti tout nu sur notre mini-balcon. En bas, dans la rue Gounod, j'ai vu une très longue femme, très élégante, qui descendait précipitamment d'une Alfa Romeo. Elle a crié presque : « Je te hais, tu m'entends ? Je te hais ! Je ne veux plus jamais te revoir, est-ce clair ? Je te déteste ! » Elle s'est engouffrée dans le Sofitel d'en face. Ça m'a troublé. Il n'y a donc toujours, partout, en fin de compte, que l'amour ? Que « la vie, l'amour, la mort », comme chantait Claude Léveillée ? J'aime Rachel, j'espère que Rachel n'aura jamais à me crier dans une rue de Montréal ou d'ailleurs : « Je te hais, je te déteste, va-t'en ! » Je suis rentré la rejoindre au-delà du sommeil, dans les songes.

Neuvième jour

Maman,

Je te jure qu'on va s'en souvenir de cette neuvième journée en France! Aujourd'hui, par trois fois, on s'est fait dire: «On ne passe pas!»

D'abord, ce matin, après les croissants croustillants et le bon café au lait chaud — sais-tu qu'on finit par s'habituer, qu'on n'a presque plus nos envies d'œufs frits avec bacon et rôties? — Rachel a lu dans *Nice-Matin* qu'il y avait la célèbre course du Grand Prix de Monaco, à Monte-Carlo. Ce n'est pas loin d'ici. Les courses d'autos ne nous attirent pas, même depuis que Montréal a son Grand Prix et qu'a existé notre as champion Gilles Villeneuve. On décide d'aller à Monaco voir cette piste faite à même «les rues en corniches» de cette principauté anachronique et attachante par ce fait même. La mort de la princesse Grace a redonné une sorte d'aura à ce mini-pays. Partout, des villas accrochées à flanc de collines, ce qui donne à la ville un aspect visuel dynamique comme, par exemple, à Saint-Adèle dans les Laurentides. Parfois, à Monaco, des pavillons luxueux sont comme suspendus dans le vide. Hélas, dès notre entrée dans le cœur de cette ville, c'est les barrages policiers partout! On a beau contourner des barrières, arrive un moment où des gendarmes nous font des signes véhéments en criant : « On ne passe pas ! » J'insiste, je plaide, Rachel exhibe sa caméra et raconte de pieux mensonges : « Un reportage pour la télé québécoise. » Ça ne prend pas, et c'est l'impitoyable : « On ne passe pas ! » On a droit à des explications : « Il y a déjà trop de monde ! Descendez de voiture. Allez-y à pied ! »

Alors on fait un grand détour loin de la mer et on redescend vers Menton. Menton est « le paradis » des gens du « troisième âge ». Il y a une jolie place piétonnière et on va luncher dans une pizzeria au décor rococo élaboré. Je ne t'ai pas raconté qu'hier midi, alors que l'on dégustait des camparis soda sur le Mont Valrose, au-dessus du Vieux-Nice, un couple de personnes âgées s'est mis en frais de nous vanter, avec les superlatifs d'usage, Menton. Pour ces deux vieillards, Menton, c'était la station balnéaire rêvée. C'était leur but. Leur idéal : « un jour pouvoir s'installer à Menton ». Ça nous a fait drôle de les entendre nous vanter l'endroit. On se sent encore si jeunes ! Le vieux mari tentait de nous convaincre avec emphase : « Les meilleurs loisirs organisés pour l'âge d'or, un climat extrêmement propice pour ceux qui souffrent d'arthrite, de rhumatismes. On y trouve les meilleurs médecins spécialistes de la Côte d'Azur. »

En tout cas, la plage y est très belle, du sable, pas de galets. Belle promenade moderne ! Hélas, la pluie se met à tomber. Drue ! Rachel croque à belles dents dans sa pizza aux moules. Elle me parle d'une envie soudaine : « Dis oui. On est à quelques minutes de la frontière italienne ! Si on y allait ? Juste pour voir. Juste pour dire qu'on a roulé quelques minutes en Italie ! Dis oui ! »

La petite verte s'amène donc à Ventimiglia. Frontière à drapeaux vert, blanc et rouge. Des douaniers, des *carabinieri* : «On ne passe pas!» Encore? Pourquoi? «Il y a des bombes à Turin! Il y a un blocus de vingt-quatre heures! On a des ordres! Ne laisser entrer que les citoyens et les travailleurs liés par contrat.» Amère déception! Pour Rachel surtout qui espérait peut-être dénicher quelques ruines romaines sur la Riviera du Levant ou du Ponant! Un gendarme voyant notre déconfiture s'approche de notre voiture: «Que voulez-vous, c'est ces damnés «gardes rouges»! Ils sont partout!» On rebrousse chemin, on fonce, par l'autoroute, vers Cannes, vers les préparatifs d'ouverture du Festival du cinéma. Adieu Italie! Adieu!

En roulant, on revoit ces noms de lieux attirants comme Cap d'Antibes, ou Juan-les-Pins, et c'est toujours le goût d'y séjourner dans le sillage des peintres modernes célèbres. Leurs toiles de soleil, de teintes vives sont une indélébile invitation à vivre dans ces endroits mythifiés par eux. Il y a la pluie et on imagine lui échapper en roulant à toute vitesse vers l'ouest, toujours plus à l'ouest! Voici enfin Cannes. On sort de l'autoroute. Malgré la pluie, nous voilà bien excités de pouvoir fureter du côté des stars du septième art dont nous sommes de dévorants et impénitents consommateurs. «On ne passe pas!» Bigre! comme disent les vieilles bulles des bandes dessinées françaises! Un gendarme, tout de beige vêtu, nous fait cette fastidieuse déclaration. On n'en revient pas! Rachel, avec une véhémence qui, les rares fois qu'elle en use, me fait sourire: «Ben quoi? on arrive du lointain Québec! On a traversé l'océan pour votre fameux Festival!» Avec une exquise politesse, qui nous surprend toujours, habitués que nous sommes aux polices muettes de l'Amérique du Nord, le policier, qui nous a salués d'abord, s'appuie à la portière : « Je suis absolument désolé, les cousins d'Amérique, mais tout le quartier du Festival est bouclé, il faut terminer le grand ménage pour la foule des festivaliers qui va s'amener. Ils sont à repeindre les lignes blanches et jaunes tout autour de l'hôtel Carlton. On ne passe pas ! Mille regrets ! »

On a pris le parti d'en rire, et puisque la pluie redouble d'ardeur, on va tenter de retrouver le soleil en fonçant encore plus à l'ouest. Nous avons pris une route vraiment époustouflante, c'est une corniche de rêve ! Au soleil, ce parcours doit être enchanteur au maximum, irréel ! Nous roulons sur un ruban surélevé, la corniche d'Estérel. Nous voltigeons de colline en colline, traversant de brefs vallons de verdure touffue. On vole de pic de rocher jaune en pic ocre, ou rouille, ou mauve. Dans les bosses ou dans les creux, c'est une nature envoûtante malgré la pluie, à certains moments diluvienne ! On ne peut s'empêcher de laisser échapper des « oh ! » admiratifs, des « ah ! » de total étonnement, aussi des « youps » de frayeur car ça tourne raide parfois, des « hips » de terreur même, tant la corniche dissimule des virages surprenants. C'est les « montagnes russes » de nos enfances ! C'est un goût de cascades cinématographiques, celles des James Bond de Ian Fleming. Justement, on nous a dit que cette célèbre corniche a servi souvent à des poursuites filmées.

Nous atteignons Saint-Raphaël en plein cœur de l'après-midi. La pluie est devenue un crachin maritime tolérable. Le spectacle de cette « corniche d'or » valait sans doute le gros Carlton et la Croisette-aux-starlettes. Cette route à suspense nous a mis dans un appétit formidable. Rachel, comme d'habitude, en a perdu sa bonne humeur. Le jeu des falaises de porphyre bien terminé, nous prenons conscience que le temps s'est pas mal rafraîchi. Dans cette petite ville aux édifices agréablement vieillots, c'est partout le culte à Napoléon. On voit des bustes de plâtre un peu partout, sur des étagères, dans les boutiques, les tabagies, les restaurants. Vraiment, par ici, c'est un culte de dévots envers le grand empereur corse qui s'embarqua ici même pour son premier exil, à l'île d'Elbe, au large de Saint-Raphaël. On entre dans un bistro et quand on demande à manger, la patronne s'exclame avec indignation : « Non mais ! Non mais ! Franchement, vous avez vu l'heure, oui ? » On s'excuse un peu et elle rajoute : « Vraiment ! Mais d'où sortez-vous ? On mange à n'importe quelle heure chez vous, oui ? » On sort penauds, presque honteux. Dans le Midi, il y a la sieste. À Nice, presque partout, l'on fermait entre midi et deux heures de l'après-midi. En Provence, maman, sacrée la sieste ! Sans doute à cause de tous ces torrents de pluie, notre voiture nous fait des siennes. Nous étranglons dans les rues de Saint-Raphaël et c'est aussitôt un concerto pour klaxons ! Nous roulons vers le vieux port et dénichons un restaurant pour routiers. C'est ouvert, pas cher et généreux en portions. Il y a un chien à table ! Oui, maman, il y a un chien d'attablé. Une vieille dame, très digne, raide, pleine de breloques scintillantes, a installé son cher toutou, très frisé, à ses côtés et lui a même passé un napperon en guise de bavette autour du cou. On s'en étonne pas mal. On en parle avec le serveur qui hausse les épaules. La dame, pas

165

moins frisée que son caniche, nous a entendus, fronce les sourcils, se lèche les lèvres et finit par éclater: «Ben quoi? Ben quoi? Et alors? Ça vous gêne? Ça vous embarrasse à ce point? Je suppose que je devrais fourrer cette petite chienne sous la table pour vous faire plaisir? Et mettre les pieds dessus peut-être? En France, on aime les bêtes! Ce n'est pas comme chez vous, en Amérique, où l'on bat les chiens, m'a-t-on souvent dit!» Le serveur aux cheveux d'un gris de métal luisant lui fait signe de se calmer, lui dit de comprendre notre surprise, que nous sommes des voyageurs. La digne dame nous tourne le dos et fait boire le potage, à la cuillère, à son «trésor chéri». Rachel, qui m'étonnera toujours dans ces moments-là, au moment où nous passons devant elle avant de sortir, lui lance: «Chez nous, madame, il arrive qu'on batte les chiens, mais nous, on ne bat pas les enfants comme je l'ai vu faire à Paris et à Nice, ce matin!» Je me jette dehors, la dame digne étant demeurée muette de surprise. Rachel prend son petit sourire de triomphe modeste. Je l'adore, maman, dans ces moments-là! Je me suis souvenu qu'en effet, ce matin, en allant chercher des cartes postales dans un bar-tabac, on a vu une femme qui bombardait de taloches retentissantes le visage d'un bambin de quatre ou cinq ans! Rachel aime bien les enfants et elle adore les chiens, mais pas au point d'en faire siéger un à sa table avec une bavette!

Ensuite, nous décidions, la pluie se faisant intermittente, de rentrer à Nice par le littoral. Il pleut de nouveau, il pleut? Il pleutine. Il pleuviote. Il pleurnichote. Il pleuvionne. Il pleut presque pas, quoi! un genre de pluie qui, il nous semble, pourrait durer des jours et des jours. C'est dommage, car nous aurions aimé descendre de voiture et mieux voir ces vieilles ruelles de Cap d'Antibes, ces places étroites et si rétro de Juan-les-Pins. On est surpris de voir les plages clôturées, sectionnées, avec des tentes les recouvrant en entier, ou des chaises alignées avec des numéros peints. On ne voit jamais cette sorte de compartimentation sur les plages du nord-est étatsunien. L'Europe serait découpée, partagée, divisée en mini-portions numérotées, à louer, à l'heure?

En revenant vers Nice, à la baie des Anges, on a vu une sorte de réplique du village construit lors des Jeux de 76 à Montréal. Même architecte, apprendra-t-on. Dans le ciel méditerranéen, se profilent des grues géantes modernes trouant le ciel ici et là, construisant des condominiums en séries comme on en voit partout sans doute dans le monde occidental. La Mé-Mé-Méditerranée est d'un émeraude parfait, saturé, le soleil se couche dans les collines à l'ouest, y mettant des feux grégeois partout.

En arrivant à La Malmaison, Rachel s'est fait couler un grand bain bien chaud. J'ai fait de même tout de suite après. Je n'avais pas de journal à lire, il y a grève à *Nice-Matin.* Il y a eu grève de l'électricité, hier matin. Il y a grève à l'université. Il y a grève toujours aux aéroports. «Il y a des grèves sans arrêt, en France, nous dit en riant la femme de chambre. On est habitués maintenant! Ça ne nous dérange pas tellement. » Elle était sortie et avant de refermer la porte, nous avait dit: «Soyez pas surpris, mon tour va venir de faire la grève. C'est pas toujours le tour des autres!» Quelle belle sérénité provençale! Chère maman, dire que pour une seule petite grévette, chez nous, les médias s'énervent, s'excitent et sortent les gros canons de la «sinistrose institualisée».

La belle Carole du prof Lazari a téléphoné. Elle semble plus calme, presque sereine. Elle s'est excusée pour son départ précipité. «Vous comprenez, je ne voulais plus le revoir. Il me faisait horreur soudain!» Elle nous a invités à dîner — à souper, maman — pas loin du vieil Hôtel de Ville de Nice, près de sa très vieille église du Sacré-Cœur. Elle nous a fait voir le marché aux fleurs de Nice. Déjà, en avril, un choix étonnant de variété. Nous sommes allés manger chez un jeune couple de Vietnamiens. Le chef a décidé de mêler sa cuisine natale avec celle du pays. Ça donne des mets orientaux parfumés étrangement d'arômes, celles des herbes de Provence! Au début, j'ai eu l'impression de manger des fleurs, d'ouvrir des bocaux de parfum. On s'y fait vite. Carole, après le repas, nous a amenés visiter une jolie place piétonnière et, le monde est-il si petit, maman?, on y a vu une délégation québécoise qui vient pour la toute prochaine Foire du Livre de Nice. J'ai voulu me présenter pour qu'ils sachent que la lauréate Rachel Robichaud était à Nice, mais mon amour m'a supplié de la laisser dans son pratique incognito. J'ai obtempéré, maman. Puis, Carole nous a conduits à son université. C'est un ancien palace aménagé dans un parc. Cadre sympathique s'il en est. Dans ce parc, des statues de ciment très prosaïques. Un chien! tout bêtement. Un cheval, tout simplement! Un canard. Et quoi encore! Cette ménagerie toute modeste était le dada du châtelain et il a fait cadeau testamentaire à l'Université de Nice de sa vaste propriété. On y a vu aussi un étang d'une eau stagnante inquiétante, d'un vert très saturé. C'était comme si on y avait versé des tas de gallons de peinture verte !

À Paris, on avait vu la chanteuse acadienne Édith Butler qui sortait de l'Hôtel des Saints-Pères, tantôt, ici, on a vu sortir, en vitesse, le chanteur Pierre Dudan, les bras chargés de valises. Rachel m'a fredonné dans le petit ascenseur : « Prendre un café au lit, au lait, avec des croissants chauds ! » Te souviens-tu, maman, de cet air bien populaire dans les années 50 ? J'ouvre la télé ! Débat sur le féminisme radical. Ça s'engueule ferme, les horions les plus agressifs pleuvent. Pourtant, l'engueulade se déroule avec une certaine classe. C'est ça, maman, la France, je te le répète. Une grasse femme, vraiment bien grasse, a servi des remarques fort corrosives à une blonde platine aux seins pointus. La blonde dorée, qui serait une « guidoune » mal engueulée chez nous, a répliqué en termes recherchés, ma foi, avec un vocabulaire digne d'un docteur en lettres ! Ça fait sourire Rachel de m'entendre me débattre dans mes préjugés et mes jugements en rangs serrés sur le genre des blondes, des noires, des brunes. La pauvre catapultée, placide, digne, calme, française quoi, répond avec sérénité aux injures de sa vis-à-vis. Là-bas, en Amérique, pour bien moins que cette volée de remarques acerbes, cela aurait dégénéré en empoignade, en bagarre, en une lutte sanglante. Ici, c'est le combat à froid, à coups de mots redoutables, de sourires chinois et de rage rentrée. Ah, maman, la divilisation, c'est ça, sans doute : ne pas se fâcher malgré les insultes les plus graves. Exemple : « Vous venez de faire la preuve, ma pauvre dame, que vous n'avez pas une once d'intelligence ! » Et l'autre avale sans même un léger sourcillement.

Elle rétorque : « Vous, vous n'avez pas une once de jugement, madame ! » On se « garroche » ces charmantes aménités avec les plus beaux sourires. Quand je pense, maman, qu'à Montréal, un jour, pour lui avoir reproché de m'avoir coupé à un coin de rue, un conducteur de taxi, sans rien dire, est allé sortir de son coffre, tout simplement, un bout de tuyau de plomb ! Pas moyen de dialoguer sous ces auspices ! Un monde, vraiment, sépare le « Vieux » et le « Nouveau » et un certain chauvinisme souvent nous a fait accroire que nous étions supérieurs, parfaits. Que c'est triste, mère, que c'est regrettable d'être à ce point borné parfois ! Rachel se plante devant moi, éteint le téléviseur et me dit : « Tu te demandes jamais comment je vais m'en sortir, comment je vais parvenir à faire mon album ? Tu t'en fiches ! Clément, tu es égocentrique. Tu me parles même pas de ces photos à faire. Tu voyages, tu manges, tu joues les touristes millionnaires. Et moi, tu y penses un peu à mon problème ? » J'ai tenté de rester calme. La leçon des féministes au petit écran. J'ai souri. J'ai dit : « Je ne veux pas t'influencer ! Mais si tu veux des conseils, des avis, Rachel, tu n'as qu'à demander. Tiens, par exemple, il y a Napoléon. Sa remontée de Cannes à Paris après l'exil à Elbe. Ou bien, tu pourrais faire des photos sur les corniches, incluant celle d'Estérel. Ou bien, une autre idée, les poitrines des Niçoises ! » Elle plisse les yeux : « Grand niaiseux ! Tu peux bien écrire à ta môman tous les soirs. » Elle rit.

Je la prends sur mes genoux. Je lui explique. Je lui révèle que le médecin de l'hôpital Jean-Talon où, maman, tu as été hospitalisée l'été dernier, m'a prévenu que tu n'en as plus pour plusieurs années. Tu le sais, je te l'ai dit.

Tu m'as remercié d'être franc après m'avoir supplié de te dire la vérité. J'explique à Rachel que je n'ai pas été un très bon fils en fin de compte, réfugié que je fus, pendant si longtemps, à l'abri de tout dans cette communauté-cocon. Elle a cessé de rire, m'a dit qu'elle comprenait. Nous sommes retournés sur le toit de l'hôtel pour voir Nice-la-nuit. Beau spectacle. Au large, un gros bateau passe et on songe aussitôt au film *Amarcord* de Federico Fellini, sa séquence du paquebot illuminé qui fait rêver les pauvres de Rimini.

Cette journée de « on ne passe pas », de corniches, les larmes de cette pauvre Carole, tout cela nous a fatigués autant que nos longues marches dans Paris. Alors, je te dis « Bye bye » et je t'avertis que je ferai plus court dorénavant, car Rachel devient très moqueuse le soir quand j'ouvre un des cahiers à couverture rouge.

Demain, dixième jour. Où serons-nous ? Je ne sais trop. Je sais seulement que Rachel vient de m'annoncer : « Si je ne trouve pas un thème durant mon sommeil, demain, on part. » Vive l'aventure, petite mère !

Dixième jour

Bien chère mouman,

Eh bien, c'est terminé déjà, Nice, les galets de sa plage, les poitrines féminines dénudées, les «toutous» partout, la mer Mé... Ce soir, maman, le diable nous emporte et Rachel me charrie, nous sommes dans une jolie chambre à la provençale, à l'Auberge du Soleil de Saint-Rémy-de-Provence!

D'abord je te raconte qu'hier soir chez le Vietnamien provençalisé, l'amie bafouée du prof Lazari, Carole, nous a dit: «Maurice m'a dit qu'il devait se rendre de toute urgence à Ajaccio pour sa guerre sécessionniste. J'ai su qu'il était allé rejoindre sa Suissesse en Haute-Savoie et qu'elle va l'entraîner à Paris pour les photos de votre concours.» Avant de nous quitter devant La Malmaison, après moult bises, elle nous a confié: «Vous savez ce que l'expert Lazari m'a dit au bureau de l'université ce matin? Que votre intention de faire un album «Rome en France», c'était une idée de génie! Il a bien dit de «génie!» Oh, mère bien-aimée, il n'en fallait pas davantage pour que Rachel, juste avant de sombrer dans un sommeil profond me dise: «Clément, demain matin, départ pour Arles, Nîmes, et en grande vitesse!» Rachel s'était rappelé le Lazari d'entre les asperges géantes et les langoustes, à la Poularde, lui mâchouillant : « C'est du côté de Nîmes, d'Arles qu'il y a les plus beaux restes de l'invasion romaine. Aussi, un peu, en Bourgogne. »

Alors, ce matin, après les croissants bien chauds, ça n'a pas été long qu'on a filé vers l'ouest sur l'autoroute provençale. Le soleil s'était réinstallé pour de bon et on se retenait pour ne pas aller revoir la corniche de l'Estérel au soleil. Nous avons piqué vers Avignon d'abord, juste au sud d'Orange, sur les rives du Rhône. C'est dans ce qui a été le Vatican-des-Français pendant près de cent ans que l'on a pendu les peaux, à sécher, des Protestants ! Là où se déroula l'intolérance catholique la plus farouche ! C'est devenu une jolie petite ville riante. On y a vu le célèbre Pont de la chanson où « tout le monde y passe », mais là aussi « on ne passe pas » puisqu'il n'y a plus, au bord du fleuve, qu'un tronçon de pont. Ce n'est plus qu'une attraction touristique très photographiée. Pas par Rachel. Pas de « cliché » ! Chaque fois je sors mon petit « instanmatik » puisque je veux, quand je te remettrai tous ces cahiers rouges, te fournir les illustrations de tout ce que je te raconte. Entre parenthèses ! As-tu remarqué que j'améliore pas mal mon style, mon vocabulaire ? C'est ça aussi, maman, être en France, un goût vif pour s'exprimer plus correctement. Ici, on nous dit que l'été, c'est un lieu qui fourmille d'activités culturelles, concerts, théâtres, danses, un grand festival, que des artistes québécois y sont fréquemment invités, que Jean Vilar et Gérard Philipe initièrent ces festivités culturelles il y a une trentaine d'année environ. Rachel se laisse entraîner sans entrain dans ma visite détaillée de ce Palais des Papes qui est une forte-resse d'aspect assez militaro-religieuse. Elle ne songe qu'à ses ruines romaines. Je n'apprécie pas tellement les allures de haute caserne des lieux. C'est froid, imposant aussi. La visite est presque un devoir. En cette sorte de voyage, il y a ainsi une conscience prégnante : il faut voir ceci et cela. «*It's a must*», comme on dit par chez nous. On reconnaît vite les étrangers. Une sorte d'angoisse les anime, l'inquiétude d'être mal informés et ainsi de ne pas voir un site, un monument d'importance. Au moindre kiosque à touristes, ils ramassent tous les dépliants, les cartes, les prospectus divers. Nous arrivons assez souvent à nous départir de cette sensation embê-tante, de cette anxiété qui finirait par gâcher nos expéditions. Tant pis si on «manque» quel-que chose. Ça doit être amusant pour les indi-gènes de ces lieux de nous voir fureter partout, caméras toujours chargées! On doit donner l'impression, à nous voir nous arrêter partout pour lire le moindre panonceau, la moindre affi-chette, d'être des chrétiens dévots faisant des chemins de croix, s'arrêtant à chaque station.

On a visité le grand parc sur les collines du nord du Palais des Papes. Véritable jardin bo-tanique, même en avril. Je préfère ces jardins aux bâtisses toujours froides. Ça me repose de regarder tous ces bosquets, ces arbres rares, ce bel étang où nagent de grands cygnes blancs et noirs. Des couples d'amoureux s'enlacent et s'embrassent en ces anciens lieux vénérables ; des bambins, irrévérencieux comme il se doit, se livrent avec entrain à des jeux de poursuites, de cachettes, en criant et en riant. Chaque fois que des enfants jouent, je me souviens avec une pointe d'émotion de mon ancien métier de spécialiste en récréation et je me revois quand j'étais un autre homme, en soutane, jouant avec fougue parmi mes « familles » éphémères, aussi enfantin que mes petits diablotins. Nous avons grignoté sur nos genoux, près d'un casse-croûte tout à fait indigne des souverains pontifes qui régnaient ici à l'aube de la Renaissance.

Grâce au soleil, élément indispensable pour qui voyage en vacances, cette dixième journée a été un enchantement. Nous avons roulé d'Avignon vers Saint-Rémy. Un des conducteurs de petits trains électriques, entendant parler du projet de Rachel, nous avait recommandé fortement de nous installer dans ce village : « De Saint-Rémy ça vous sera très facile de rayonner dans les alentours où vous trouverez le Pont du Gard, les arènes romaines de Nîmes et d'Arles. » Quand il a décrit avec emphase cet aqueduc romain suspendu entre ciel et terre, j'ai vu une Rachel impatiente qui caressait son Pentax ! Elle voyait déjà s'épaissir son album « romain » commencé à Orange et à Vaison.

Nous sommes arrivés sans nous égarer, miracle ! dans cette petite ville qui n'a rien de coquet ou d'arrangé, qui apparaît tout de suite être un vrai lieu habité par de vrais citoyens. On est loin d'un Saint-Paul de Vence, par exemple, et ça ne me déplaît pas du tout. Je ne pourrais vraiment pas vivre dans un « Disneyland » même culturel, tel Avignon par exemple. J'aurais l'impression de m'être réfugié hors du monde des vivants. Je me sens donc très à l'aise à Saint-Rémy, il n'y a pas de touristes-à-caméra. Cherchant un gîte pour quelques jours, on a fini par apercevoir au bout d'une ruelle décorée de tournesols cette Auberge du Soleil ! Héliotropes comme nous le sommes, on n'a pas hésité une minute à y louer une chambre. L'aubergiste, un certain monsieur Garrigue, nous a accueillis avec grande chaleur. Son petit hôtel était la maison d'un important tonnelier. La salle à manger, dans un bâtiment d'en face, est l'ancien atelier de tonneaux. Une piscine offre son plan turquoise dans la cour, entourée de fleurs diverses, de glycines bien lourdes déjà. Il nous a donné une chambre assez spacieuse qui donne sur cette piscine qu'il a façonnée lui-même avec des carreaux de faïence, ce qui en fait une sorte de grande fontaine qui ne ressemble pas aux piscines prétentieuses des gros motels américains. On a ouvert aux rayons du soleil les hautes persiennes de nos fenêtres et avons décidé de faire une brève sieste sur les deux petits lits aux matelas bien mous, hélas!, aux ressorts bien lâches. Décidément, maman, les Français dorment dans du «mou» un peu partout et semblent ignorer les vertus des matelas quasi orthopédiques que l'on trouve dans le motel le plus modeste de l'Amérique du Nord. Dès que monsieur Garrigue nous a entendus lui demander une chambre, il s'est écrié: «Ah! des Québécois! Ces chers cousins d'Amérique! Soyez les très bienvenus!» Il nous a offert des apéritifs avec une joie sincère, trinquant avec nous. «Vive le Québec libre, vive l'Amérique française, mes bons amis!» On s'est sentis chez soi. On se serait crus des membres de la famille, en visite amicale. C'est ça, maman, la Provence, imaginait-on. En t'écrivant tout cela, j'y songe, il n'y a pas que la langue commune, il n'y a pas que ce bel accent du Sud, il y a, presque partout en France, la vitalité. Oui, la vitalité. Je crois que j'ai trouvé, en un seul mot, ce qui caractérise la mère patrie, la France, qu'on soit à Paris ou à Saint-

Rémy. Cela se résumerait, si je ne devais employer qu'un seul mot, à cela: la vitalité. Pourtant ce peuple a connu des guerres, des famines, des désillusions nombreuses. Alors, je prends conscience que les Québécois que j'aime, que je fréquente, auxquels je m'attache le plus, sont, justement, ceux qui ont de la... vitalité.

Ce féroce goût de vivre, la plupart du temps, cet appétit de vie presque partout, cette vivacité dans les propos et les gestes font plaisir à voir. La majorité des gens rencontrés semblent faire un sort au moindre petit moment qui passe, commentent le moindre mot, la plus petite expression qui leur semble digne d'intérêt. N'est-ce pas cela, maman, exactement, être vivant vraiment? Et je me souviens de tes interjections, de la perpétuelle animation que tu suscitais sans cesse autour de ta nombreuse nichée. Tu as été un modèle sur ce chapitre et je t'en rends hommage bien tard. Un exemple. On dit à notre hôte qu'il y avait encore un peu de neige autour de l'aéroport quand on a quitté le pays, et voilà monsieur Garrigue qui s'exclame, qui s'étonne abondamment, qui questionne, qui élabore sur nos hivers. Maman, d'où vient donc que tant des nôtres sont comme endormis, apathiques et blasés dès leur jeune âge? Est-ce de n'avoir jamais subi de guerres catastrophiques? Est-ce d'avoir cohabité de trop près et trop longtemps avec les froids Anglo-Saxons? Est-ce d'avoir été dépossédés de nos racines françaises depuis plus de deux cents ans? Est-ce le fait d'endurer ces hivers si longs? Serions-nous les enfants gavés d'une Amérique trop confortable? Je ne sais trop, mère. J'ai vu cette vitalité chez des nègres à Baltimore, chez des Italiens à Boston, chez des Portoricains de New York... ah, si nous pouvions attraper cette vertu dans les décennies qui viennent.

Rachel est aux oiseaux. Elle déteste ouvrir et refermer les valises, et nous avons loué pour plusieurs jours ici. Elle a sorti son mini-fer à repasser et chantonne des airs de *Starmania*. Le soleil chauffe si fort qu'on est allés acheter deux maillots de bain dans un magasin d'articles de sport près de la très vieille église féodale de Saint-Rémy. Nous imaginerais-tu, maman, étendus sur des chaises de toile rayée, en plein mois d'avril? La vraie vie. Une halte bienfaisante, c'est le « terminus » apprécié après tant de « on ne passe pas » sur la Côte. « Rachel, lui dis-je, en me laissant dorer au bord de la piscine-fontaine qui scintille de millions de paillettes, si on émigrait ici? Je ferais de la poterie artisanale, tu ferais de la photo, nous irions manger des « pieds et paquets » à Cavaillon au bord d'une route ombragée de platanes, notre machine ne gronderait plus jamais dans aucun virage! » Rachel rit. Nous écoutons la patronne et deux femmes de chambre qui s'interpellent aux étages avec ce si bon accent chantant. Nous fermons les yeux, détendus déjà. Les tourterelles en élevage au fond de la cour font des roucoulements impétueux. Une légère brise fait balancer les grappes de glycines mauves au-dessus d'un muret du jardin, maman, maman, ton grand gars Clément se sent bon enfant en ce moment!

L'auberge ne sert que le petit déjeuner, alors on est allés manger de l'autre côté de la rue à l'Hôtel du Castelet, on y a mangé des sardines géantes, entre autres petits plats bien apprêtés. On s'habitue peu à peu aux herbes. Au parfum dans les mets. On est allés marcher en ville. Rien d'apprêté, de rénové, d'entretenu, d'esthétique, c'est un petit centre-ville qui nous donne une idée réaliste des petites villes de Provence. Il y a des voyous, il y a des vieillards qui jouent aux boules avec des gestes lents et mesurés. Des femmes, chargées de sacs en filet, causent sur le banc d'un petit square. Il n'y a pas, en France, des balcons partout, des longues galeries de bois où commérer. Les portes des maisons, comme dans la basse-ville de Québec, donnent directement dans la rue. Il semble qu'il va y avoir une sorte de festival, des haut-parleurs accrochés aux coins des rues diffusent la musique et les boniments d'une station de radio. La noirceur s'amène. Demain, ce sera la grande fiesta pour Rachel. Nous irons voir Gard et son vaste aqueduc-pont. Nous défaisons nos lits. Par les fenêtres entrouvertes, il nous semble entendre des criquets, une cigale. En avril? Les tourterelles s'aiment, elles roucoulent en mineur et moi j'aime Rachel qui s'apprête à rêver aux envahisseurs romains de la Provence.

Je te dis à demain. J'ai hâte d'être si bien dans ma peau une autre journée en Provence ensoleillée.

Onzième jour

Oh, bonne mère, comme disaient des personnages de Marius, quelle journée bien remplie que la onzième. Après le petit déjeuner aux croissants et confitures variées, dans l'ancienne « factorie » de tonneaux à vin, avec enthousiasme j'ai mené Rachel vers l'aqueduc nommé Pont du Gard. Ma compagne eut beau déployer deux cartes en même temps, il a fallu qu'on tourne en rond dans ce pays. Remarque, maman, que tourner en rond dans la région est presque un plaisir. D'abord on a vu le village de Gard. On en a été muets d'admiration un long moment, arrêtant la voiture au beau milieu d'un tas de jolies maisons toutes couleur sable, ou d'un ocre très doux. Un velours pour les yeux ! Le souffle coupé, je te dis, on sait mieux ce que ça veut dire. Tiens, j'ai éprouvé ça, la dernière fois, en voyant le petit rocher dans la baie des Chaleurs quand nous roulions vers Caraquet et Shippegan en Nouveau-Brunswick du nord, ou quand j'ai vu le rocher Percé en Gaspésie. Gard est moins austère que Saint-Paul de Vence. Au soleil, l'ocre devient une poudre d'or répandue sur tous les murs des logis. Un calme, un silence étonnant d'amplitude règne dans ce petit village. C'est drôle, mais je me disais que l'on doit souhaiter venir y vivre ses derniers jours, sorte d'antichambre du paradis promis. Ce n'était pas seulement beau, esthétique, c'était mieux, vrai, réel. C'est à faire pâlir d'envie le scénographe le plus brillant de la terre. Nous nous décidons à continuer nos recherches, tournant à gauche, tournant à droite et, soudain, il est là, c'est bien lui, on l'a si souvent vu sur des affiches touristiques à Montréal, il s'étend dans l'horizon, il s'élance sous notre regard subjugué, oui, lui, le Pont! « Rome en France! » s'exclame ma Rachel déjà sortie de la Renault, appareil-photo sous l'œil. Je me suis approché, tout doucement pour ne pas trébucher, le regard rivé sur cette merveille architecturale.

J'entendais le cliquetis de l'appareil de Rachel. C'est vraiment un ouvrage humain grandiose, renversant. Nous avons marché sous ses arches nombreuses, l'examinant en aval et en amont de la rivière Gard. On n'a pas osé grimper, comme faisaient les plus jeunes, sur son premier tablier-étage. Enfin rassasiée de photos, Rachel m'a dit : « Bon. Maintenant on mange! » Elle avait la bonne mine du chat qui vient d'avaler une souris! On est allés s'installer à la jolie terrasse de l'Hôtel du Pont avec vue permanente sur la merveille romaine. On a avalé des fromages et des saucissons très épicés avec des « ballons » de rouge. On a mis le cap sur la ville de Nîmes. Nous sommes entrés par les bonnes rues, car on a trouvé bien vite ce temple converti en musée. C'est encore le délire chez Rachel et le cliquetis. Cette maison, très carrée, en effet, s'est conservée de parfaite façon. Le rouleau de poses se déroulait à vive allure, Rachel faisant le tour du monument. Elle jubilait, voyait grossir l'album dans sa tête. Épanouissement maximum! Bonheur! J'ai pourtant réussi à l'entraîner dans un joli musée lapidaire. Elle bâillait. Je l'ai forcée à visiter un petit musée de personnages de terre cuite, des santons que ça s'appelle, une tradition provençale pour décorer les «crèches de Noël». Si tu pouvais voir, maman, avec quelle ingéniosité ils réussissent à restaurer des bâtiments qui menaçaient ruine. Ça se fait de plus en plus chez nous, mais ici, les édifices à rénover n'ont pas deux ou trois cents ans, mais parfois mille ans!

Nîmes est une vraie ville. Avec un gros trafic virevoltant dans ses grandes artères. Une vie exubérante, il me semble. C'est encore plus stimulant qu'à Nice. On se croirait parfois à Paris dans Montparnasse, il y a des terrasses partout, des masses de piétons, de motos, de voitures. Des cris fusent. Avec l'accent! Avignon, par exemple, est une ville à touristes, mais ici, c'est une vraie ville qui existe avec ou sans ses touristes.

Nous marchons, au hasard des rues, comme on aimait le faire à Paris et, tout à coup, qui ferme tout l'horizon d'un rond-point? le Colisée! Oui, maman, on se croirait transportés à Rome sur le balai d'une sorcière. Ce sont les arènes de Nîmes. Rachel se précipite comme bien tu penses, l'appareil-photo au poing. Elle est en joie de nouveau, c'est absolument «Rome en France». Elle mitraille les arcades de ce cirque de pierres antiques. Je la suis ou je la précède, je tente de la protéger. Les autos la frôlent quand elle s'accroupit au milieu de la chaussée. Nous n'avons jamais vu le vrai, l'amphithéâtre Flavien aux colossales dimensions, mais ces arènes de Nîmes nous semblent être quelque chose comme un beignet gigantesque. Ma grande brune de finaliste est satisfaite. Elle a risqué sa vie pour ajouter quelques photos à son album. Elle en est fière et se fiche bien de mes sueurs froides, car je ne veux pas qu'elle soit la première martyre chrétienne de ce « Colisée nîmois ». J'aurais voulu, mère, que tu voies ma belle acrobate en quête d'angles de visions inédits. À certains moments, je la retenais d'un bras et de l'autre je tentais de faire stopper les bolides qui tournent autour des arènes comme ça tourne autour de l'Arc de Triomphe des Champs-Élysées. Je suppose que certains Nîmois ont eu envie d'écraser cette folle comme on écrase un crapaud sur sa route, indifférents qu'ils sont à ce monument familier pour eux.

Enfin calmée, nous marchons de nouveau en direction de la Maison Carrée, car j'y ai vu un canal entouré de verdure et qui, m'a-t-on dit, conduit à un grand parc. Nous arrivons à ce vaste Jardin de Lafontaine aménagé par un ingénieur militaire pris d'une saine mégalomanie. C'est au moins quatre fois grand comme notre Parc Lafontaine de Montréal. On y a vu des allées fleuries, des bassins, des statues romantiques rococo, des cascades, un reste de temple antique, des ruines au milieu d'arbres en fleurs. Nous nous installons à la petite terrasse d'un pavillon-restaurant, j'ai une faim de loup. Nous buvons du vin doux, le soleil brille mais un vent s'est levé et fait bruisser agréablement les cimes des vieux arbres. C'est toujours le bonheur. Une jeune mère vient chercher son enfant qui tire sur la courroie du sac de Rachel. Un rien! La vie! Nous parlons avec cette femme. De Nîmes, de ce jardin. «Moi, le soir, je vous assure que je ne m'y risquerais pas!» Nous parlons du climat en Provence, des écoles, de l'économie en général. Elle a l'accent ravissant du pays. «Est-ce vrai que chez vous, durant les mois d'hiver, il faut aller travailler sur des raquettes à neige?»

Quand nous quittons Nîmes, les bruits ont changé. C'est le début de la soirée. C'est plus feutré, ce n'est plus le vacarme du jour, mais le lourd murmure d'une ville qui va finir par s'endormir tout à fait dans quelques heures. Dans l'auto, Rachel chante des tounes de Diane Dufresne. En roulant vers Saint-Rémy, qui va nous paraître un bien modeste village en comparaison de la bruyante Nîmes, nous lisons une affiche: «Tarascon», on songe au conteur Daudet, aux *Lettres de mon moulin!* En voyant l'écriteau marqué «Arles», on pense à l'*Arlésienne* qu'on a vue il y a bien longtemps au cinéma et revue, plus récemment, à la télé de Montréal. «Demain, on visite Arles, le pays de Van Gogh!» Je suis tout à fait d'accord. Rachel sourit. Rachel ne parle plus de Paris dont je m'ennuie déjà parfois. Elle n'est même plus en France, elle n'est pas en Provence, elle est à Rome! Je songe à ce manuel du collège: *De Bello Gallico* en était le titre, il me semble, et on suait, avec le gros dictionnaire, à traduire les maudits récits en latin de ce César conquérant intrépide. Les albums *Astérix* n'existaient pas. Je me dis que les écoliers, de Nîmes par exemple, devaient trouver plus faciles ces versions latines vu ces beaux restes dans la région, dont cette Maison Carrée, ces arènes si bien conservées.

Arrivés à Saint-Rémy, nous avons bu un apéro, inutilement tant on avait faim et, à la suggestion de l'aubergiste, sommes allés dîner «Aux Antiques», un vieil hôtel mode 1900 avec une longue véranda en guise de salle à dîner. Nous nous sentons comme des figurants dans un film à la sauce rétro! Les serveurs, aux mises très soignées, sont lents. Les clients ont un âge canonique et mangent très lentement. Nous dégustons de la raie parfumée d'herbes... lentement, on vit maintenant au rythme humain, celui des gens de ce pays, le Midi. Nous avons vu s'amener quatre vieilles dames, vieilles? Non, pas vieilles, plutôt sorties d'un autre siècle. Elles sont couvertes de bijoux, tremblotantes et pourtant animées. Elles parlent haut et ont de petits rires d'écolières espiègles. Elles choisissent enfin une table à leur convenance, pas trop près du jardin, loin des portes, loin des courants d'air, pas trop loin des cuisines... Elles doivent avoir cent ans! Vit-on plus vieux en belle Provence?

Nous sommes rentrés très tard après avoir beaucoup bu. Presque deux litres d'un vin maison si doux, si tendre... on titubait légèrement, accrochés l'un à l'autre dans la ruelle de l'Auberge du Soleil, auberge qui, il nous semblait, avait été reculée de presque un kilomètre! Hic! Bonne nuit et excuse mon écriture... chancelante!

P.S. J'espère qu'au moment de lire tout cela, tu auras rangé soigneusement toutes les cartes postales. Ce ne sont pas des photos aussi personnelles que celles de ma «championne», mais tout de même... Tu pourras les coller dans les pages de gauche de ces cahiers que je laisse vierges dans ce dessein. C'est bête mais souvent je m'imagine que tu vas plus mal, que tu pourrais mourir. Au digestif, Rachel m'a demandé, gravement, pourquoi je rédigeais toutes ces pages avant de me coucher. Je lui ai répondu...

la vérité. Qu'avant de quitter notre continent, je t'ai fait jurer (tu disais faiblir, n'avoir presque plus d'appétit, voir flou) que tu attendrais mon retour. J'ai avoué à Rachel que c'est moi qui t'ai subtilement amenée à me faire rédiger ces chroniques de voyage. Je veux que tu vives. J'ai peur que tu meures. Je t'aime tant et je regrette tant de ne pas t'avoir embrassée et caressée plus souvent. Serait-ce cette fringale filiale, l'effet de la sensuelle et si douce Provence ? Re-bonne nuit.

Douzième jour

Maman chérie,

Douzième journée française déjà! Une grosse journée. À bien y penser, ces voyages dans les « vieux pays » ne sont pas du tout reposants. Il y a tant de choses à voir. Chez nous, ou même aux États-Unis, il y a bien peu de sites historiques à visiter. Un touriste peut relaxer tout son saoul. Nous avons marché dans Arles ce matin. Une ville plus calme que Nîmes. D'abord on a visité un étrange cimetière, cela se nomme « l'Allée des Alycamps ». Il s'agit de restes de sarcophages antiques alignés dans un décor champêtre qui a été immortalisé par Vincent Van Gogh. Sur les lieux, j'ai essayé de mémoriser à partir de ces tableaux où il avait pu planter son chevalet! Toujours le cinéma: j'ai songé à l'acteur Kirk Douglas, jouant Van Gogh, le chapeau de paille crevé avec les chandelles sur le rebord, peignant dans la campagne environnante. Les gamins cruels criant « fou-roux », « fou-roux » quand il traversait les rues d'Arles fou de couleurs en effet, l'esprit ailleurs. Rachel plante son appareil-photo librement sur les gradins de pierres des arènes romaines qui servent encore, en saison d'été, à des corridas authentiques. Des garçonnets, ne connaissant pas le vertige, s'amusent à courir sur la coursive au-dessus des arches de cet amphithéâtre romain. Des touristes leur donneront des sous et même des francs! Un Japonais grassouillet, et c'est rare, a eu un malaise, et a failli s'évanouir près de nous. Je l'ai soutenu de justesse et on est venu le chercher. Ses cris de terreur se répercutaient dans cette enceinte millénaire. Sa compagne, par nervosité, je suppose, riait par saccades incontrôlables. Des guides ont ramené le jeune touriste venu du pays du soleil levant sur le plancher des... taureaux. Des placards annoncent justement un combat de matadors pour le premier mai. Hélas, nous serons revenus à Paris et ce sera même le jour du départ, mais joie!, jour du retour, jour où j'irai te serrer dans mes bras, ma chère vieille maman! Rachel, ce premier mai, sera peut-être triste. Elle n'aura peut-être pas gagné le grand concours de photographie amateur des pays de langue française. En tout cas, elle se donne un mal de chien, cherchant fébrilement des avant-plans percutants, des contrastes anachroniques amusants.

Nous sommes allés voir un vieux cloître des années douze cent, dédié à Saint-Trophime. C'est devenu un musée en ces régions le plus souvent socialistes et agnostiques. Une sculpture nous a beaucoup amusés, un étrange accouplement de deux mâles, c'est intitulé *Le paralytique guidant un aveugle*. L'homme paralysé est grimpé sur le dos de l'aveugle. J'ai dit: «Rachel! regarde, je suis l'aveugle et toi, tu es sur mon dos avec des chevilles fragiles. Il ne manque que la mini-Pentax!» On a ri. Un serveur du restaurant où nous lunchions frugalement comme tous les midis, nous parle du village des Baux, de ses grottes pas loin, du château en ruine sur un promontoire dominant le Val d'Enfer. Mon côté « démonologue » en est émoustillé. Je veux qu'on y coure. Sachant qu'on n'y trouverait rien de « romain », Rachel se fait un peu prier. Je l'amène de force. Il n'y a pas que « Rome » en Provence. Nous roulons vers les Baux. Rachel recharge son appareil-photo. « On ne sait jamais, un mausolée qui traînerait dans le paysage ! » Je me moque d'elle et la chicane un tantinet, lui reprochant de ne pas bien regarder les beautés des sites, obnubilée par ses fameuses ruines. Je lui parle d'aller à Salon-de-Provence où le mage Nostradamus, né à Saint-Rémy, a rédigé ses prophéties tant à la mode ces temps-ci, et d'Aix-en-Provence où le grand Cézanne a pondu tant de ses illustres tableaux. Tout cela la laisse de glace si je n'y insère pas le mot magique : romain. Maman, tout la laisse impavide fors les antiques.

Sur la route de Saint-Rémy, nous faisons un arrêt à Fontvieille pour visiter le moulin qui a inspiré les lettres au bonhomme Daudet. Deux autocars viennent de lâcher leurs cargaisons d'écoliers. Ça piaille et ça se tiraille. Trois institutrices tentent de maîtriser leurs ouailles, horde de vie sauvage. Jeunesse normalement irrespectueuse des grands hommes de lettres, aimant la vie présente sans se poser de questions. Elle veut courir dans les champs, jeter tous les bonnets plutôt que d'entrer dans cet « oratoire » à la mémoire d'un illustre défunt. La plus belle merveille du monde ne troublerait pas autant un écolier que les jolis genoux d'une compagne et cette prairie des Alpilles est si colorée, si invitante. Les notions culturelles d'un maître, même dévoué sincèrement, ne sont toujours que souvenirs d'un monde passé, trépassé, terminé, bien fini. Le présent les appelle, l'avenir leur fait des promesses si riches de sens. On les force à entrer voir des photos, des manuscrits. De force!

Nous roulons lentement dans ces collines, des Alpilles. Ici, un haut rocher, là, du sable très blanc, une caverne, un étang d'une eau bleue rare et puis nous roulons vers les Baux. Rachel a hâte d'y arriver parce qu'elle a faim. Vers deux heures de l'après-midi, nous voyons une immense grotte-cave à vin. On stationne. On y entre. Humidité inquiétante! Rachel craint un refroidissement fatal. Tant pis pour la dégustation. On roule encore et c'est le site des cavernes immenses où Jean Cocteau filma son *Testament d'Orphée*. On peut voir des restes, hauts reliefs de pierre calcaire, de ses décors. Nous achetons deux billets. Un couloir souterrain mène à des grottes aux murs éclairés de diapositives géantes relatant la tumultueuse existence de Van Gogh. Ses tableaux sont projetés sur les sombres parois de ces antichambres naturalistes. On a l'impression que nos pas déclenchent des minuteries bien camouflées. C'est impressionnant, mais je me mets à éternuer et Rachel commande aussitôt le demi-tour prudent, préventif d'une grippe carabinée. On devrait louer des gilets de laine, des «pull» comme disent les Français, avec le prix d'entrée. Près du guichet, le jeune concepteur du spectacle audiovisuel engueule la guichetière: «C'est dégueulasse et merdique! Le son est pourri, c'est de la merde, vous m'emmerdez. C'est du sabotage.» Il vient vers nous, la mèche rebelle, croyant sans doute que notre départ est un signe d'insatisfaction: «Venez vous plaindre. Vous avez pas aimé, n'est-ce pas? Dites-leur que c'est une merde. J'ai sué sang et eau pour préparer ce machin et on m'a installé un système de son à la con!» On se sauve de cette véhémence effrayante. Toujours, partout, l'insatisfaction du créateur inspiré. On songe à un Van Gogh d'aujourd'hui, toujours incompris et maltraité.

Nous roulons vers le village et le Val d'Enfer. Rachel a de plus en plus faim. Elle fume comme une cheminée dans ces moments-là. Là-haut, sur le promontoire, nous ne voyons plus que quelques murs démolis, le château des cœurs romantiques transis n'est que tas de rochers épars, mais la vue sur les montagnes est sidérante de beauté. Entre deux coulées, surgit un troupeau de chèvres. Clochettes dans le grand silence des hauteurs! Reine folle. Roi jaloux. Des siècles ont passé. Nos amours heureuses font la nique à tous ces drames légendaires. Rachel n'a pas du tout envie de sauter dans le vide mais d'aller manger en bas au village. Elle aura quarante ans bientôt et moi, cinquante. Il nous faut vivre en beauté un si court laps de temps avant de mourir, loin de toute falaise si possible. Malgré la faim qui me tenaille moi aussi, je m'arrache un peu difficilement à ces restes de créneaux, à ce paysage de désolation fascinant. Il se passe quelque chose, Rachel m'a serré le bras très fort. Elle me regarde tendrement. «Il faut faire attention de ne pas mourir, tu sais?» Nous nous sommes embrassés longuement, entre deux monticules de vieilles pierres. «Tu sais, ce concours, c'est pas important. Je ne tiens qu'à toi!» Je lui ai juré de l'aimer jusque dans l'éternité, conjurant tous les mauvais sorts de ce lieu ensorcelant. Et puis j'ai eu envie de prier, maman, comme ça ne m'arrive plus bien souvent depuis que j'ai quitté mon ordre, ma misérable «commune». Aucune formule ne m'est venue à l'esprit. Il n'y avait qu'une très platonique sensation : la faim !

Eh oui, maman, la France, c'est toujours ces changements de paysages dans un si petit espace géographique. Il y a deux jours, nous étions au bord de la mer, hier, nous étions attablés au milieu de l'animation d'un boulevard de Nîmes, ce matin, j'essayais d'imaginer un taureau furibond faisant son entrée dans les arènes d'Arles, et là, nous nous installions à une terrasse d'un village très ancien, dévorant d'énormes cornets de crème glacée onctueuse, regardant un nabot à la figure simiesque qui faisait des tours de magie minables comme le prestidigitateur des Deux-Magots à Saint-Germain-des-Prés. Des touristes lui lançaient généreusement... de la grenaille.

Le soir revenu, nous sommes allés dîner dans une modeste gargote au milieu des rues de Saint-Rémy. Une voisine de table, une Hollandaise qui cassait son français, nous a révélé qu'elle venait chaque année, en avril, en Provence. «Une habitude sacrée !» À Rachel qui lui parle de son projet d'album, elle dit : «Alors, je suppose que vous vous êtes précipitée d'abord aux ruines de Glanum !»

Il y avait Glanum ! À quelques pas de notre auberge ! Si Rachel s'était confiée à l'aubergiste, il lui aurait sûrement indiqué ce site à proximité de Saint-Rémy. La jeune Hollandaise nous parle de toute une ville, d'une arche, d'un mausolée parmi les mieux conservés de toute l'Antiquité. Rachel n'en revient pas. Cette jeune femme à la peau du visage grêlée, à la triste robe noire, nous déclare qu'elle y vient à chaque année comme à un lieu de pèlerinage : «Pour mieux savoir

toute la vanité de nos existences humaines. »
Elle parle de l'essentiel dans la vie, d'une secte
religieuse de néo-fondamentalistes, de son rêve
de visiter, un jour, les lieux de la Bible. Quand
elle a tenté de faire du prosélytisme en sortant
des versets de l'Ancien Testament et des strophes
d'un grand gourou de l'hindouisme universel,
on a filé en vitesse et à l'anglaise. Car tu sais
que pour nous deux, et singulièrement pour
moi, après avoir vécu ce que nous avons vécu
comme religiosité au Québec, nous sommes devenus imperméables à tout dogme, gnose ou
autre mystique à la mode du jour. Le moindre
discours spiritualo-sectaire nous fait prendre les
jambes à notre cou. Le loup de La Fontaine en
face du chien-à-collier de la fable. Pas de col-
lier, fût-il tissé à même les versets des prophètes
bibliques !

Nous avons marché dans Saint-Rémy. On a
appris qu'il y avait une statue à pénis dans la
vieille église et que le seul autre pénis sculpté
se trouvait loin, en Allemagne, à Francfort. On
s'est acheté des magazines à une Maison de la
presse, une chaîne spécialisée. L'Auberge du
Soleil reposait sous la lune. Rachel prend un
bain dans la grande baignoire sur pattes, tandis
que je te raconte la journée dans un de tes cahiers rouges. Les tourelles sont muettes, inti-
midées par cette lune brillante ? J'éternue encore. Rachel me dit : « Il y a des aspirines au
fond de mon sac, prends-en deux et couche-toi
tout de suite, tu raconteras le reste de vive voix
à ta chère vieille maman. » Elle a raison. J'éternue encore. Bonne nuit, mère.

Treizième jour

Maman,

Je prends conscience, ce soir, qu'il ne nous reste plus qu'une douzaine de jours de congé payé à l'étranger. Les quatre derniers jours, ou davantage peut-être, nous les vivrons à Paris de nouveau et dans une certaine angoisse, puisque alors Rachel aura remis ses photos et que nous attendrons le verdict du jury. Il m'arrive même à moi, à certains moments, de ressentir un peu d'anxiété car avant de quitter la manufacture, j'ai laissé à l'atelier de fabrication les modèles en plâtre d'un nouveau service à thé de ma conception. Peut-être le verras-tu bientôt dans le magasin de cadeaux du métro Jean-Talon. Tout est en forme d'œuf, je me suis inspiré de l'œuvre du sculpteur Brancusi. Bon. Tu vois que je commence à penser au retour, à l'ouvrage. Ça va me passer.

Imagine-toi donc qu'on va monter en Bretagne demain matin. Je t'écris pour la dernière fois dans cette Provence à laquelle je m'attachais beaucoup! Mais je te raconte ce qui s'est passé. Ce matin, Rachel mangeait en vitesse après avoir chicané, pour rire, monsieur Garrigue de ne pas lui avoir signalé les fouilles de cette cité gallo-romaine de Glanum, voisine de

Saint-Rémy. Le café crème était bon, puis ça a été le décollage, en vitesse! Super-rapido! En effet, en roulant, rue Pasteur vers l'ouest, nous apercevons bientôt en bordure de la route un petit arc de victoire et un mausolée superbement conservé. Stationnement. Rachel: cliquetis. Nous traversons le chemin et, à quelques pas, un guichet. Une grille s'entrouvre et nous donne accès à une vaste étendue entièrement couverte de ruines en cours de dégagement. On y travaille, lentement, à la petite cuillère et au rythme, capricieux en France comme ailleurs, des subventions. Rachel s'élance dans ce labyrinthe d'allées. Elle fait des photos, longs plans ou gros plans extrêmes des temples à Vénus, à Apollon, à Mercure, des écuries, de la fontaine, de la caserne, des thermes et de quoi encore? Toute une cité enfouie que l'on tente de remodeler, qui reste basse, naine même. Rachel grimpe, s'aplatit, rampe sur un muret, sur des dalles, sur un tas de piédestals. En plongée et en contre-plongée!

Je dois admettre que les restes de cette petite cité, Glanum, me procurent une sensation bizarre. En effet, comme disait la Hollandaise: *vanitas vanitatis!* À l'horizon, les Alpilles ont des couleurs d'automne et c'est avril, des roux, des mauves, des ocres, des roses. En me promenant dans les traces de ce qui furent des rues, j'ai songé aux conscrits de la Rome impériale, et aussi à ces Gaulois sauvages conquis qui découvraient des techniques mais aussi à qui on imposait une culture exotique, une religion toute neuve. Combien de beaux mois d'avril comme celui-ci les habitants de Glanum ont-ils pu admirer. Je fixe mon regard sur les Alpilles aux camaïeux superbes, sachant que les Romains voyaient exactement le même paysage il y a presque deux millions d'années, et j'en ai le frisson même si je dois t'avouer que cette fringale de fossoyeurs m'a paru souvent vaine. Je regarde Rachel guettant un point de vue au milieu de toutes ces fouilles, comme elle fit à Vaison, et je me demande ce qui pousse les hommes à vouloir déterrer ces ruines. Prouver que les ouvrages des terriens dureront toujours ? Et ainsi se remettre à leurs ouvrages modernes avec plus de cœur ? À mesure que ma compagne « immortalise » ces pierres sculptées, exhumées avec d'infinies précautions, j'éprouve le besoin de me « fouiller » moi-même. Par exemple, hier soir, au restaurant Les Antiques, sur la longue véranda, j'ai dit à Rachel : « Si j'aime tant conduire, cela me vient peut-être du fait qu'un cousin riche m'avait légué une automobile jouet verte comme la Renault, quand j'ai eu trois ou quatre ans ! Elle était marquée « Chevrolet » et je me suis souvenu soudain de ma fierté, maman, quand, à cinq ans, tu m'avais autorisé à rouler dans la ruelle pavée de la rue Saint-Denis !

Nous sommes allés « déjeuner » au Castelet rue Pasteur, et, je ne sais pourquoi, j'ai déclaré : « Cet après-midi : repos ! Je veux profiter du soleil et m'étendre tranquille au bord de la piscine ! » Rachel a répliqué : « Comme tu voudras, moi j'irai du côté de Béziers. Je continuerai seule ma quête romaine ! » Ce sera la première fois que nous serons séparés depuis notre arrivée dans la mère patrie. J'ai passé de bonnes heures de farniente à regarder monsieur Garrigue s'acharner à mille petits soins pour embellir davantage les alentours de son « atrium » et tenter de garder l'eau de sa baignoire originale virginalement claire et propre. Deux jeunes Bavaroises, malgré l'eau plutôt froide, se sont amusées avec une balle dans la piscine, arrosant un papa à mine rébarbative qui lisait un magazine allemand. Fous rires et chatteries propres aux adolescentes, elles n'ont pas cessé, des heures durant, de tenter de distraire le père de sa lecture. Il est resté imperturbable! J'ai eu envie d'aller jouer, tu sais comme j'aime jouer dans l'eau même à mon âge, mais ce père taciturne me retenait et puis... comment allais-je expliquer à Rachel que je m'étais amusé en toute innocence avec deux jolies Teutonnes d'une quinzaine d'années, pas davantage, malgré leurs poitrine généreusement rebondies! Le papa indifférent ne parlait que l'allemand, hélas! J'aurais voulu le questionner, lui parler des anciennes invasions germaniques pas loin d'ici, jusqu'à Nîmes, et aussi de l'invasion de la guerre 39-45. Occupation qui semble avoir laissé de vivaces cicatrices au cœur de notre aubergiste. Chaque fois qu'il croise ses clients allemands, il m'adresse des soupirs éloquents. Il m'a confié hier matin: «Je les reçois plutôt froidement, comme nous les recevions en 40. Que voulez-vous, ils reviennent, ils doivent être tous masochistes!» Mais les marks pèsent lourd, et, quand il en voit surgir à son bureau, il force son sourire.

Rachel m'est apparue, le soleil se couchait rapidement. Elle m'a semblé soucieuse. J'ai fait venir des apéros. Elle a fini par parler. «Clément, ne ris pas, je ne suis plus certaine de tenir un si bon thème. S'il fallait que le jury ne s'attache qu'à une France d'aujourd'hui, à la France de la modernité, je suis cuite!» Je tente de la rassurer. En vain. Je lui ai dit: «Il y a le cuit et le cru, c'est certain, mais tu as vu que les jurés sont cuits, archicuits et depuis longtemps. Alors?» Elle n'a pas ri. M'a répété qu'elle vivait un moment de doute insupportable. «Demain matin, on quitte la Provence! Je veux retourner à la mer. La mer me stimule! On va monter vers l'Atlantique. Vers la Bretagne. Vers Saint-Malo d'où partait Jacques Cartier, il y a exactement quatre cent cinquante ans. Je trouverai un thème canado-français, tu vas voir!»

C'est ainsi, mère; dès demain, je te parlerai de la Bretagne. Nous sommes allés «souper» aux Antiques. Même défilé de vieillards. Des silhouettes courbées font des ombres timides et lentes dans le grand jardin du lieu aménagé à l'ancienne. La raie était délicieuse après un potage aux calmars. Les Français savent si bien apprêter n'importe quel mets que, ma foi, nous apprécierions du chameau, du crocodile, de la girafe et même du rhinocéros et de l'hippopotame! Ne ris pas, j'ai lu dans Victor Hugo que les Parisiens assiégés de 1870 avaient mangé de tout cela à cause du blocus prussien et que le zoo de Paris se vidait lentement de ses habitants quadrupèdes!

Nous sommes allés flâner un peu dans les rues de Saint-Rémy. Je regretterai ce pays, je le sais. Si, un jour, sait-on jamais, nous décidions de finir nos jours dans la mère patrie, je plaiderais très fort auprès de Rachel pour que ce soit ici, à Saint-Rémy. Dans le salon de l'auberge, à la télé, un vieux film western d'Hollywood. Cela nous parut bizarre, presque déplacé. Un produit culturel des nouveaux «Romains» au cœur de cette Provence si française? On refuse de regarder ça et on va dormir.

À demain, mère, à demain en Bretagne!

198

Quatorzième jour

Maman,

Nous sommes arrivés à Saint-Malo en plein après-midi. On a déposé nos deux grosses malles dans une coquette auberge de la banlieue sud, au Grand Hôtel de Courtoisville. Ciel de nuages presque noirs. De la pluie intermittente. Un paysage marin sévère, au large des rochers noirs comme des menaces fabuleuses. Des vagues hautes, lentes, une impression d'austérité. Nous sommes au pays natal du grand René de Chateaubriand. Nous sommes allés marcher sur une promenade vaste, déserte vu le mauvais temps. Je me suis senti seul habitant de ce bord d'océan et j'arrivais à imaginer les hauts voiliers du seizième siècle en partance pour la Nouvelle-France, remplis d'émigrants pieux, jansénistes et protestants, le cœur gonflé d'espoir pour le grand recommencement à l'autre bout de cet horizon. Quel culot! Quel courage! Serais-je capable de partir vers l'inconnu? Disons, aujourd'hui, pour une autre planète, sauvage, pas défrichée? Je ne pense pas. Qu'est-ce donc qui les animait si fort, ces pionniers intrépides? La foi? Une France qu'ils jugeaient désormais invivable, scandaleuse, perdue? Je pense moins aux « mercenaires » de

François 1er qu'aux premiers partants du fondateur réel, Samuel de Champlain, en 1609. Nous sommes allés voir avec émotion la maison du Malouin Cartier. Rachel fait des photos machinalement, elle reste inquiète, nerveuse. Après le lunch, elle me dit tout à coup : « Il faut vite aller voir, c'est à côté, une des grandes merveilles du monde, le Mont Saint-Michel ! » En voiture !

En effet, maman, cette abbaye-château fort est un ensemble des plus impressionnants. Sorte d'îlot bâti au-dessus de l'Atlantique. Des murs tout autour, des tours, un clocher effilé. Des cars pleins de touristes dans les parkings sur la plage. Dans la grande rue qui serpente vers le cloître, nous entendons trois vieillards, bérets sur les yeux, baguettes de pain sous le bras, qui commentent le mauvais temps avec l'accent québécois du bas Saint-Laurent. Fascinante surprise ! Partout des magasins, des boutiques de souvenirs, quantité de restaurants et, bien sûr, des crêperies... bretonnes ! C'est encore l'ambiance de foire, c'est la commercialisation à outrance d'un site « quatre étoiles ». Hélas !

Si un promoteur américain mettait la main sur un lieu de cette envergure, ce serait pire, se console-t-on. Rendus au faîte, on a pu admirer les landes et la forêt bretonnes. Ce Mont Saint-Michel est une architecture audacieuse installée ainsi presque au large de la côte. Gothique flamboyant. Nous avons vu les salles de ce qui fut longtemps un bagne. En somme, une prison « quatre étoiles ».

Revenus à la voiture, Rachel est prise d'une nouvelle inspiration : « Ce qu'il faut, c'est des images plus gaies. Si on montait vers la Normandie? J'ai tant aimé, jeune, des romans de vacances en Normandie. J'ai regardé tant de tableaux de Turner, des impressionnistes. Tu veux bien me conduire en Normandie, mon grand amour? Il y aura les plages célèbres, Deauville, Honfleur, les Champs de Course. J'ai besoin d'images joyeuses. On ira probablement au devant du soleil. » Elle a retrouvé son beau sourire et j'en suis si content que je file à toute vitesse vers notre coquette auberge-manoir de Courtoisville.

La patronne, qui avait mis beaucoup de temps à examiner nos passeports, qui les avait conservés, fut plutôt surprise de ce départ éclair. Elle nous a rendu nos passeports avec un air de dire: «Ce n'est pas catholique ce manège de Québécois!» Dehors, saluant notre fuite, d'étranges roucoulements qui glacent le sang. Des chouettes? C'est plutôt sinistre, des colombes enragées? Le porteur nous dit: «Vous auriez aimé la Bretagne. Il faut du temps pour l'apprivoiser. » Et soudain, comme en confidence: «Je vous aurais présenté à des militants de «la Bretagne libre». Vous auriez fraternisé. » Il referme notre coffre. Nous démarrons et on l'entend dire: «Vous auriez pu voir le port de La Rochelle où tant de vos ancêtres se sont embarqués. »

Mais c'est Rachel qui est mon pilote, ma boussole, mon hôtesse. Elle promène un index volontaire sur sa carte. «Direction Caen et Cabourg!» Et je fonce, maman, comme je fonçais, à cinq ans, dans ma Chevrolet verte à pédales entre les cours de la ruelle!

En passant près d'Avranches, on a vu des restes du débarquement anglo-canado-américain en 1944. Sinistres souvenirs qui mouillent et qui rouillent au bord des grèves! Ces ponteaux, ces quais improvisés sur ces plages désertes d'avril semblent un attirail pour un film surréaliste abandonné en cours de tournage.

Après avoir traversé nombre de villages aux fermes apparemment moins pauvres qu'en Bretagne et où nous avons aperçu des paysans au teint rosé, avec de gros nez comme des pommes bien rouges, ressemblant souvent à nos paysans de Charlevoix, nous atteignons Deauville, station balnéaire si souvent illustrée dans les romans des années dix-huit cent. Fini les bâtiments de pierres des champs, les vaches très blanches, les pommeraies en fleur, les fermes emmurées solidement par la sacro-prudence normande. Voici le ciel qui se libère de ses nuages peu à peu, comme l'avait souhaité Rachel. Une lumière crue baigne la côte. Je ne dis pas à ma compagne mon désir frustré de ne pouvoir « piquer un brin de jasette » avec ces fermiers rencontrés, tenter de vérifier plus avant des ressemblances, qui m'ont frappé, avec les Jobin de Laval-des-Rapides, les vieux Lefébure de Pointe-Saint-Charles, tes parents, bonne mère. Hélas, le temps imparti à Rachel pour former son album file bien vite et je comprends son énervement. Nous avons marché le grand *boardwalk* de Deauville et Rachel m'a dit: « La mer n'est pas si photogénique qu'on pense. Il me faudrait du génie et un meilleur appareil. Je n'ai qu'un peu de talent, Clément! » Je m'efforce de la réconforter: « On va s'installer et tu pourras certainement dénicher un thème dans les environs. » Nous louons le numéro 1 du Saint-James à Trouville, ville collée à Deauville. Les routes étroites de la Normandie qui effrayèrent tant Rachel lui ont creusé l'estomac comme chaque fois qu'elle a peur. Nous avons d'abord examiné le grand lit, toujours mou et dont le pied, fait cocasse, est un peu plus haut que la tête. On se demande si on n'aurait pas mieux fait de louer au Flaubert voisin qui semble un peu plus luxueux. Dehors, le soleil était très rouge à l'horizon sur l'Atlantique, si rouge qu'on n'a pu s'empêcher d'aller sur la promenade de planches de Trouville avant d'aller manger.

On n'a jamais vu le soleil se coucher sur la mer, puisque sur la côte est des États-Unis il s'y lève seulement. Rachel, le visage empourpré, les cheveux au vent, a fait quelques photos. Je lui ai récité mon cher Rimbaud : « Nous l'avons retrouvée ! Quoi ? L'éternité. C'est la mer mêlée au soleil. » Retour au Saint-James. Les murs de la vieillotte salle à manger sont couverts de gravures illustrant des chevaux de course, des cavaliers, des palefreniers et des champs de course. Images d'un passé prestigieux ? Des chats circulent librement entre les tables. La patronne, madame Guillemin, est increvablement dynamique. Elle s'assoit aux tables de ses clients à tour de rôle pour interroger chacun sur ses goûts. C'est notre tour : « Alors, mes gentils Québécois, de quoi a-t-on envie ? » Et avant qu'on puisse l'ouvrir, c'est la suggestion en force : « Vous allez voir, vous m'en direz des nouvelles de notre sole à la Saint-James. Un régal ! Vous l'apprécierez ! » Elle décide ainsi de table en table sous les regards amusés des chambreurs. « C'est un bijou ! Un trésor ! Vous verrez ! » Et tout le monde mangera de la sole Saint-James. Et elle était délicieuse !

Nous sommes allés fureter dans la ville. Il a plu encore après un si beau coucher de soleil.

Le casino de Trouville semble désert. Ce n'est pas encore «la» saison, il y a peu de monde dans les restaurants et les bars. On s'amuse toujours de voir les Français trinquer debout la plupart du temps! On est loin du confort garanti du moindre bar nord-américain. Revenus à l'hôtel, la salle à manger est occupée par le personnel qui semble deviser joyeusement, on y «veille» à la «canayenne»! Les employés sont rassemblés autour de madame Guillemin, elle règne. On nous a salués et invités à boire le coup de l'étrier. J'ai questionné sur l'hiver en Normandie, sur cette côte. Ça a été le signal de toute une série de propos surprenants: «On a parfois de bonnes bordées de neige comme au Canada.» «Oui, oui, il y a du givre aux fenêtres!» «Les pommes ont déjà gelé en fin mai, une année!» On se contredit. On proteste, on juge que certains exagèrent. Le cuisinier, rougeaud, s'enhardit: «Un matin, je me suis levé et j'ai marché dans un mètre de gros sel, une neige étonnante! C'était en 1959!»

Nous avons l'impression qu'on parle pour le plaisir de parler. Plaisir tout français. L'époux de la patronne renchérit en se penchant vers nous: «Ça va vous étonner, mais il a fait si froid une année que la mer a gelé. Oui, oui, sur les rivages. Les vagues sont restées figées, comme ça, en plein mouvement!» Des cris. On proteste. «On n'a pas le droit de dire n'importe quoi!» Monsieur Guillemin cherche des appuis, des témoins. «Je vous jure, les Québécois, que c'est la vérité. Attendez, c'était un lendemain de Saint-Sylvestre. C'était en 1960, non, en 1958. Ah! je ne me rappelle plus trop!» La chicane est générale. «Ne l'écoutez pas, mon mari arrive de Marseille. Il ment!»

On s'amuse ferme maintenant. Je raconte cette année où il n'y eut pas d'hiver, que l'eau du Saint-Laurent faisait des bouillons tant la chaleur était tropicale, que des pousses de palmiers sortaient de terre autour de la Place Ville-Marie! On rigole. On boit beaucoup. Rachel en rajoute, raconte qu'elle a déjà fait un message publicitaire pour la télé qui durait six heures. Que son film avait eu la plus grosse cote d'écoute jamais enregistrée. On rit de plus belle. On nous a parlé d'un concours de mensonges qui s'organisait dans la région une fois l'an. Ils ont parié que Rachel y décrocherait le grand prix. Nous prenons conscience, maman, du plaisir de parler pour parler. C'est ça aussi la France! Rachel a oublié l'autre concours, le sien, l'album, et nous grimpons vers notre chambre vaguement Louis XIII. D'avoir marché le boulevard Fernand Moureaux, passé le pont des Belges, arpenté le quartier Notre-Dame de Bon-Secours, d'avoir tant ri aux facéties du personnel nous a épuisés.

Aussi je te souhaite une bonne nuit, devinant que tu liras ces «relations d'un ex-jésuite défroqué» chaque soir avant de t'endormir durant le mois de mai prochain.

Quinzième jour

Mère,

Hier soir, malgré la fatigue, les jambes plus hautes que la tête dans ce drôle de lit « normand », nous avons un peu discuté. La recherche d'un thème travaille Rachel. Je ne sais pas si c'est la décoration vaguement royaliste du numéro 1 du St-James Hôtel, mais elle m'a dit : « Clément, je viens de me rappeler les propos d'un juré, monsieur de l'Hameçon, il disait que les Français gardent une certaine nostalgie de la monarchie fastueuse. Eh bien, je pense qu'un thème qui leur tient à cœur c'est la richesse de l'Empire perdu. De Versailles par exemple ! Tu me suis ? Je crois que je devrais photographier les châteaux et il paraît qu'ils sont presque tous groupés le long de la Loire ! » J'avais compris. Fini les plages de sable de la Normandie ! À midi, nous roulions sur l'autoroute vers Rouen, vers Versailles. Auparavant, nous avons fait un petit crochet pour voir le lieu d'élection de tant de peintres que nous aimions : Honfleur. Je chantais du Brel pour agacer Rachel, tu la connais peut-être ? « T'as voulu voir Honfleur et on a vu Honfleur... Tu veux voir Versailles et on verra Rouen ! » Mais j'aime conduire. Une chance ! Ma foi, on finira bien par faire le tour de France complet. Je dois admettre que les distances n'ont rien de commun avec celles qui séparent nos villes à nous. Par exemple, en deux heures à peu près, tu peux faire Paris-Trouville! Pour aller nous baigner dans la mer, dans une eau pas trop froide, nous, il nous faut une douzaine d'heures. Je songe à Montréal-Wildwood dans le New Jersey par exemple. Il y a un joli port très fréquenté à Honfleur. Le soleil se cachait derrière pas mal de brouillard hélas. Illusion d'optique, les piétons nous ont paru tous semblables, bérets sur la tête, pain croûté sous le bras, beaucoup de petites moustaches sous le nez des hommes! Un hasard sans doute et qui nous a fort amusés.

En vue de Rouen, Rachel me dit: «Si on allait voir la fameuse cathédrale peinte et repeinte sans cesse par le grand Monet? Hein? C'est une idée, ça. Tout un jeu de photos à la Monet. Je la prendrais à toute heure du jour et sous des temps divers, pluie, soleil. Hein?» Je lui dis: «Oui, c'est une idée grandement «culturelle» qui pourrait en effet séduire notre jury de fins lettrés!» Nous avons stationné près de la rue du Grand-Pont, juste en face de la célèbre cathédrale de Rouen. Rachel, déçue tout de suite, l'a jugée plutôt laide, trapue, épaisse et, malheur, en partie cachée par ces échafaudages à tuyaux des rénovateurs.

La Seine, à Rouen, semble moins visqueuse, moins sombre qu'à Paris. «Ah, pis je pense que je n'aime pas beaucoup l'art gothique, c'est triste, prétentieux, empesé!» me fait une Rachel boudeuse. Un peu plus tard, la voilà emballée par une autre église... gothique. L'abbaye de Saint-Ouen. C'est que l'intérieur a été complètement passé au jet de sable, c'est d'une clarté éblouissante, c'est renversant. D'un beige, d'un coquille d'œuf flamboyant comme si on venait tout juste de construire cette vaste nef des années douze cent! Nous avons vu toute une rue de maisons dites à colombages avec des croisillons tout à fait comme on en a vu si souvent sur les illustrations montrant le procès et la mise au bûcher de Jeanne d'Arc à Rouen. Rachel, justement, fait des photos sur les lieux du bûcher historique. Elle me semble, avec sa fougue pour trouver son thème, une Jeanne d'Arc-de-la-photo! Elle aussi veut bouter hors concours les Suisses, les Belges et les Français eux-mêmes. En marchant dans une jolie rue piétonnière, elle parle d'abondance. Elle regarde à peine une horloge séculaire suspendue dans une arcade voûtée : «Clément, qu'est-ce que tu en penses? Si on louait une péniche et un marinier? Je remonterais la Seine jusqu'à Paris, tout doucement. Mon album s'intitulerait comme la chanson : «Elle coule, elle coule, la Seine. » Je ne veux pas ajouter à son désarroi. La pluie revient. On s'abrite sous un porche : «Écoute, Rachel, plus je songe à la constitution de ton jury, plus je crois au thème des châteaux des grands monarques!» Nous traversons la rue aux Ours, croisant la rue Champmêlé, nous sommes revenus devant la cathédrale : «Oui, tu as raison. C'est la bonne idée. Allons voir Versailles. »

En fin d'après-midi, nous y sommes. Que crois-tu, maman? Que le plus grand château du monde entier, que ce Taj-Mahal des Français, est planté au milieu d'une riante prairie comme un joyau au milieu de son écrin de velours? Non, Versailles c'est aussi une joyeuse petite ville. Nous arrivons, par chance, sans nous égarer, cette fois, en plein boulevard du Roi et nous apercevons un haut mur, puis de hautes grilles noires à pointes dorées comme celles du Jardin du Luxembourg. Nous allons vers un bureau d'information touristique et on nous remplit les mains d'un tas de dépliants divers. Nous sommes d'abord allés louer un gîte, nulle part ailleurs qu'à l'Hôtel Royal pas loin du château. C'est pourtant un hôtel tout simple et notre chambrette n'a rien de luxueux, au contraire. Et le lit est mou ici aussi! Il ne nous reste plus qu'à visiter. En marchant, vers ce « centre du royaume » d'antan, je songe aux milliers de courtisans qui devaient, faute de place dans les nombreuses ailes de la résidence royale, louer dans les auberges tout autour comme on vient de le faire. En apercevant le long édifice, nous sommes presque déçus, la même froideur classique que celle du Louvre. On imagine toujours des créneaux, des clochetons, de flèches et des oriflammes, des fanions battant au vent. C'est puéril? C'est la faute aux livres de contes de l'enfance. Aux films à la Walt Disney avec leurs châteaux baroques qu'on a dits inspirés de ceux, pas bien vieux, de l'Europe centrale. Versailles, c'est plutôt de sobres édifices pas si différents de ces édifices publics qui entourent le Capitole de Wahington! De la mesure. Une certaine sévérité. L'art tempéré de Le Vau, d'Hardouin-Mansart.

Rachel s'est éloignée de moi comme chaque fois qu'elle va accoucher, qu'elle va pondre. J'aime la voir manœuvrer son appareil, parcourant à grandes enjambées les fameux jardins de Le Nôtre. Je la trouve plus jolie que jamais dans ces vastes décors royaux!

Nous ne visiterons les appartements du roi que demain matin. Photos du bassin d'Apollon, des statues à demi noyées d'eau, du Grand canal, des allées parsemées de statues de dieux et de déesses de la vieille mythologie gréco-romaine. Des heures s'écouleront alors presque à notre insu. C'est étrange comme on a mal aux pieds moins vite qu'en parcourant Nice ou Nîmes! Nous sommes allés souper à une terrasse sophistiquée du boulevard de la Reine. Nous savourions surtout les chauds rayons d'un soleil revenu, se couchant sur Versailles avec, sans doute, autant d'éclat qu'aux couchers publics du Roi Soleil! «Tu sais, ce n'est pas le genre de photos que je préfère, ça va faire pas mal magazine de haute couture, ce sera d'un esthétisme suranné, mais je crois que c'est le bon moyen pour gagner.»

Et voilà Rachel qui m'explique longuement qu'elle est, de toute façon, dans un métier où elle n'a jamais pu faire vraiment ce qu'elle avait envie de faire. «La publicité, tu sais, c'est le bonheur et le contentement du commanditaire. Ça m'a rendue très réaliste.» Maman, c'est un fait, j'ai une compagne de vie qui a les deux pieds sur terre, qui me force à plus de réalisme, moi qui, tu le sais bien, ne suis qu'un rêveur, un idéaliste impénitent, un candide toujours éclaboussé par la réalité. Je ne compte plus les projets farfelus refusés par l'usine de Saint-Jérôme. Rachel dit que je suis un créateur apprivoisé mais je sais bien que je me fais arracher les dents, une à une, que je ne mords plus, que je me suis rangé pour paraître aussi raisonnable que les cadres de mon entreprise, soucieuse avant tout de rentabilité, d'amortissements rationnels selon la doctrine vénérée de l'*input* et de l'*output* du P. B. S., Program Budget System. J'ai été obligé d'apprendre à compter. À calculer. Rimbaud écrivait, revenu de ses songes creux: «Me voici, à terre, avec un dur devoir, la réalité à étreindre.» Et il est parti vendre des armes en Éthiopie!

Maman, que reste-t-il de mes révoltes de jeunesse? Tu te souviens de mes lettres véhémentes qui paraissaient dans le journal *La Patrie* et qui inquiétaient tant mes supérieurs de la communauté? Il n'y a que toi qui ne disais rien, qui ne me faisais aucun reproche, à la fois inquiète et fière de ce petit religieux qui ruait dans les brancards de nos piéticailleries québécoises. De l'eau a coulé sous les ponts et j'ai bien fait de quitter ce monde mesquin et peureux pour le monde de l'amour humain avec Rachel. Je ne regrette rien. Te souviens-tu de mon projet d'une statuaire de céramique religieuse avant-gardiste qui effrayait même les bénédictins de Saint-Benoît-du-Lac qu'on disait si audacieux? J'avais un cœur de vingt ans sous cette soutane maculée d'oxydes à émaux. Trente ans ont passé! Parfois je suis encore ce grand gamin qui veut casser toutes les routines, parfois, au contraire, je me sens au bout de mon petit rouleau. Je réalise qu'il est bien tard, m'en allant vers le fatidique chiffre «cinquante», pour songer à réaliser cette ambitieuse maquette de terre cuite où l'on verrait une cité écologique d'une planète à découvrir au-delà de notre galaxie. Pourtant, maman, j'ai gardé toutes ces esquisses dans une grande caisse avec mes poèmes de jeunesse, lyriques et touffus.

Oh, maman, qui t'es rendue si loin dans l'âge d'une vie, quel a été ton cimetière de rêves secrets à toi qui as été, comme toutes les jeunes couventines de ton couvent des « Dames » de la rue Fullum, une fillette rêveuse, plein d'espérances dans la vie ? J'ai presque hâte de revenir pour te questionner là-dessus comme j'aurais dû le faire depuis longtemps. Maudite pudeur empêcheuse ! Ce voyage chez la « mère-France » m'a comme décrassé sur ce point, m'a délivré de boucliers tellement inutiles. Il faut parler, il faut exprimer ce qui nous taraude au fond de l'âme. Il faut dire tout haut ce qui nous tient à cœur, pas vrai, maman ?

Je voudrais devenir très riche et dire à Rachel : « Laisse ton boulot-gagne-pain, va faire les images que tu veux, à ta guise. » Mais je ne suis qu'un modéliste dans une usine de faïence des Basses-Laurentides, hélas ! Je parle un peu de tout cela à Rachel, qui me dit : « Nous, les filles, nous avons été élevées pour toutes les soumissions ! Toute jeune, je ne cherchais qu'à plaire. À mon père, exigeant et plutôt accablé par l'existence, à ma mère, toujours inquiète de l'avenir, à mes jeunes frères, turbulents et égocentriques. Ai-je évolué, moi qui suis cette directrice de production dévouée aux diktats de clients capricieux ? Même ici, en France, en ce moment, à Versailles, tu vois, je cherche à livrer un produit qui plaira aux vieux jurés de ce concours de photos ! » Et elle rit. C'est ça qui m'épate, maman, cette capacité de rire des vicissitudes communes à tous, de bien savoir que l'important est d'être d'abord toujours en vie, malgré les compromis inévitables. C'est ce que j'appelle, en bon canayen, avoir la « couenne dure ». Je reviens à Versailles et au soleil couchant : un voisin de table, énorme, portant des bottes de cuir jaune, une chemise d'un rouge écarlate aveuglant, une veste de daim, noue conversation avec nous dans ce français concassé qui nous révélera immédiatement ses origines : le Far West. «C'est un marvelous afternoon! Beautiful, isn't?» Il nous dit venir de l'Idaho. Il nous parle un peu de ses prospères élevages de bêtes à fourrure, dont surtout sa bête préférée : le castor. Il est bavard et il l'est d'autant plus qu'il apprend que nous venons du Canada et qu'il pourra donc nous parler anglais : «*After all, it's an English country!* » Cette constatation nous élimine toujours d'un trait de parole, nous les millions de parlant français à l'est de l'English Canada! Mais il est débonnaire et répond tout à fait à l'image stéréotypée du «*quiet American*». Il se prénomme William et il ne sait absolument rien de cette vie française du Québec. Il en est extrêmement surpris et nous promet d'y aller faire un tour au prochain Carnaval d'hiver de la ville de Québec dont nous lui avons vanté les charmes et l'entrain. Il rit fréquemment, par gloussements rauques, c'est une bonne nature. Il nous affirme, en catimini, qu'il est devenu assez riche pour acheter Versailles. «*And I'll pay cash, mind you!* » Il rit encore! Il tente, cocassement, d'évaluer les terrains d'abord, les bâtiments, il calcule, avec sa plume en or, ajoutant les Trianon, le Hameau. Nous rions de le voir jauger un trésor national forcément inestimable. Pour ce descendant d'industrieux *Pilgrim* quakers, tout a un prix, tout peut s'acheter, il suffirait d'y mettre le prix. William est tout fier, penché vers nous, de nous révéler que c'est un riche Américain, amoureux d'histoire et d'art, qui veille à reconstituer les intérieurs du Château. Il s'en tape le bedon et nous apprend aussi que «son» femme raffole des vieux meubles, et qu'elle doit être en train d'examiner «le plus petit» table console des appartements de «*mister Louis the Fourteen*»! Sa fille, Nancy, étudie l'histoire de l'art à la Sorbonne et a osé lui dire qu'elle songeait à s'installer à demeure à Marne-la-Coquette avec un sculpteur français. Il en est désolé. Il s'ennuie du confort de son ranch. Rassuré par nos blagues sur les lits trop mous, il charge un peu sur tout, contre ces «*damned*» croissants. Il donnerait ses castors pour un vrai «*breakfast*» aux œufs frits avec bacon, saucisses et patates rôties. Il rit encore. Nous rions de sa mini-détresse. À cause des jérémiades de ce gros Bill, «appelle-moi Bill, *please*», nous sommes soudain replongés dans notre existence à l'américaine, commerçante, mercantile aussi, rapetissante, froidement rationnelle le plus souvent. Il se penche de nouveau vers nous, les cuisses ouvertes, la bedaine affaissée: «*Listen,* les châteaux, *when you see one, you've seen them all. Don't you think so?*» Tu vois, maman, non, nous ne sommes pas américanisés complètement encore. Rachel grimace. Il vide d'un trait son verre de mousseux blanc. Nous le saluons et malgré ses protestations, sa promesse de «champagne-le-meilleur», nous sommes retournés vers le château, qualifié par l'archevêque Fénelon de «cancer de la France», ce qui lui valut, de Rome vassalisée, le «dégommage» en règle.

Rachel n'en finit plus de découvrir des points de vue insolites dans le parc. Elle me dit qu'elle a mis un film pouvant capter cette lumière tamisée du soleil couchant. Des fontaines crachent une ouate lumineuse d'une translucidité ravissante. Nous sommes montés à notre chambrette de l'Hôtel Royal, «les pieds en marmelade» comme on disait, enfants. La déco-

214

ration prétentieusement « royale » de notre gîte tente, en vain, de nous accorder un titre. Duc? oh non! Pas même marquis ou comte. À peine baron, et encore! Je vais enlacer ma souveraine, je vais caresser ma reine et ma maîtresse, je lui promets d'essayer d'être un bon petit soleil bien chaud, le plus souvent possible. Déjà elle me parle de la Loire, de Chenonceaux, de Chinon, de Chambord... Je sens qu'il y aura encore de la randonnée en Renault 5, demain!

Bonne nuit, donc!

Seizième jour

Bonne maman,

Tantôt, nous allons nous endormir dans la ville de Blois! Ce fut la journée la plus insensée de ce voyage, à ce jour. C'est que ma photographe est démontée. Tu vas avoir du mal à nous suivre aujourd'hui. Tiens-toi bien, bonne vieille maman. Folle équipée en vérité. Avant de nous arrêter, pour la soirée et la nuit de cette seizième journée en France, sur les bords de la Loire, il y a eu une course véritable de château en château. Le titre de l'album est trouvé. Je l'ai dicté à Rachel. Toujours Rimbaud: «Ô saison, ô châteaux!» Les boîtes de bobines jaunes et rouges jonchent le siège arrière de la voiture.

D'abord, levés très tôt, j'ai suivi au galop une Rachel faisant une tournée rapide du Grand Trianon qu'habita Bonaparte à plusieurs reprises, puis du Petit Trianon, construit pour le quinzième Louis et sa mélancolique autrichienne Marie-Antoinette. J'ai dit: «On ne visitera pas les intérieurs?» «Non, on n'a plus de temps à perdre!» trancha une Rachel, les cheveux dans le visage. J'aurais voulu voir de près ce village normand baptisé «Hameau», le dada de la reine voulant jouer les fermières modestes dans cette fausse campagne de théâtre! «On n'a pas le temps ! » Nous fonçons vers Maintenon, il n'est pas dix heures du matin ! Humble village où se cachait « la dame de cœur » du Roi-Soleil. Cette fois Rachel me dit : « Il est pas trop grand, ça devrait aller vite, on visite les appartements. Tu es content ? » Le guide du château de Maintenon est un grand sec avec une mine de directeur de pompes funèbres. À chaque entrée que notre petit groupe fait dans une pièce, immanquablement, il va se poster à une fenêtre et nous tourne le dos, regardant la verdoyante nature, et nous débite sa récitation où il ne manque pas un détail. Grosse mémoire ! On n'en revient pas de cette indifférence affichée à l'égard de ses visiteurs. Il déclame, solennel, de dos : « À votre gauche, un beau chiffonnier dix-septième, à droite, joli paravent importé de Chine, quatorzième authentique ! Sur le manteau de la cheminée, admirez deux vases de Sèvres, dix-septième. Attention, en sortant, à votre gauche une gravure de Boucher, une toile de Watteau. Vous remarquerez dans le couloir, un tableau de Fragonard au-dessus de la crédence, seizième siècle. » Lui, il ne lâchait pas le paysage extérieur ! Alors, arrivés dans la dernière pièce, je pris sur moi d'aller carrément me poster à ses côtés, les mains au dos, comme lui ! Il en a paru contrarié, a éprouvé un léger malaise. Je regardais s'il n'y avait pas, épinglée au chambranle de sa fenêtre, la liste des items. Rien ! Ma présence ironique à ses côtés ne l'a pas fait bafouiller, après un geste d'agacement, il a enchaîné : « À votre droite... à votre gauche... sur la cheminée... » Un drôle de pistolet, ce guide chez madame de Maintenon.

Et bang ! les portières de la Renault, et clac ! Nous allions quitter les lieux lorsque, ayant sans

217

doute lu notre affichette marquée « Québec », un malingre bonhomme au dos précocement voûté nous fait signe de l'attendre. « Ne partez pas, je suis du pays ! » Il a l'accent français, même si on prétend que les Français parlent sans accent. « Restez un petit instant. » Nous le suivons, il habite, dans le jardin du château, une dépendance de briques rouges couverte de vignes, entourée de fleurs, il dit être un Bédard « né natif d'Ottawa ». Son vivoir est rempli de magnifiques clavecins ! Il est « facteur » et réparateur de ces si jolis ancêtres du piano. Il a étudié la musique au Conservatoire de Montréal, a appris son métier chez un très vieil artisan à Boston. Les antiques instruments, décorés d'incrustations d'un ornemanisme oriental délicat, brillent au soleil. Beau bois doré. Voyant notre pâmoison, Bédard nous révèle : « On en a brûlé par douzaines au Louvre, pour se chauffer, durant la Révolution ! » Ensuite, après avoir bu des kirs bien frais, il nous a fait voir les jardins interdits au public, puisqu'une partie du château est habitée par de lointains descendants de la « dame ». On a pu voir de près l'aqueduc suspendu, abandonné en cours de construction, un ouvrage de Vauban et de La Hire, les spécialistes émérites, au dix-septième siècle, de ces travaux d'ingénierie. Ce Québécois est devenu tout à fait Français, mais il garde une partie de son âme tournée vers le pays d'origine. Nous lui donnons des nouvelles du pays. Il nous parle d'autres Québécois installés dans les environs, de François Hertel, le philosophe, des peintres Riopelle, Leduc, du musicien Kenneth Gilbert. Quand Rachel le renseigne sur son concours, il dira : « Oui, les châteaux c'est pas une mauvaise idée, mais pourquoi pas les cathédrales ? Il me semble que c'est plus photogénique encore. » Rachel fait une moue. De sa voix douce et persuasive il avance : « Écoutez, allez voir celle de Chartres, c'est tout près d'ici. Vous verrez bien si c'est un meilleur thème visuel. Vous jugerez, mais allez voir Chartres. C'est un ouvrage époustouflant. »

Nous avons filé vers cette cathédrale. Nous longions l'Eure et les rues ombragées de Chartres, bordées de maisonnettes rénovées avec art, quand Rachel m'a dit : « Et si je mêlais les châteaux et les cathédrales, hein ? » Je me défends, même si conduire ne me fatigue pas : « Ah non ! Non ! Tu vas faire un choix. Je ne peux pas te garantir un chauffeur sécuritaire si on doit courir ces deux gros « lièvres » à la fois. » Elle se tait. Arrivés devant la cathédrale, ce n'est pas le choc. L'a-t-on trop vue dans tant d'albums ? Photos mensongères des agences touristiques. Ainsi le Mont-Saint-Michel nous a semblé moins fascinant que sur ces affiches où l'îlot semble voguer sur l'océan comme un bateau. Chartres n'est pas, comme sur certains posters, une haute église isolée au milieu des champs fleuris de la Beauce ! « Rachel, on dit qu'une photo vaut mille mots, on devrait dire qu'une photo peut mentir mille fois mieux que la réalité ! » Elle rit et me dit : « Écoute, l'art — et la photo est un art — c'est toujours un mensonge, un arrangement avec le réel. Une vantardise souvent. »

Nous rentrons. Oh, mère, petit Montréalais, j'ai cru longtemps que nos innombrables églises montréalaises étaient des joyaux, mais si tu voyais seulement la clôture de pierre sculptée du chœur. Inouïe ! Une véritable dentelle de pierre ! Des douzaines et des douzaines de personnages. Je n'ai jamais rien vu de si beau ! Renversant! Et cela a été fait dans les années quinze cent, ces dessins de Jehan de Beauce valent toutes les *Joconde* du monde! Souffle coupé! Je questionne Rachel là-dessus. «Oui, mais je ne suis pas équipée pour les intérieurs. Je ne suis qu'un photographe amateur, n'oublie pas! Vite, mes châteaux!» Nous avons roulé vers la Loire après avoir «bouffé», comme on dit par ici, des sandwiches jambon-fromage et un pichet de rouge dans un estaminet, place de la Poissonnière. L'autoroute. Nous atteignons Orléans et allons la traverser tout lentement. Mieux encore qu'à Rouen, c'est la gloire à Jeanne d'Arc. Statues, place, parcs, rue, hommages à la jeune guerrière venue de l'est, de Domrémy, pour délivrer les Orléanais des méchants Anglais. Ah, maman, si nous avions eu ce chevalier en jupon sur les plaines d'Abraham lors de la défaite de 1760, au lieu de ce bénêt de marquis de Montcalm! Le général Wolfe aurait pris la poudre d'escampette.

À Chartres, un préposé du bureau de tourisme nous a conseillés: «Comme à Saint-Rémy vous avez pu rayonner tout autour, installez-vous à Blois. Vous pourrez rayonner vers tous les châteaux importants.» En arrivant en face de l'hôtel du Château, le proprio, sur son trottoir, nous souhaite la bienvenue avec emphase et bonhomie et, sous nos yeux écarquillés par la surprise, nous ouvre toutes grandes les portes vitrées de son hall «Allez, allez, entrez!» C'est bien la première et dernière fois qu'on entre dans un hôtel sans sortir de voiture! Pas un «Motor Inn» des U.S.A. ne va jusque-là! Qu'ils en prennent de la graine! Je suis gêné de rouler, même doucement, sur ce joli parquet de mosaïques arborant une immense fleur de lys. On traverse le vaste hall-passage pour aller garer l'auto dans la cour !

Au pied du vieil escalier de chêne, Rachel me dit : « Tu t'occupes des valises et tout, moi je cours au château voisin. » La fille de chambre, qui a entendu, me glisse, main tendue : « C'est pressé ? » Je lui verse son pourboire et, à voix basse : « C'est dans le très urgent, une commande de l'État. Affaires étrangères. Mission délicate ! » Elle balance la tête, prend un visage grave et s'en va discrètement, répétant : « Je comprends. Je comprends ! » Dehors, le proprio cause avec un jovial vieillard. Me voyant, il dit au vieux qui mâchonne un cigare éteint : « J'ai des Québécois frais arrivés au menu, mon brave Léon ! » Le brave Léon dresse péniblement sa tête dodelinante vers moi. « Ah, le Québec ! le Québec ! Quel malheur pour la France d'avoir perdu cette belle colonie d'Amérique, si riche en ressources de toutes sortes dont nous profiterions. » Ma grimace involontaire ne l'arrête pas et il poursuit en secouant frénétiquement une manche de l'hôtelier : « C'est ce misérable con de Voltaire, vilain conseiller, qui a osé parler de quelques arpents de neige. Bienvenue, jeune homme, mon beau cousin perdu, soyez chez vous dans votre mère patrie ! » En marchant vers la place Victor-Hugo, au pied du château, je l'entends qui grogne encore : « Roland, à tour de rôle, les intellectuels ont réussi à démembrer notre grand empire ! Quel malheur ! » Alors je me dis que Rachel va gagner, qu'il y a une France mélancolique qui pleure la grandeur perdue.

Je songe, mère, que j'oublie souvent de te narrer certaines anecdotes tant ce périple prend les allures d'une course à relais. Je suis pris dans une sorte de tourbillon maintenant. Par exemple, avant-hier, ces voisins de table du Saint-James qui mordent dans des chateaubriands bien cuits, deux Anglais, Rachel leur dit qu'on songe à aller en vitesse, vingt-quatre heures, à Londres qui est à deux heures de Calais. Eh bien, les voilà démontés : «No, no, n'allez pas là. Il ne faut pas. C'est horrible. Ce n'est pas intéressant. Londres ne vaut pas le déplacement. C'est un enfer. Tout coûte les yeux de la tête. C'est un enfer!» Rachel qui aime Londres sans l'avoir vu, insiste. Ils répètent. «N'allez pas là. Vous le regretterez. Restez en France, c'est un bon conseil!» A-t-on déjà vu pareil patriotisme! On n'en est pas encore revenus. Et quoi encore? La grande beauté de la Beauce, grenier de Paris, paraît-il. Et il y a tout ce que je lis dans les fascicules touristiques! Ces cahiers rouges ne suffiraient pas à te résumer tout ce que l'on apprend. Je vais donc continuer de ne te raconter que les événements qui nous frappent le plus, revenu au pays, je te raconterai les détails. Blois, Rachel est servie, c'est trois châteaux dans un. Le plus vieux, celui de François le premier, est en briques rouges et de dimension, je dirais humaine. Un gros logis de grand bourgeois.

Il y a une jolie cour intérieure, à gauche c'est «l'aile à Gaston», le petit frère royal qu'il fallait bien consoler et garder à vue! Pendant que Rachel mitraille l'étonnant escalier, «à vis» de pierre, les trois ailes puis, côté rue, la façade à loggia très Renaissance, j'ai suivi un groupe et son guide, un jeune homme fringant, maigre comme un clou. Au milieu des appartements d'Henri III, le voilà devenu bon acteur de théâtre. Il fallait le voir revivre le drame de cette veille de Noël 1588: «Penchez-vous, regardez, ces taches sur le parquet, ne serait-ce pas le sang séché du duc de Guise qui fut assassiné ici même ? » Il va se cacher dans une pièce voisine : « Ne bougez pas. Le duc condamné devait être assis là où vous êtes. Ses meurtriers devaient bien le voir d'où je suis. » Il va rapidement dans une autre antichambre : « Venez voir, le roi était caché ici. Il a tout vu ! » Quel cours d'histoire désennuyant ! Vivant ! Les visiteurs souriaient d'aise. Nous étions tous excités. Ailleurs, il nous demande de faire s'ouvrir les tiroirs secrets de Marie de Médicis, en écrasant des languettes de bois dissimulées dans les plinthes des murs. « Marie se méfiait de son fils, Louis le treizième, qui l'avait envoyée à Blois dans un exil qu'elle maudissait. » Le guide nous parle du cardinal qui menait « le bal » historique et je songe au temps québécois où le cardinal et les évêques menaient le Québec !

Dehors, Rachel se glisse dans l'escalier en tire-bouchon et cherche toujours les bons angles inédits. Je lui recommande ce guide-comédien. Elle me dit : « Te rends-tu compte qu'il ne me reste plus que quelques jours avant de rapporter mes photos à Paris ? » Maman, elle me fait un peu pitié, cheveux en broussaille, sueur aux tempes, déchargeant et rechargeant les rouleaux de films dans son Pentax. « Rachel, je me sens presque coupable de ne rien pouvoir faire pour toi ! » Elle me sourit : « Tu me conduis ! Tu es un excellent chauffeur ! Ça m'est précieux. Maintenant, viens, quatrième château, Chaumont, c'est pas loin, sur l'autre rive. Arrive ! » Nous aimerions mieux, Rachel comme moi, flâner dans les rues de Blois, examiner la vie quotidienne, écouter jaser les flâneurs des squares, les clients des bars, mais il y a la raison de ce voyage payé, le concours. Chaumont est fermé! Jour de relâche! Rachel se débrouille, elle grimpe dans les talus qui entourent le château. Elle fait ce qu'elle peut et me revient en déclarant: «Bon. Allons voir celui de Chenonceaux. Il est pas si loin.» Le château est pâle, lumineux, construit sur l'eau. Rachel est emballée. Elle croque le pont-levis, les alentours. L'eau la stimule. Toutes les femmes sont-elles un peu ondinistes? Je me souviens d'un vieux livre sur l'ondinisme par Havelock Ellis, sexologue avant la lettre et qui m'avait bien diverti. Je suis entré dans ce château. Rien. Ce n'est pas meublé. Je regarde par une fenêtre de la grande salle qui servit d'infirmerie durant la guerre et je vois Rachel couchée dans l'herbe, l'appareil-photo dans l'œil. Il fait un soleil radieux. De la belle glycine couvre les murs de toutes les dépendances et je m'imagine que si ce château est si joli, un bateau sur le Cher, c'est qu'il fut l'habitat de six femmes. D'abord, Catherine de Briçonnet, l'âme et la bâtisseuse de Chenonceaux, puis la belle veuve Diane de Poitiers, puis la festoyante Catherine de Médicis, puis, après l'assassinat d'Henri III par le frère Jacques Clément, l'inconsolable Louise de Lorraine, puis l'admiratrice de Jean-Jacques, madame Dupin et, enfin, la restauratrice madame Pelouze! Rachel, qui a fait le tour des Jardins de Diane et de Catherine, revient vers moi pour me dire: «On a peut-être le temps de se taper Amboise, non?»

C'est non! Trop c'est trop! Le soleil s'est couché. Je ramène Rachel à l'Hôtel du Château. Je lui explique qu'elle pourrait tomber malade à vouloir continuer à ce rythme de cavalerie légère la tournée des châteaux. Elle rit, admet qu'il faut relaxer. Nous avons «soupé» dans la grande salle de monsieur Roland. Bon petit menu. Au dessert, un énorme Munichois, plus large que notre cow-boy de l'Idaho, nous sourit, entouré d'une série de guides aux couleurs variées : « Quelles grandes merveilles que ces si mignons châteaux de la si belle Loire ? N'est-ce pas, mes bons amis ? » Il a l'accent que l'on donnait aux personnages allemands des films sur la Résistance des années 50. Pour bien savoir s'il est sincère et ayant entendu Rachel soupirer, je lui dis en songeant à l'éleveur américain : « Et le plus beau c'est qu'il n'y en a pas un semblable à l'autre. » Et voilà notre Allemand lancé, sa large épouse reste totalement muette. « Nous venons revoir tout cela chaque année depuis de nombreuses années ! Nous ne sommes pas encore rassasiés, voyez-vous ! Mon épouse vous le dirait si elle pouvait parler la belle langue de monsieur Molière ! »

Mais nous apprenons peu à peu qu'il s'intéresse davantage aux expositions florales qu'aux châteaux. La botanique est sa vraie passion. « Vous devriez aller voir près d'Orléans, une gigantesque foire de fleurs ! Gigantesque. Et je vais voir une autre exposition florale près de Tours. J'ai bien grande hâte, mes amis ! » Il ira voir aussi celle du Mans. Il se penche vers nous : « J'y vais seul car ma femme, elle, son grand bonheur, c'est de voir tous ces mobiliers anciens dans ces châteaux. Elle fait de petits croquis. Il y en a toute une malle dans la chambre. » Il voudrait nous entraîner dans cette chambre pour nous faire voir les herbiers qu'il constitue patiemment. Rachel dit qu'elle tombe de sommeil, bâille et s'excuse. Le géant de Munich nous menace maintenant d'aller chercher ses plus beaux albums de fleurs ! Nous nous

225

sauvons prudemment. Il nous suit, insiste!
«C'est impossible, il y a Azay-le-Rideau, Ambroise, Chambord, qu'il nous faut visiter sans
faute demain», s'excuse Rachel. Il parle encore
dans le hall à la fleur de lys quand Rachel, me
tenant la main, monte lentement en m'entraînant. Je me confonds en excuses qu'il n'écoute
pas.

Journée exténuante, mère, cathédrale, aqueduc, trois châteaux, dodo!

Dix-septième jour

Bonne mère,

Crois-le ou non, malgré la vitesse de cette croisière dans la vallée de la Loire, j'en suis arrivé à aimer les châteaux! Comment t'expliquer cela? Je suis comme hors du monde, loin, en dehors de la vie platonique. Je suis momentanément guéri de ma sempiternelle curiosité des gens. Ces visites aux merveilleux édifices des époques féodales, c'est une retraite. On ne voit plus personne. On ne voit pas vraiment les rares touristes d'avril. Ils ne comptent pas. Ils sont des ombres, comme des sosies. La seule chose qui existe c'est le château que l'on admire et ses jardins déserts la plupart du temps. C'est une promenade à la campagne. La nature et ses gros coffres aux trésors que constituent ces fastes demeures. Je me rends compte qu'il doit y avoir un certain grand bonheur à vivre, par exemple, dans un monastère, retranché du monde des vivants. Je me promenais, ce matin, sur les terrasses du château d'Ambroise et je méditais sur le sens de ma vie, prenant toutes sortes de bonnes résolutions quant à ma conduite future. J'ai aimé sa chapelle au « patron » des chasseurs, saint Hubert. Je laisse travailler Rachel en paix. Je suis le guide, docile, et plus ou moins attentif. Je me sens habité d'une grande sérénité. Nous avons filé vers le château de Beauregard, au bord du Beuvron, nous dirigeant vers Cheverny. Beauregard est situé sur l'autre rive, et Rachel l'a photographié de loin, en vitesse : « Il n'est recommandé dans aucun de nos guides ! » Arrivés face à Cheverny, c'est la surprise, rien à voir avec Blois, Chenonceaux ou Amboise, c'est un lieu net, clair, avec son imposant bâtiment classique de lignes, limpide. Rachel fait ses photos : « Je vais cadrer très sobrement, je ne me traînerai pas au sol, ici ! » Nous rions, le calme de tous ces sites semble avoir aussi apaisé Rachel. J'ai suivi un guide qui m'a semblé être descendant lointain de la famille Cheverny. Une partie du château, comme à Maintenon, est habitée par les propriétaires et ne se visite pas. Ce guide, un monsieur très noble, ne cesse d'avertir les visiteurs de ne pas toucher à ceci ou à cela, de ne pas marcher trop bruyamment, de ne pas hausser la voix. On en vient à avoir envie de s'excuser d'avoir osé pénétrer dans le domicile privé de gens qu'on ne connaît pas. C'est assez cocasse !

Une fois sorti de ce château qui est plutôt un logis seigneurial, je finis par retrouver Rachel photographiant pas moins d'une centaine de chiens de chasse. Tableau fort impressionnant ! « Tu vois, je vais probablement enluminer mon album de toutes ces magnifiques bêtes, la chasse étant « le sport des rois » pas vrai ? »

Enfin, un vrai château de contes de fées : celui de Chambord ! Une fête pour les yeux ! Tu peux imaginer des tours en quantité, des galeries, des arcades, des lanternes, des flèches et des clochetons. Le beau gâteau de fête ! Il n'y manque que les drapeaux, les oriflammes au vent ! Aucun mobilier au dedans, ce qui en fait un lieu plutôt sinistre, mais j'ai vu les deux escaliers en hélice jumelés de façon étonnante, et produisant une illusion d'optique, celle de voir quelqu'un descendre alors qu'il monte ! Je suis allé chercher Rachel pour qu'elle vienne constater le fait. Sur la terrasse, Rachel a pu jouer de gros plans tout à son aise. C'est le plus grand château de la Loire, quatre cent quarante pièces, huit cents chapiteaux, trois cent soixante-cinq cheminées. Le pactole pour ma photographe. J'étais allé me promener dans le jardin lorsque je l'ai entendue me crier sans honte : « C'est un beau château et toi aussi tu es beau et je t'aime ! » Et elle m'a croqué de sa galerie ! Rachel, habituellement réservée, éprouve parfois le besoin de faire de l'esbroufe. Elle n'en est que plus surprenante.

Nous sommes allés manger de bons gros steaks dans une sorte de pavillon de chasse restauré, Rachel a voulu me porter un dernier coup : « C'est fini la Loire, c'est assez ! Je pourrais faire un album seulement avec mon stock sur Chambord. » On rentrerait à Paris ? J'allais retrouver le cher Saint-Germain-des-Prés, terminer ma quête des lieux saints de l'art ! Non ! « Écoute, un dernier ! Un peu loin d'ici. Vraiment le dernier. On m'en a tant parlé ! Fontainebleau. Après on monte à Paris ! » Allons-y, maman !

Comme Chambord, Fontainebleau est une œuvre du glorieux François 1er, c'est la Renaissance qui chasse le gothique, c'est l'italianisme qui s'installe en force. Louis XIII, et Philippe le Bel avant lui, sont nés là. Lire « La cour du cheval blanc » ou « L'escalier en fer à cheval » sonne québécois à nos oreilles. En voyant l'ampleur de ce château, Rachel s'en est pourléché les « babines » et m'a dit : « Va visiter les intérieurs, j'en ai pour un sacré bon moment ! » J'ai ri : « Écoute, Rachel, le cow-boy de l'Idaho l'amateur de botanique de Munich, eux, c'est leur épouse qu'ils expédiaient vers les charmes de la décoration intérieure ! Et puis tu parles comme un terrassier qui aurait une sale besogne à expédier. »

Oh, maman ! Que de salles, que d'antichambres, cabinets, boudoirs, corridors, bibliothèques, bureaux, salles de jeux, et quoi encore ! Et partout des tapis, tapisseries, fresques, toiles, bibelots, des meubles à faire saliver nos antiquaires de la rue Notre-Dame ! Je suis tombé, hasard des horaires, sur un groupe de malades, apparemment très atteints d'arriération mentale. Malgré moi, j'ai été entraîné dans un cirque hallucinant. La pauvre jeune fille qui tentait d'informer selon ses normes habituelles aurait voulu s'arracher les cheveux. Plus on avançait dans la visite, plus elle accélérait son débit et ses déplacements, ce qui ne fit qu'engendrer un plus grand chaos, des rires inquiétants, des cris aussi et des pleurs d'énervement. Je ne pouvais plus entendre ce malheureux guide, et n'avais d'yeux que pour ces déments de tous âges, plusieurs en chaises roulantes, qui ricanaient bruyamment à la description d'un splendide plafond à caissons recouverts de feuilles d'or, qui grimaçaient devant une salle de hautes glaces renvoyant leurs effroyables mimiques. À chaque annonce d'un déplacement, c'était la pagaille la plus ahurissante, et les tentatives d'apaisement de leurs tuteurs, pas assez nombreux pour les contrôler adéquatement, étaient vaines. J'étais à la remorque d'un film de Peter Brooks ! Du Marat-Sade réactualisé. Les splendeurs de ces décors contrastaient avec cette misère humaine. J'étais déchiré entre la richesse, le luxe scandaleux du temps des monarques et cette détresse bruyante déclenchée par l'étalage de ce faste inhumain. Une visite que je ne pourrai jamais oublier, tu le comprendras facilement. C'était une sortie-visite qui me rappelait des scènes de *Vol au-dessus d'un nid de coucou*. Je suivais mais voulais fuir dans le même temps. J'étais fasciné, incapable de m'arracher à ce sordide combat de la culture récitée à des êtres humains mutilés, incapables de bien assimiler ce récit d'un temps non moins fou que l'état de leur esprit. Une jeune femme, affublée de plusieurs collets de fourrure douteuse, applaudissait à contretemps les indications de la guide qui bafouillait, déséquilibrée complètement par cet auditoire d'innocents surréalistes!

Une fois rendu dehors, j'ai raconté cette passionnante expérience à Rachel. Elle n'a rien dit, m'a tiré pour que j'aille admirer le canal, les oiseaux exotiques tout autour, puis m'a conduit vers un étrange pavillon de pierre moussue volcanique où l'on finit par apercevoir un homme et une femme nus si on regarde ces murs de grotte attentivement et longtemps!

Eh bien, tu vas croire que notre dix-septième journée était faite? Détrompe-toi, petite mère. Est-ce que, stimulée par un tel palais, Rachel en voulait encore un peu plus? Elle me dit en rangeant dans son sac un plan détaillé des jardins et des étangs de Fontainebleau: «Un gardien m'a dit, dans le jardin de Diane, qu'il y a un château magnifique et très peu publicisé, donc peu fréquenté et qui a été l'aiguillon qui piqua Louis XIV à construire Versailles,

231

c'est celui de Vaux-le-Vicomte, c'est pas très loin d'ici! Il faut y aller! Ce sera apprécié par le jury!» Oh oui, maman, Clément, ton grand Clément était en... sacrament! J'ai conduit en silence vers Vaux. J'aurais voulu me promener dans la ville tout autour du palais, aller me promener dans la forêt de Fontainebleau, voir le site des Gorges de Franchard, le lieu où Napoléon accueillit le pape Pie VII, là où François 1er accueillit l'empereur Charles Quint en 1539... rien à faire, il fallait que Rachel ajoute Vaux à son précieux album. Rachel, aussi muette que moi, ne fait que brasser la carte et marmonner: «à droite ici, la prochaine à gauche...»

Je n'ai donc pas le temps, maman, de parler de la vie réelle des villes que nous traversons. Laisse-moi te dire, pourtant, que si la France n'était que cet étonnant chapelet de vieux châteaux bien conservés, ce serait déjà un pays étonnant, unique au monde. Jadis, j'avais cru que ces châteaux n'étaient qu'amas de vieilles pierres, mais non, ils sont debout, bien droits, surprenants dans nos temps modernes, aux carrefours de riantes campagnes. Quel phénomène! L'après-midi s'achève, nous voici, en effet, devant un magnifique palais construit pour sa propre gloire par le ministre des Finances de Louis le quatorzième. Fouquet a une devise: «Jusqu'où ne monterais-je pas?» Ses armes: un écureuil. Quand il osa inviter son *boss* à voir l'ouvrage de Le Nôtre, de LeBrun et de Le Vau, il se fit arrêter par d'Artagnan, le valeureux mousquetaire, et fut accusé, à tort, de malversation, de gabegie et jeté en prison malgré la défense de son ami Jean de La Fontaine. On a dit que Fouquet, c'était le célèbre «Masque de Fer» de la légende! Nous sommes impressionnés par cette architecture élégante. Le soleil est bas et donne un relief doré chatoyant à ces jardins de buis sculptés en un bestiaire bizarre. Jaloux de cette beauté, Louis XIV commandera aux mêmes talents rares: Versailles. À Vaux, le ministre Fouquet, prédécesseur de notre Colbert si généreux pour le Québec naissant, fit d'abord raser trois villages. Et hop! que ça saute. Les puissants n'ont jamais eu à lésiner sur les moyens, maman, les agriculteurs des alentours de notre aéroport Mirabel l'ont su, pas vrai? Rachel charge son appareil et me recommande encore la visite guidée pendant qu'elle va concevoir ses images uniques. Mais il n'y a pas de guide à Vaux-le-Vicomte! Devant moi une horde de «Teutons» accompagnés d'un *Professor* tonitruant. Plus loin, une horde de Japonais bardés d'appareils... japonais, le nez aux plafonds de LeBrun. Et, mère, le monde est plus petit encore qu'on le dit, à mes côtés, surgissent les Dupois, le couple rencontré à la place Saint-Michel un soir de bisbille à loubards. Tu te souviens de la gueuse qui me siphonna mon café filtre avec son «Et ta gueule?» Je suis content de ne pas être seul. Nous parlons du prof «teuton» et de son cours assourdissant. Nous rions. Lui, l'avocat, m'avoue en avoir un peu par-dessus la tête de ces décors de richards. Me demande, apprenant notre infernale tournée de la Loire, si je suis proche de l'indigestion! Sa femme, l'étudiante en histoire du costume, le traite de béotien et m'envie d'avoir pu voir tant de châteaux. Lâche, et voulant paraître insatiable, j'ose lui dire: «On n'en verra jamais assez, pas vrai? Qui sait si on reviendra jamais en France?» Le jeune avocat de presque deux mètres de haut grimace et s'éloigne en ajustant une énorme lentille zoom accrochée au bout de sa Nikon. Sa jeune épouse me prend le bras et s'imaginant en terrain plus fertile me fournit des explications détaillées sur le mobilier et la décoration, elle s'est procuré un livret sérieux sur ce palais. Ensemble nous admirons des marbres rares, des plafonds chargés de rondes nuées comme des affiches de crème glacée dans le New York des années 40. Son babillage culturel me soulage de devoir lire les étiquettes placardées un peu partout sur les murs. Elle me confie : « Hervé déteste ces visites, mais il a accepté de venir à Vaux à cause de son amour pour La Fontaine. Je lui ai dit, et c'est la vérité, que le grand conteur avait composé ses fables ici dans ce château. Maintenant, il doit chercher partout sa chambre, son bureau. Il vient de lire sa biographie. » On peut entendre, invisible, le stentor germanique qui crache son cours. Nous ralentissons. Soudain, nous entendons une forte voix grésillante, empreinte d'une sainte colère, qui tombe des nues des plafonds de Le Brun : « Sortez vite de là ! Qu'est-ce qui vous prend ? Debout ! Retirez-vous ! Vite, sortez des câbles ! Vite ! Dépêchez-vous ! Qu'est-ce qui vous a pris ? » Je dis à ma compagne : « Ah ! sans doute un des jeunes Teutons iconoclastes du *Herr Doctor*. Nous nous avançons vers la chambre-bureau du fabuliste pour y découvrir l'avocat Dupois, les oreilles rouges, le teint pâle. Tout ébranlé, il vient vers nous et avoue : « Je m'étais installé audacieusement dans la chaise longue de La Fontaine et je m'apprêtais à vous accueillir en récitant *Les Animaux malades de la peste* quand la voix est tombée du plafond ! J'ai failli m'évanouir de honte ! » Éclats de rire de notre part mais, ça ne restera pas là, voici venir le gardien qui doit être aux moniteurs des caméras en circuit fermé que nous découvrons bien camouflées dans les moulures : « Non mais, monsieur ? Enfin quoi ? Monsieur ? Où vous croyez-vous ? D'où sortez-vous ? Des bois ? Ça ne se fait pas ! Jamais, je n'ai vu ça ! Aucun respect pour le mobilier national ? De quel pays arrivez-vous ? » Dupois pâlit de nouveau. Des visiteurs examinent le long olibrius. Le misérable vandale ! Il ne sait plus où se mettre. J'en ai le fou rire. Le gardien colle sur se talons, car il veut fuir : « Vous voulez me faire perdre mon emploi ? C'est ça ? Dites-le ? Apportez les meubles chez vous. Ne vous gênez pas, allez-y, servez-vous ! » Nous fuyons cet énergumène rempli de zèle pour Vaux. Dupois, énervé et humilié, nous dit : « Je vais aller faire mon jogging dans le parc. » Il part dans ses Adidas flambant neufs. Sa femme rit encore. On le voit qui revient vers nous et qui fait à voix basse : « Croyez-vous qu'on a le droit de courir sur le « mobilier national », ce jardin aux ifs taillés minutieusement ? »

Dehors, j'ai tenté de faire rire Rachel près des fontaines du parc avec cette histoire de gardien, elle m'a dit sans broncher : « Écoute-moi bien. On a le temps, avant que la noirceur prenne, de filer vers un dernier château qu'on pourra photographier demain matin. Compiègne, c'est pas si loin d'ici. On aura le temps de s'y rendre, on se reposera toute la soirée. Dis « oui ».

J'ai dit « oui ». Je veux qu'elle gagne. Et tant pis pour la région de Barbizon que j'aurais voulu voir, ayant aimé, un temps, les peintres naturalistes de ce coin de la France. « Il y a une belle forêt à Compiègne. Tu pourras aller t'y promener. Je te promets que ce sera le dernier, j'ai rayé La Malmaison à l'ouest de Paris et Saint-Germain-en-Laye. Le dernier, je te le jure!» Elle me fait un peu peur tant elle paraît éreintée.

Oui, mère, je t'écris cela d'une très confortable chambre d'un hôtel des bords de l'Oise. L'obscurité nous accompagnait quand on a atteint Compiègne. Bonne chose! Pas de clarté, donc pas de château visible et pas de photos pour une douzaine d'heures à venir. On a loué dans un hôtel du Quai de la République près d'une gare d'autobus. Le château se trouve de l'autre côté du Pont-Neuf.

Je me console en pensant que c'est le dernier de cette corrida visuelle. J'ai aimé les châteaux isolés, peu fréquentés, Chaumont, Chenonceaux, Chambord. J'aime moins les grands lieux pleins d'histoire où de gros cars à touristes, à fenêtres de vitre noircie, déversent des groupes de visiteurs sans arrêt. Qu'est-ce que ça doit être au beau milieu des vacances de l'été? Nous avons pris un excellent repas dans la salle à manger de notre hôtel. C'est plutôt étonnant, pour nous qui possédons tant de lacs à truites, de découvrir que ce poisson quand il est cuit d'une certaine manière, qu'il est arrosé d'une sauce savante, n'est plus une simple truite mais un mets à s'en lécher les doigts, à en laver son assiette avec un croûton de pain comme papa faisait pour tes fricassées maison dont il raffolait.

Maman, je ne sais comment te raconter ce qui va stopper brutalement ma Rachel dans sa course. Je tourne autour du pot. C'est qu'il y a du drame dans l'air de cette chambre. Tu sais peut-être que c'est ici, à Compiègne, qu'on a fini par arrêter la Pucelle. Une belle statue de la chevalière y a été érigée sur le lieu même de son arrestation. Ma Jeanne d'Arc aussi va connaître la défaite. Je te raconte ça. Dans le sombre salon de l'hôtel, le portier, sans uniforme distinctif, a l'air d'un strict huissier de Cour d'appel, mais il a du bagout. Sous ses dehors de sévérité, nous découvrons un être rempli de cordialité et d'une politesse exquise. Il n'est ni indiscret, ni prétentieux. Ce modeste employé d'hôtel s'exprime... aussi bien que notre motard « dont la machine grondait dans les virages ». Il a cette vitalité communicative dont je t'ai parlé plus haut. Hélas, c'est par lui que va venir le coup funeste qui va abattre ma jolie photographe. Patiente. D'abord, comme tant de Français qui nous ont paru sincères, il nous dit son grand désir de pouvoir un jour, à sa retraite, aller visiter cette « deuxième plus grande ville française au monde », Montréal, et aussi « la vieille citadelle de Québec. » Au temps de la Libération il a bien connu « deux valeureux soldats du régiment de Maisonneuve, du côté de Dieppe ». Nous lui offrons un digestif spontanément, ravis d'entendre un portier s'exprimer avec tant de faconde et de sympathie. Après un peu d'hésitation, il accepte et vient s'asseoir avec nous. Un client s'amène et, ayant capté des bribes de notre conversation, se présente avec cérémonie. Il est un *Canadian,* de Victoria, British Columbia, monsieur Elliott. Il se dit un « amant » de la « doulce France », un passionné de l'Empereur dont il suit, avec un manuel d'histoire, les pérégrinations. Le voici à Compiègne, donc, tout heureux d'être sur les lieux de la rencontre du « petit caporal » avec sa promise, Marie-Louise d'Autriche, nièce de la décapitée Marie-Antoinette, « le 27 mars 1810 »,

237

précise-t-il très fier. On lui parle de Saint-Raphël et de l'île d'Elbe. Il y est allé! Il est même allé à Sainte-Hélène. On lui parle des Trianon, à Versailles. Il a vu. Bon. Nous n'osons lui parler du tombeau de porphyre des Invalides. Il a certainement visité! Voilà que notre volubile portier ose parler du sang versé partout, des victimes innombrables de ces guerres napoléoniennes menées souvent par pur orgueil, de la cuisante défaite en Russie de l'imprudent Bonaparte, de la morne plaine de Waterloo. Notre impétueux et riche armateur tremble d'indignation et finit par demander carrément — il avait fait venir d'autres digestifs et des cigares —, à qui il a affaire, qui est ce dénigreur de héros. Oh mère!, j'aurais voulu que tu voies s'empourprer le blanc visage de monsieur Elliott en entendant le rabat-joie s'identifier comme étant le portier de nuit de cet hôtel! *Very shocking indeed*! Il a pris congé sur-le-champ, s'excusant vaguement en passant devant nous qui osions fraterniser avec un «valet». Le snobisme, maman, et tu en sais ma profonde détestation, est un mal répandu même dans nos démocraties modernes.

Le coup fatal allait être donné maintenant. Voilà que Rachel confie au portier l'objet de notre visite au château de Compiègne, le portier s'exclame: «Vous faites des photos de nos châteaux? Quel drôle de hasard! Il se tient justement, dans la plus grande librairie de la ville, une exposition itinérante, nous l'avons juste après Paris, de tous les livres et les albums illustrés consacrés aux châteaux français!» Le tonnerre serait tombé à nos pieds que ma Rachel n'aurait pas figé davantage! «Vous pourrez voir toutes ces merveilles demain. C'est dans la rue

Lazare, place Saint-Jacques. Les vitrines sont remplies de photos grandioses!»

Patatras, maman!

Rachel a prétexté une migraine et nous sommes montés à notre chambre silencieux et taciturnes. «Une folie! Une bêtise, cette idée des châteaux! Tu aurais dû m'arrêter. Où est-ce que j'avais la tête? Tu l'as entendu? Des douzaines et des douzaines de livres illustrés! J'étais folle. Et tu ne disais rien, toi. Je t'avais pourtant prévenu qu'il fallait que j'évite à tout prix les stéréotypes et les «clichés» à touristes. Tu ne disais rien!» Je ne sais plus où me mettre. Rachel est au bord des larmes, a lancé un tas de bobines de film au fond de la chambre. Elle enrage! Elle s'est jetée en travers du lit, vidée, dégonflée, découragée. J'ai tenté tout à l'heure de la consoler: «Si on y met de beaux grands morceaux de littérature, des noms d'auteurs prestigieux, je fouillerai à la Bibliothèque nationale. Je consulterai DesOrmes!» Ça ne colle pas! Il n'y avait plus rien à dire, à faire. Elle a sombré dans un profond sommeil, fuyant ce cauchemar éveillé. Je me suis relevé du lit pour te relater cette journée qui se termine plutôt tristement. J'ai jonglé à une échappatoire: si elle utilisait des techniques modernes de laboratoire?, il y a tant de trucs de nos jours. Ses châteaux pourraient peut-être être développés avec du *high contrast* ou en monochromie, ou encore lavés de lumière crue. Ces reliques en deviendraient des images modernes? Je lui en parlerai demain.

Je retourne près d'elle. J'ai sommeil, moi aussi. Un choc émotif est souvent un efficace somnifère. Je crains de rêver à des salles du trône, à des aliénés qui ricaneraient dans de longs couloirs lambrissés d'acajou ou tapissés de

glaces déformantes, à des gardiens menaçants,
à Jeanne d'Arc blessée que l'on emprisonne ici
à Compiègne, à des tonnes d'albums de photos
de châteaux qui m'enterreraient vivant.

Oui, ce soir, maman, ma machine gronde
énormément dans ce virage!

Dix-huitième jour

Maman,

Ça va plutôt mieux! Ce soir, t'écrivant ceci, je suis revenu dans mon cher Paris. En arrivant aux Saints-Pères, tantôt, aucune chambre de libre. «Tu aurais dû téléphoner de Compiègne pour réserver!» m'a dit Rachel. Elle avait raison. Je croyais qu'il y avait toujours de l'espace à louer dans ces petits établissements éloignés des grands boulevards. Je me trompais. Heureusement qu'au petit hôtel voisin, dans cette même petite rue, on a trouvé une chambre. L'Hôtel Pas-de-Calais que ça s'appelle. À peine un peu plus «bourgeois». La chambre est moins grande, ce n'est pas trop grave, il ne nous reste plus que quelques jours de ce «congé payé» par les Affaires étrangères. Les subsides ont fondu. On y va pas mal de notre poche maintenant! La salle aux petits déjeuners est doublée d'un petit salon où il y a un gros téléviseur couleur, le tout, à gauche du couloir, en entrant, et on y a aperçu tantôt une sorte de grand music-hall télévisé, un concours de talents organisé avec les neuf pays de la communauté européenne. On a bu du bon cognac. Rachel va mieux. Elle a avalé sa déception sur les châteaux. Je vais d'abord te raconter cette dix-huitième journée en la «maman-patrie ». Ce matin à Compiègne, Rachel s'est levée plutôt radieuse. « Clément, la nuit porte conseil, dit-on et c'est souvent vrai ! Demain, c'est jour de rentrée des photos et j'irai porter, avenue Kléber, mes photos de Provence. Mon idée de « Rome en France » était la bonne ! » « Je suis d'accord, tout à fait d'accord ma grande ! » Elle chantonne dans la salle de toilette, me lance : « Adieu veaux, vaches, châteaux, ce sera aqueducs, arènes, fouilles ! » J'étais ravi de la voir, une fois encore, capable de se retourner en vitesse. Elle est d'accord pour des légendes faites d'extraits de *La Guerre des Gaules* de César. « Rachel, tes jurés aux cheveux blancs ou sans cheveux ont sans doute fait des études classiques, on devrait laisser ces textes en latin ! » Elle est tout à fait d'accord et vive « les humanités » de nos vieux collèges-petits-séminaires-pépinières-à-prêtres du Québec d'antan. On respire le bonheur et cela contraste avec le chagrin qui m'avait fait m'endormir très tard. Aussi, je bâille fréquemment et je me recouche pendant que je l'entends barboter dans la baignoire comme une bambine, elle chantonne toujours.

J'ai songé à ces études de grec et de latin. J'aimais traduire, faire ce que l'on appelait des « versions », si j'ai détesté les « thèmes », c'est-à-dire mettre en latin ou en grec des textes français. Je me souviens du plaisir de découvrir dans d'immenses et anciens dictionnaires latin et grec, hérités de l'oncle missionnaire en Chine, de longs passages traduits d'une coulée qui m'évitaient le « piochage » mot à mot. Mes compagnons de l'Externat Saint-Sulpice de la rue Crémazie m'enviaient mes énormes « livres magiques » que je ne prêtais gratuitement qu'aux bons amis de ma bande. Te souviens-tu, maman, de grand-mère Lefébure, ta maman, qui te répétait que je ne ferais pas un simple prêtre, mais que je serais sans nul doute le premier pape canadien-français? À ce sujet, tout à fait entre nous, je me demande souvent comment il se fait que je n'ai jamais nulle envie d'entrer dans une église pour au moins une courte prière? À Chartres ou à Rouen, l'idée de prier ne m'a pas même traversé l'esprit un court instant. Pourtant, j'ai tant prié jeune, nous avons été élevés dans les prières et le calcul minutieux des indulgences. J'ai quitté ma communauté en 1970, et il me semble que ça fait cent ans déjà! Est-ce que ces milliers et ces milliers de religieux québécois comme moi, de prêtres qui ont défroqué depuis dix ou quinze ans, ne prient plus jamais? Tu te souviens de mes crises de mysticisme, de cette époque où j'étais allé m'enfermer au monastère de la Trappe des Cisterciens d'Oka? J'allais devenir le Rouault de la céramique! J'arrive encore mal aujourd'hui à m'expliquer ce grand virage. Comment me suis-je décidé? Et pourquoi au juste? Je ne sais pas. Comment cette «foi de charbonnier», qui habitait la majorité des Québécois, a-t-elle pu, si soudainement, s'écrouler? La réponse est dans la question, vas-tu me dire. Je sais que je peux parler avec toi de cette façon, tu n'as jamais été «une grenouille de bénitier», comme disent les Français quand nous, nous disions «une rongeuse de balustres». Avec papa, c'était impossible, un mot de travers sur le sujet de la religion et il étouffait en protestations scandalisées. Maintenant que son esprit vogue dans l'éther vers la lumière convergente, que je nomme encore Dieu, faute d'un autre vocable, j'espère qu'il découvre en souriant toutes les folichonneries inventées par certains « Pères de l'Église » et autres savants théologiens. C'est lui, papa, qui m'avait pistonné et poussé vers cette vocation religieuse. Je me souviens mieux, maintenant, à l'École du meuble, devant les beaux nus féminins, modèles très vivants, de mes envies de laisser tomber cette « éducation » entièrement défrayée — nous étions si pauvres — par ma communauté de frères. Mais j'ai eu du bon temps, j'ai tant aimé « mes » enfants, tous mes élèves... Bon, assez! Ce matin, petit déjeuner avec vue sur l'Oise. Je m'ennuie de plus en plus des œufs, bacon et rôties! Sortie ensuite vers le Pont-Neuf. Refus de Rachel d'aller voir la grande exposition des albums d'art sur les châteaux! La cavalcade est terminée. Fini le trot et le galop. Rachel a retrouvé le pas relaxant de la promenade. Elle n'avait même pas apporté son appareil. On a vu la statue de Jeanne d'Arc, l'Hôtel de Ville de Compiègne, une fête pour l'œil, ce bijou d'architecture flamboyante, construit de 1502 à 1510. On a vu la belle colonnade du cloître ancien de saint Corneille! Un saint totalement inconnu des Québécois, est-ce possible? Il restait le château à l'horizon, Rachel se cabrait! On l'a regardé, de loin, assis à une terrasse, buvant des apéros. Dans un dépliant, nous avons lu qu'il s'y trouvait le plus important des musées de voitures, des chars romains jusqu'aux carrosses « modernes » des années 1800. Mon amour des autos... Rachel a consenti qu'on y aille au château! Cette visite au rez-de-chaussée de certaines ailes du château, eh bien, elle nous a rendus de fort bonne humeur. Ce fut un divertissement curieux. On a eu affaire à un guide plus étonnant encore que « le mathématicien » bossu de Notre-Dame, que le récitant distrait aux fenêtres de Maintenon, que le tragédien de Blois, que la pauvresse désarçonnée de Fontainebleau. C'était un court-sur-pattes au soufle court, la morve au nez et, surtout, d'une vitesse inouïe. Il a mené le groupe à un train d'enfer. Les touristes de Compiègne en étaient estomaqués! On en riait encore tout à l'heure, Rachel et moi, rien que d'y repenser. Arrivés dans la cour du château, derrière l'affiche marquée « musée des voitures », après quelques minutes d'attente, ce fut l'apparition de ce gnome aux gestes saccadés et à la voix de fausset. Tout au long de sa visite express, il ne nous a pas regardés une seule fois, nos réactions ne l'intéressaient pas, il ne faisait que lorgner d'un œil las tous ces carrosses alignés. Je vais tenter de t'entraîner, à sa façon, dans sa ronde infernale et reconstituer plus ou moins fidèlement ses boniments captés tant bien que mal tant notre météore filait sans nous attendre, sans une seule halte, un seul petit instant de répit. Un vrai fou! « Bienvenue, 'dames et 'sieurs, nous commençons. Ce musée est le plus complet du monde. Nous allons faire ça rapidement. D'autres groupes attendent dans la cour. Suivez-moi. » Déjà il avait pris ses distances. « Admirez ici, dans cet ancien salon du château, des équipages royaux. Voyez aussi ces berlines des années 1700, leurs peintures faites à la main, voyez aussi leurs sculptures avec dorures parfois. Remarquez aussi les maquettes qui reproduisent ce qui n'a pu être conservé, hélas. » On n'a pas pu admirer. Il filait loin de nous. Il se mouchait tout en parlant et, de loin, nous l'entendions parler tout seul: «Sous cette splendide verrière, dans cet ancien hall, admirez plus de cinquante voitures différentes. Ici, une berline espagnole à l'usage des souverains d'Espagne, 1740. Ici, une berline papale de Bologne. Berline « Napoléon » quand il est entré dans Compiègne, 1796. Là-bas, des voitures de voyage, XVIIIe et XIXe siècle. Remarquez celle-ci, elle fut du désastreux voyage en Russie de notre Empereur. » Une folie, maman ! Le gnome poussif courait sur ses jambes minuscules : « Un coupé. A servi au duc d'Angoulême lors de la campagne du Trocadéro, a servi aussi au maréchal Maison. Et voilà des *mail-coachs*. Des chars à bancs. Un omnibus Madeleine-Bastille, ici. Et là, des coupés d'Orsay. Voyez maintenant des berlines de gala, vraies splendeurs, mesdames et messieurs. » Nous tentions, presque en courant, de le rattraper ! « Voyez celle de Napoléon III. Celle du président de la République. » Il filait, il filait, dieu Mercure de ces vastes entrepôts, se gourmant, renâclant, toussant, reniflant, morvant, se remouchant sans cesse. Une petite tornade nous précédait. Tout le groupe était énervé, exaspéré, essoufflé, sur les genoux, perdu, et surtout frustré ! Le démoniaque petit lutin voltigeait : « La fameuse Mancelle de Bollée, 1878, une diligence à vapeur », et il me semble que de la vapeur allait lui sortir des narines ! J'ai osé crier : « Un instant ! » Il ne m'a pas entendu. Le machiavélique et sadique s'éloignait de plus belle, enchaînant : « Machine à la silhouette fascinante, l'avez-vous constaté ? On a du mal à la voir fonctionner sans les chevaux ! Dépêchons. Voici une auto-chenille Citroën, venue de la Croisière Noire, 1924. Par ici. Le wagon-salon du troisième Napoléon. » J'avais envie de ne plus le suivre, mais il n'y avait aucune pancarte d'affichée. Ma passion des voitures était piétinée par ce court Percheron enrhumé. «Nous voici dans les anciennes cuisines du château, admirez maintenant l'ancêtre de nos voitures, une De Dion, à vapeur évidemment. Une Panhard avec moteur, le premier moteur automobile au monde! Ici, une Daimler à quatre temps. Une Bollée-fils, 1895, qui a fait la course Paris-Marseille. Admirez ensuite la série des Bouton et des Trépardoux. De grandes téméraires dont la «Jamais Contente», 1899, la première à faire du 100 kilomètres heure!» Quand il décrivait la De Dion, il était devant la «Jamais Contente» et le groupe, pas content du tout, était à la Mancelle de Bollée! «Voyez la petite Renault 1900, quatre chevaux-vapeur, première conduite intérieure!» Je ne l'écoutais plus. Rachel, pas très intéressée par les voitures, riait aux larmes. On regardait les moteurs à vapeur, à explosion, électriques et nous entendions de moins en moins l'énergumène. Puis, il y eut trois salles remplies de vélocipèdes, dont les comiques «draisiennes» que l'on «partait» à force de coups de pied au sol! Nous tentions de mémoriser des bribes de sa récitation pour le moment où nous parviendrions aux machines qu'il décrivait, exercice fastidieux en diable! Nous regrettions les cartons épinglés du château de Vaux-le-Vicomte, avec ou sans caméras camouflées. On a vu, sans explication, toutes sortes d'inventions, côté bécanes, grandes roues avant pour plus de vitesse, premières transmissions, à chaînes énormes. Au sous-sol, salles remplies de belles voitures sportives du début des années 1900. À un étage, on a fini par revoir le guide qui avait dû s'arrêter pour une grande «moucherie», il courait toujours entre des voitures

247

pour la chasse et pour la promenade. On a pu apercevoir ensuite, rapidement toujours, un chariot turc, des charrettes siciliennes, des cabriolets italiens, hollandais. Des traîneaux russes, et là nous étions en pays de connaissance. Il y eut le défilé quasi kaléidoscopique des chaises à porteurs, des litières, des palanquins à la mode orientale. C'était fini les moteurs, ces véhicules fonctionnant à l'huile... de bras et de jarrets, comme on dit au Québec. Le guide retira sa casquette, s'épongea le front de son mouchoir plutôt souillé et remercia pour les oboles réticentes qui tombaient dans son casque à palette renversé. Ouf! « Le plus étonnant bolide de cette expo, c'était lui », me dit Rachel toujours rieuse mais les pieds très éprouvés par ce marathon étonnant!

Nous sommes retournés à notre terrasse pour manger quelques sandwichs et Rachel a fini par consentir à aller jeter « un petit coup d'œil » aux livres exposés chez le libraire du centre-ville. On a revu l'Hôtel de Ville, sa statue de Louis XII en plein fronton, la même que celle de Blois, là où on fait entrer sa voiture dans le hall! L'Hôtel de Ville a une flèche hautaine, des clochetons, de petits personnages que l'on nomme des « Picantins » et qui sonnent les heures et même les quarts d'heure. C'est joyeux comme tout. On y annonçait — il y a toujours des expositions partout en France, maman — quatre-vingt-cinq mille soldats miniatures! L'affiche disait: « Tous les uniformes militaires à travers les âges! » Te souviens-tu, maman, de ma jalousie pour le petit voisin André Desbarrats et ses régiments de soldats de plomb? T'ai-je assez suppliée de m'en acheter? « On n'a pas les moyens, tu n'es pas le prince de Galles. On n'est pas des Rockefeller!» Les ai-je entendues ces explications durant toute mon enfance? Pauvre maman, je ne comprenais pas encore qu'il y ait des enfants avec des régiments et d'autres sans! Tu me disais: «Sois gentil avec le petit Desbarrats et il te les prêtera!» J'ai un peu insisté mais Rachel n'a pas voulu visiter: «Moi, les guerres, les militaires, miniatures ou pas, ça m'attriste!»

Nous sommes allés chercher nos malles à l'hôtel, le portier de jour, les nouvelles vont vite!, nous a dit: «Alors terminées les visites de châteaux?» Rachel a souri, elle compte désormais sur «Rome en France». Rachel réglait la note au bureau quand le grand sec loyaliste de la Colombie-Britannique m'a croisé, faisant comme s'il ne me voyait pas, un *Time* sous le bras. Je lui ai dit: «Le château, ici, il est intéressant? Meublé ou vide?» Il a soulevé un peu ses lourdes paupières fripées: «Well, quand on en a vu un, vous savez...» Il y a aussi des cow-boys au bord du Pacifique?

Nous avons roulé rue Poincarré, puis rue d'Amiens et on a pris la route du Mont du Tremble, car, avant de rentrer à Paris, nous avons eu le goût de voir un peu de nature sauvage. Un mal du pays? Nous avions décidé de voir de quoi ça avait l'air ces «forêts domaniales» de France. Il y en a quatre autour de la capitale, dont celle de Compiègne. Une carte très détaillée nous montrait les divers chemins qui la traversent ainsi que les «rus», sorte de ruisseaux clairsemés d'étangs. Nous avions l'impression d'être dans un grand parc, notre idée d'une forêt, à nous Québécois, ne peut s'ajuster à ces jolis boisés de hêtres, de chênes, de châtaigniers et de peupliers. Il n'y a ni routes bien pavées, ni sentiers entretenus avec soin dans nos forêts du Québec. Tu comprends, maman, c'est la France, la main de l'homme a passé ici, a tout organisé, tout arrangé, même la forêt est civilisée! Soudain, au milieu des bois, c'est ça la France, un musée encore! « La clairière de l'Armistice. » On y a visité une reconstitution fidèle du wagon-salon du Maréchal Foch qui rencontra ici, en 1918, les plénipotentiaires venus d'Allemagne pour signer une reddition qui sera sans conditions. On a vu la statue de Foch, et aussi des photos, des documents, des accessoires historiques. Aucun placard, toutefois, ne rappelle aux Français que le chef des nazis, Adolf Hitler, vint ici, en 1940, faire signer un autre armistice, moment humiliant s'il en fut! Fierté française qui « gomme » les désastres nationaux avec une pudeur pas très scientifique.

Nous avons roulé, tout doucement, de carrefour en carrefour forestier et nous sommes tombés sur un chemin bordé de voitures en stationnement. C'est qu'il y avait, pas loin, en forêt, un concours hippique. Rachel, qui raffole des chevaux, m'implore de stationner. « T'as pas voulu voir les soldats de plomb, pas de chevaux, madame! » Elle proteste, implore et, en riant, je fais marche arrière, j'y arrive assez vite désormais. Quelle oasis! Quelques modestes gradins de bois, un parc-carrousel avec les obstacles classiques. Des bêtes splendides qui attendent leur tour, des cavalières et des cavaliers anxieux et fiers. On va s'asseoir avec les spectateurs. Nous sommes de nouveau tout à fait détendus, heureux, reposés. Vraiment en vacances. J'écoute les commentaires les plus divers. On suppute les chances de gagner des envoyés de l'école de Saint-Cyr, de ceux de la Gendarmerie à cheval. Je regarde des enfants qui sautent entre les clôtures, des parents qui les grondent et les menacent. C'est un spectacle tout simple, celui de la vie ordinaire, celui d'une France qui n'a plus rien à voir avec celle des seigneurs et des serfs exploités, celle des capricieux et mégalomanes monarques dont les forêts étaient leurs fiefs privés et très réservés. Le soleil baissant joue à cache-cache dans les vieux pins derrière le kiosque du crieur des courses. Tout le monde, ici, se connaît, s'interpelle, ils sont entre parents et amis. Il n'y a plus d'Allemands, de Hollandais dans de gros cars de luxe. C'est la paix. Nous nous embrassons, calmés, rassérénés, heureux d'être ensemble dans cette petite foule familière. Au sujet des châteaux, je me souviens de l'acteur-auteur Sacha Guitry qui disait avec un certain bon sens : « On a parlé beaucoup du gaspillage des rois de France, mais à voir les revenus générés, et pour toujours, par les visites touristiques on peut se demander, Français, si ces rois ne nous mettaient pas notre argent « de côté » pour notre profit futur ! »

Le soleil très bas à notre droite, nous filons vers Paris. Paris, maman, vas-tu le croire ?, dont je m'ennuyais déjà ! Cette « petite vieille » est attachante ! Bon : nouvelles hésitations devant... les portes. Porte de Pantin, porte de la Villette, porte d'Aubervilliers ou porte Saint-Denis ? Je sais qu'au sud, il y a la porte d'Orléans, c'est tout ce que je sais. J'ai tourné sur le fameux « périphérique » au sein de ce trafic d'enfer au milieu des diablotins en petites voitures. Toujours surveiller « sa » droite, et, miracle, je tombe sur l'avenue du Général Leclerc et j'attrape le boulevard Raspail et j'aperçois un nom de rue qui m'est familier : « de Sèvres ». J'y fonce. J'ai réussi, encore un miracle, à stationner dans notre chère petite rue des Saints-Pères. Une aire marquée d'un grand X à la peinture blanche. Ça doit signifier quelque chose, ce « X », mais tant pis !

Une fois que nous avons trouvé cette chambre au Pas-de-Calais, nous avons vite défait l'essentiel de nos deux grosses malles. Le cognac. Le bain. Et nous revoilà, Paris. Nous voici, frais et dispos, sortant de la forêt de Compiègne, et très excités de fouler de nouveau les vieux pavés de Saint-Germain-des-Prés. « C'est fou, hen, me dit Rachel, d'avoir déjà séjourné quelques jours ici fait que je me sens comme chez moi ! » J'éprouve cette même agréable sensation. Si un jour, par pur hasard, nous avons la chance de revoir Orange, Nice, Saint-Rémy, Rouen, Versailles, nous éprouverons sans doute cette même sensation. C'est le plaisir de retourner à New York ou à Boston quand on y est déjà allé. Nous marchons bras dessus, bras dessous dans le quartier de notre hôtel avec cette assurance que nous déployons dans notre Quartier Latin, coin Saint-Denis et de Maisonneuve ! Il ne nous reste plus que cinq jours, à peine, mais on se fait accroire qu'on est revenus pour des semaines, voire des mois. J'écris cela, maman, et je songe que tu n'as jamais connu cette liberté, que tu nous as toujours eus tous les sept accrochés à tes jupes, que ton labeur de Sisyphe féminin te mangeait toutes les heures de tous les jours de ta vie de jeune femme. Je ne trouve pas ça juste. Me voilà, ce soir, bourré de culpabilité, n'aurais-je pas dû insister pour que tu nous accompagnes, toi qui aurais tant mérité ce voyage ? Certes il y a Rachel, il y a cette femme dans ma vie, « une femme bien trop jeune pour moi », m'as-tu répété souvent parce qu'elle a presque dix ans de moins que moi. Mais, j'y repense, il y a eu cette course-aux-châteaux, tu n'aurais pas pu!

Demain matin, dix heures pile, Rachel devra remettre ses bobines de photos aux bureaux du Concours. Après ce sera l'attente. Le suspense. Une journée et demie d'anxiété! Elle m'a dit qu'elle se sentait calme, qu'elle n'y tient plus, qu'elle se fiche bien de perdre et même : « Je suis sûre de pas gagner, ça va être la Suissesse conseillée par l'expert Lazari! » Est-elle vraiment détachée de l'issue du concours? Comment savoir? Elle est gaie. D'excellente humeur.

Les lampadaires s'étaient allumés dans les rues et, tiraillés par la faim, nous avons fini par élire le petit restaurant des Saints-Pères qui fait le coin de notre rue. Nous avions lu le menu affiché dehors et cela semblait une cuisine toute simple à des prix raisonnables. Immédiatement, dès que nous avons poussé la porte d'entrée, nous avons su que nous ne regretterions pas ce choix facile : de bonnes odeurs, une ambiance modeste et authentique, pas de flonflon! On se serait cru chez les Desforges de Champagnole ou à l'Hôtel de Mâcon, mais il n'y a ni toilettes turques ni serveuse aux mains pleines de pouces, ni maître d'hôtel plaquant des accords de forcené. Quelques tables avec des nappes à carreaux dans deux petites salles. On nous installe à la dernière table libre qui donne sur le boulevard. C'est l'heure du « dîner » à la française, huit heures et demie. À la table voisine, je te jure, maman, que le monde n'est pas vaste du tout, nous reconnaissons celui qu'on peut voir presque tous les soirs à la télé québécoise : Gaby-Bernard Verreau lui-même. Rachel lui sourit et je fais de même. Quoi? ces animateurs des actualités télévisées doivent bien se douter qu'à force d'entrer dans nos maisons, via le petit écran, nous avons l'impression qu'ils sont de nos intimes, de bonnes vieilles connaissances. Il répond à nos sourires par cette drôle de petite grimace qui lui tient lieu de sourire, tu sais bien, quand il dit : « À demain, mesdames, messieurs. » Il jette à Rachel de sa voix neutre, froide et impartiale : « Vous êtes du pays ? » Nous nous sommes présentés sans plus, bien décidés à foutre la paix à quelqu'un qui est allé prendre l'air en France pour se reposer de tous ses bulletins « sinistrosés ». C'est lui qui insiste pourtant pour coller sa petite table sur la nôtre. Et ça n'est pas long que le haut-parleur de notre journal télévisé s'élance dans un flot de paroles étourdissant. Faut croire qu'il avait envie, ce soir, de se confier. Il nous parle surtout de son métier « stressant au paroxysme », des secrets mal gardés de sa « bizarre profession ». Au début ce ne fut que potins légers, puis il nous a parlé des ragots malsains qui courent à son sujet, ensuite il a glissé, avalant « rouge » sur « rouge », dans la plus noire des mélancolies. Dès après le potage des Saints-Pères, il nous déclarait : « Le public s'imagine qu'on mène la grande vie. Si on savait. C'est une existence de chimères avec des horaires à détraquer le plus équilibré des êtres humains. Nos petits « patrons » sont des chiens couchants schizophrènes et archiprudents. Des larves devant les politiciens, les Chambres de commerce et les chefs des grandes centrales syndicales. On nous oblige à devenir des robots, des poupées mécaniques. Je suis écœuré, mais je ne sais rien faire d'autre depuis toutes ces années que je suis là ! » Pourtant, mère, il mangeait avec un appétit étonnant ses «rognons sauce moutarde». La bouche pleine, il continua: «Je n'ai plus d'appétit pour rien dans l'existence. Vous devez me comprendre. Je n'avais plus de cœur pour sortir, aller au cinéma ou au théâtre. Pareil pour les sports, j'aimais le ski de randonnée, le tennis. C'est fini. Ma femme en est venue à me tromper et je l'ai comprise. J'en ai fait autant, alors, elle s'est décidée à me quitter et je m'y attendais. Je n'arrivais plus à lui faire l'amour, même très occasionnellement. Trop de télé rend fou, mes amis, des deux côtés de l'écran cathodique! On doit vivre, à perpétuité, au beau milieu de tous les malheurs de la planète, au cœur de toutes les catastrophes locales, régionales, nationales et mondiales! Appelez-vous ça vivre, vous autres? Un cauchemar, le métier de répandre les mauvaises nouvelles! Un cauchemar, tabarnak!» Au dessert, qu'il a avalé gloutonnement: «Il y a la structure de notre service, un organigramme pour malades mentaux, tous ces régisseurs, ces chefs, ces sous-chefs, les petits cadres, les grands cadres, un bordel! Vous entendez? Un bordel où tout le monde tente de se planquer à l'abri du moindre blâme de tous ces putains de *lobbies* des «corps intermédiaires», égocentriques et paranoïaques. Ah! mes enfants, c'est la tour de Babel à perpétuité. Envoyez-nous le plus sain des reporters, le plus sensé des journalistes et, en un mois, la télé d'État à Montréal vous le transformera en bilieux hypertendu, en maniaque pris d'hépatite incurable. Certains soirs, on a envie de vomir d'avoir réussi à ne pas froisser les susceptibilités des associations de parents, de féministes, de gais, d'écologistes et mettez-en. On a envie de se tirer une balle comme dans le film *Network*. Je vous jure ! »

Devant tant d'acrimonie accumulée, le café s'amenant, monsieur Verreau fit enfin une pause mais on est restés muets un long moment, tant de monde envie ces « stars » du petit écran domestique. J'ai risqué, pour rompre le silence : « Avez-vous l'impression, monsieur Verreau, que c'est mieux à la télé publique française ? » Il a failli s'étouffer dans sa tasse et m'a vivement saisi un avant-bras : « Ici, c'est dix, cent, mille fois pire ! » Mais le malheur des autres... Il restait amer et reprit son lamento de fonctionnaire des ondes hertziennes. Entre deux de ses longs soupirs. Rachel, sans doute pour lui changer les idées, lui parla un peu de son « Grand concours de photographie amateur des pays de langue française » qui prenait fin le lendemain matin. « Ma pauvre fille, dit Verreau, vous ne gagnerez pas, mettez-vous ça tout de suite dans la tête. Le chauvinisme européen ne peut pas le permettre. » Il se pencha comme pour un secret d'État : « Et puis êtes-vous au courant que les Français ont fini de nous bichonner ? Qu'ils en ont ras le bol de tous ces « petits génies » qui débarquent venant du Québec. » Il ricana : « Il faut avouer qu'on y est allés un peu forts, les accompagnant chaque fois d'un paquet de subventions en tous genres, de « campagnes » publicitaires disproportionnées par rapport à la « marchandise ». » Ensuite il reprit son discours rageur face aux tracasseries de son milieu de travail. À mon tour, pour faire diversion, je lui parlai de nos Services culturels, où il y a plusieurs lancement chaque mois. « DesOrmes ? grogna-t-il, c'est un snob, un mondain déraciné et son chef, Michomifrette, un vaniteux mégalomane. Tous ces représentants de Québec ou d'Ottawa qui « se pognent le cul » à Paris, aux frais des contribuables, ne font que courir les cocktails. Ce sont de fieffés paresseux, des impuissants dangereux. Demain matin, si j'étais du gouvernement, je fermerais toutes ces ambassades ruineuses et je donnerais des contrats de pigistes à des agences de publicité compétentes. Ça donnerait des résultats concrets ! »

Comme tu peux le constater, maman, notre homme n'avait rien d'un *jolly good fellow*. Son pessimisme ravageur commençait à nous donner le cafard. Et un début de migraine, quant à moi. J'ai fait venir l'addition en vitesse : « Vous nous excuserez, monsieur Verreau, on a marché la forêt de Compiègne tout l'après-midi... » Il se redressa : « Je m'en vais moi aussi. On m'a loué une chambre au Castiglioso, rive droite, c'est à périr d'ennui le soir. J'avais demandé l'Hôtel Lutetia, mais les gérants de mon service font toujours tout pour nous contrarier Je suis venu pour une rencontre des P. L. F. à un colloque de l'A. F. A. T. » On ne lui a pas demandé de nous traduire ces sigles, craignant encore ses propos moroses. Nous nageons, maman, dans une mer d'alphabets avec tous ces sigles. Il a voulu nous offrir un verre dans le salon du Pas-de-Calais ! Rachel lui a dit : « On ne peut pas, on a un rendez-vous à une terrasse. » Il nous a fait ses adieux : « Ça m'a fait du bien d'entendre parler d'autre chose que du métier, merci ! Et bonne chance quand même, mademoiselle ! » Il avait toujours ses grands yeux las, d'une détresse incommensurable.

Au téléphone, plus tôt dans la journée, nous avions arrangé un rendez-vous avec les Dupois, au café des Deux-Magots, notre terrasse de prédilection. Nous espérions leur « présenter » le jeune automate-mime, le poète qui récite sur le Labrador lointain, le serveur aux mensonges existentialistes. Quand nous sommes arrivés à la terrasse, ils étaient déjà installés, nous gardant précieusement deux chaises dans un coin stratégique avec vue vers la rue de Rennes et le boulevard Saint-Germain. Hélas, ne s'y trouvaient ni le serveur au crâne chauve, ni l'imitateur des badauds, ni l'imprécateur au rouge foulard! Une grosse déception. Un serveur, maigre à faire peur, avec des lunettes si énormes qu'elles lui tenaient lieu de visage, nous raconta : « Ils ne sont plus là, vos romanichels favoris, et il faut que vous sachiez que ces saltimbanques de trottoirs font un pognon terrible, mine de rien. Et c'est net d'impôts! Ce sont des hommes d'affaires, je vous le dis, moi. Ils vont partout où il y a des touristes. Ils changent de clientèle selon un ordre précis et une rotation calculée. Ils sont trop paresseux pour changer leur répertoire. Tel soir, ils vont à tel endroit, sachant que les touristes sont de nouveaux arrivés. Votre mime ou la joueuse d'accordéon, votre poète insulteur ou l'avaleur de feu, vous les retrouveriez avec le même sempiternel numéro, à Aix, cours Mirabeau, en août, en septembre sur la marina de Saint-Tropez, en octobre à Cap d'Antibes, à Malaga, sur la Costa del Sol ou Plazza Navonna, à Rome, ils voyagent, vous savez! Où sont-ils ce soir, à Beaubourg peut-être, ou à Florence, Piazza della Signoria! » Il était fier de sa démystification et alla nous chercher d'autres « menthes blanches ».

Maman, il est très tard en ce moment. Nous ne pouvions nous décider de rentrer, il faisait si bon, si doux avec ce petit vent d'ouest bien tiède qui faisait bruire les grands marronniers en fleur. On aurait dit que tout le quartier se promenait, prenait l'air de cette fin de soirée magnifique, on se sentait si heureux d'être de nouveau à Paris, à ce coin de rue grouillant de vie. Mais, avec le temps, la terrasse finit par se vider presque complètement, tout le monde n'ayant pas cette chance d'être des invités subventionnés par les « Affaires étrangères ! » Pour les Parisiens, demain matin, il faudra se lever tôt, aller s'enfourner dans le métro, entrer pour la journée dans un atelier, un studio, une manufacture, un des innombrables bureaux des services et agences gouvernementaux. Nos amis, les Dupois, en bâillant, s'excusèrent de nous abandonner, ayant des cours à suivre assez tôt le lendemain, et on resta presque seuls à la terrasse qui prenait une couleur différente sans tous ses clients bigarrés.

C'est alors qu'on vit s'amener un long et maigre « jeune » vieillard. Il avait les allures d'un chercheur en astrophysique. Il était encore bien solide sur ses maigres et longues jambes. Il portait un long et ample manteau d'un gris indéfinissable tellement il était usé. Il flottait dans ce paletot, le vent d'ouest s'étant renforcé. Un long foulard de soie crème lui donnait l'aspect d'un prêtre avec son étole. C'était une sorte de prêtre, un genre de gourou laïc. Deux hommes plus jeunes que lui s'installaient à ses côtés et semblaient lui vouer un culte respectueux. De la dévotion, même ! C'était leur pape. Il souriait, ils souriaient aussitôt. Il fronçait les sourcils, ils en faisaient autant. L'amusant trio à observer ! Ses acolytes buvaient ses paroles et l'approuvaient automatiquement quand il disait : « Regardez-moi ce petit con qui passe avec sa donzelle qui va l'écrémer!» ou «Cette bonne femme seule dans le coin, c'est sûrement une de ces chiantes socialo-anarcho-communiste!» Nous écoutions ces voisins sans broncher, nous efforçant d'avoir l'air absents et indifférents, sourds à la langue française, mais nous écoutions attentivement. Le bonhomme, que ses cérémoniaires appelaient Alexis, avait un timbre de voix nasal et rocailleux, si bien que nous ne perdions pas un mot à quatre tables de distance. À un moment donné, Alexis renvoya par derrière une de ses quatre longues mèches de cheveux gris acier et dit: «Frédo, fait porter un verre de ce qu'elles voudront à chacune de ces deux jolies dames là-bas!» Frédo, le plus gras des deux sbires, se précipita. Je ne te mens pas, maman, une des femmes, dans la quarantaine, blonde aux yeux verts, le vrai sosie de la belle Michèle Morgan. L'actrice qui m'avait tant bouleversé dans *La Symphonie pastorale*. Et pour cause. Sa compagne, une jolie brunette, avait le type garçon d'une Annie Girardot. C'est cette dernière qui écoute Frédo, se penche vers Alexis, sourit et accepte deux verres de «fine». Encouragé, Alexis les invite à sa table. Pas farouches les Parisiennes!, elles se rapprochent, s'installent à une table voisine du curieux trio. Mais la blonde reste très droite, sourire mince, jocondien, continue de regarder les passants, tournant le dos à ces dragueurs. Les deux thuriféraires souriaient sans cesse, courtois comme des Chinois. Nous observions, très amusés, le déroulement de la manœuvre. Nous nous chuchotions des suppositions: succès ou échec du match qui débutait? Étaient-elles deux provinciales bon ton? Deux divorcées? Deux épouses en congé des séances d'affaires tardives de leurs époux voyageurs de commerce? Ou deux «filles de joie»? Et qui était cet Alexis? Je chuchotai à Rachel: C'est un ex-sorbonnard à la retraite, un vieux prof retiré!» Rachel: «Non, c'est un drogué repenti. Un ex-bagnard. Ou bien un «mac», un souteneur et ses deux rabatteurs!» Je continuai: «Voyons, il a trop de «fini», c'est un de ces auteurs d'essais savants au grenier surchargé de plaquettes invendues. Il doit en pleuvoir dans ce quartier des éditeurs! Je ne me trompais peut-être pas puisque nous l'écoutions qui disait maintenant: «Mes jolies dames, n'ayez crainte, je ne suis qu'un fantôme. Je n'appartiens pas à ce siècle. Je suis hors du temps. J'ai été Ronsard, ou Villon, je ne suis pas certain. Ou bien Verlaine, ou encore Rimbaud. Peut-être Victor Hugo ou Restif de la Bretonne, comment savoir? Tous ces messieurs ont longuement hanté ce quartier. Ils sont tous morts mais ils m'habitent moi. Je suis bien vivant, un fantôme avec des os et, vous voyez, encore un peu de chair. » Il eut son sourire las et pacifique, tout de suite imité par ses deux copains plus jeunes. Il rejeta d'un coup de tête sa longue chevelure en arrière et continua: «Je ne suis ni poète, ni littérateur d'aucune sorte, hélas, je n'ai ni talent, ni succès, aucune gloire. Je ne suis rien d'important, je n'aurai jamais mon nom sur aucune plaque et pourtant j'ai exercé et j'exerce une influence déterminante sur tous ceux qui publient, qui exposent. Vous pourrez vérifier ce fait auprès de n'importe quelle célébrité du monde des arts et des lettres. Je donne des avis. J'aime conseiller. C'est gratuit et personne n'est obligé de suivre mes directives. Mais on le fait. On le fait beaucoup. On ne me remercie jamais, je détesterais cela. » Il tenta de poser

261

un bras sur l'épaule de la blonde. Calmement elle le lui enleva et pris le sourire ambigu de celle qui ne craint personne, qui tolère les rêveurs, mais à distance respectueuse. Le philosophe poursuivit: «Une seule chose me tient à cœur: la vie! Je suis encore vivant, moi qui fus condamné à mourir par tous les spécialistes, qui devrais être décédé depuis des années. Je ne suis pas prêt. Je m'envolerai quand il sera temps. Si je le voulais, je pourrais sur-le-champ pousser devant vous mon dernier soupir. Ma vie ne tient qu'à un fil. Que je tiens solidement. Aimeriez-vous me voir mourir?» La blonde eut un petit rire qu'elle réprima bien vite et la brune écoutait cet homme à la voix douce et calme avec un plaisir évident. Nous assistions à un match pas banal. «Mes belles amies, la vie est sans prix et tout le monde s'acharne à la bousiller. La vie est un miracle gratuit, et c'est parce que c'est gratuit qu'on croit bêtement que ça ne vaut rien. De plus, la vie en rajoute, elle place devant moi la beauté, vous deux. J'exulte, savez-vous? Levons nos verres à la vie et à la beauté! Et si l'une d'entre vous est vivante, heureuse de l'être, elle va gentiment m'accompagner jusqu'à ma petite couchette, dans une modeste mansarde, place Furstenberg, la plus jolie place de Paris!» Oh! bonne mère, la France, Paris, c'est aussi d'entendre semblable invitation transparente en diable, non? Il dévorait d'avance le blond sosie aux yeux verts, et souriait comme un bouddha. «Décidez vite, laquelle vient me border gentiment?» Maman, nous étions certains, un peu plus tôt, d'entendre une longue admonestation morale sur «l'Être et l'Avoir» et c'était une demande de «baising» toute franche qui sortait de la bouche finement dessinée de ce filigrane personnage d'un drame camusien. Ou sartrien! Une demande toute courtoise en comparaison du «Fourres-tu, toé, bebé?» que j'entendais jadis, au parc Jarry de notre quartier Villeray. Franchise étonnante aussi en comparaison de l'hypocrite compliqué qui n'aboutit aux aveux qu'après avoir pris quantité d'alcool dans maintes discothèques. La dame blonde n'a pas même sursauté, elle garde son sourire de chatte indifférente, se lève lentement, embrasse chaudement sa brune compagne et s'en va, toujours digne sans remercier ni saluer le «vert» vieillard. Nous attendions la suite avec grand intérêt. L'homme au long foulard croisa alors ses longues jambes dont le pantalon d'un brun violacé semblait sortir d'un magasin de l'Armée du Salut. Tout serein, il passait et repassait sa main effilée dans sa longue tignasse: «Jolie brunette, votre compagne m'a répondu à sa façon. C'est un beau cadavre. Elle est morte. Vous êtes encore là, vous vivez donc. Vous avez envie de vivre davantage et je vous en félicite. Voulez-vous qu'on y aille maintenant? Êtes-vous pressée de vivre avec plus d'intensité?» La brune dame, aux seins très pigeonnants, semble hésiter, regarde les deux cérémoniaires à tour de rôle, souriante. «Jolie demoiselle, n'ayez crainte, nous serons seuls, mes amis ne s'intéressent pas aux femmes. Ce sont mes fidèles eunuques, un couple d'homosexuels très uni. Je les garde avec moi parce que je suis incapable de supporter la concurrence et je veux toutes les jolies femmes que je rencontre!» À ce moment, il se tourna lentement et dévisagea ma Rachel qui ne put s'empêcher de rosir. Les deux acolytes firent immédiatement écho à ce regard souriant pour Rachel. Je n'exis-

263

tais pas! «Tu es la prochaine proie!» lui glissai-je. Je reçus un bon coup de coude dans les côtes. Le gourou enroula lentement son long foulard autour de son cou. «Alors, vous hésitez, belle inconnue? Vous allez imiter votre blonde camarade? Vous allez partir? Et puis vous regretterez aussitôt cette occasion de vivre pleinement? Il sera trop tard. Nos routes, probablement, ne se croiseront plus jamais. Vous avez grande envie de mieux savoir qui je suis, non? Je sais que je fascine les femmes, je ne m'en vante pas, c'est un don!» La brunette se mit à rire par nervosité, nous questionnait du regard, sachant fort bien que nous guettions la fin de ce petit film divertissant. Le pacha intellectuel décide d'aller s'asseoir à la table de la brunette: «Voyez-vous, petite madame, vous n'êtes plus une jeune fille, vous le savez, mais vous ne me connaissez pas. Avant, vous rencontriez quelqu'un dans un bar, dans un lieu quelconque, où vous avez l'habitude d'aller en toute sécurité, et quelqu'un, que vous connaissez, vous présentait un inconnu, c'était rassurant. Sans raison valable au fond, voilà que vous acceptiez d'aller prendre un verre avec, somme toute, un étranger. Vous vous parliez, longuement. Lui, il vous racontait des bribes de son passé, de sa vie actuelle. Vous découvriez, extrême banalité, que vous aviez des goûts et des dégoûts communs. Alors, vous vous imaginiez, vite, trop vite, que cet homme ne vous était plus étranger, qu'il n'était plus, illusion, un inconnu. Vous acceptiez d'aller coucher avec cet homme. Il n'avait plus qu'à en faire la demande, à donner un signal convenu. Les signaux convenus ne manquent pas, n'est-ce pas? Les hommes ne cherchent et ne pensent qu'à cela, vous le savez bien. Il fera donc, très vite, son invitation à aller copuler joyeusement. Alors vous découvrez peu à peu que cet ami est un étranger. Comme tout homme est « étranger » à toute femme. C'est ce qui nous fascine, nous attire, ce qui fait le moteur perpétuel de toutes ces réunions des chairs!» La brunette ne riait plus, l'air studieux d'une lycéenne en plein cours de philosophie. Maman, nous nous sentions plongés au temps de l'existentialisme. Le prof continua: «Bon. Moi, je coupe court à tous ces préambules vains et ridicules. Je déteste les faux semblants dérisoires puisque le plaisir le plus vif des amants est d'être des étrangers, des inconnus, au début, au moment de la passion. Venez vite maintenant!» Voilà que notre Socrate enlace tout doucement la femme. Elle semble médusée quelques instants, reste immobile puis se secoue en souriant, se redresse et se défait de son bras. «Pas ce soir, dit-elle, une autre fois peut-être. Je dois rentrer chez moi maintenant!» Elle s'en va! Le bonhomme lui lance: «Partez! Allez-vous-en! Allez mourir plus loin, allez agoniser ailleurs, ma pauvre amie!» Il rejoindra ses compagnons et achèvera son verre en souriant. Ses deux disciples s'adossent et soupirent de déception pour leur maître. Maman, Paris, c'est ça aussi! Jouer une telle partie. La perdre en souriant. Le plaisir de parler, d'emmêler des considérations métaphysiques avec une triviale et prosaïque invitation à coucher! D'un geste discret, le gourou demande qu'on fasse venir d'autres consommations. Il y a de moins en moins de monde dans les rues. Un gros labrador noir et un petit cabot se reniflent le derrière près de la fontaine de la place du Québec de l'autre côté du boulevard Saint-Germain.

Le vent se rafraîchissait de plus en plus, mais si Rachel n'avait pas eu à se lever tôt demain matin pour trier les bonnes bobines de ses films pour le concours, nous aurions volontiers passé la nuit blanche aux Deux-Magots. Nous aurions aimé voir le jour se lever dans Paris, voir comment s'éveille ce quartier que, déjà, nous aimons tant. Le vieux Casanova eut un long frisson et boutonna son manteau. Il se frictionna les bras lentement puis se leva pour partir, et, soudain, fit trois pas vers notre table et regarda intensément Rachel. Il prouva qu'il avait l'oreille fine : « Mademoiselle, vous venez du Canada français, n'ayez crainte, je ne fais jamais mes honnêtes propositions à nos visiteuses de l'étranger, il ne faut pas effaroucher nos jolies touristes et Paris a tant besoin des étrangers en tourisme chez elle ! Bonne nuit, belle enfant des Amériques, et, comme le cher vieux de Colombey, je vous déclare : Vive le Québec libre ! » On lui a répété le slogan en riant de contentement. Un des deux compagnons alla lui prendre le bras et ils s'en allèrent, le gourou lui disant : « Mon petit cerbère, raconte-moi tout ce que tu sais du Québec ! Vas-y ! »

Six motards, aux machines très grondantes, fracassèrent le silence de la nuit, filant vers l'est. Frédo régla l'addition, se moucha et resta seul sur le trottoir, semblant chercher dans quelle direction il avait envie d'orienter ses pas. On paya à notre tour et Rachel, culottée par moments, alla près de l'acolyte esseulé, lui demandant carrément. « Qui est ce drôle d'homme, vous pouvez nous le dire ? » Frédo la regarda d'abord un bon moment, releva le col de son coupe-vent de vinyle vert lime: «Oh! c'est personne. Il joue, puisqu'on ne l'engage plus dans aucun théâtre. Il se raconte des histoires. Il nous désennuie. Il est très malhonnête avec les femmes. Il a peur. Il craint toujours que l'une d'elles accepte ses invitations. Il ne peut pas. Il a été opéré. La prostate. Un cas grave. Il ne peut plus rien de ce côté. Il est fini. Il ne risque plus rien à provoquer les passantes, exerçant son métier de comédien!» Il releva plus haut son col et il traversa vers la rue de Rennes, murmurant: «Bonne nuit!» On le vit chasser les chiens errants de la place du Québec... pas encore libre, maman!

J'ai envie d'entendre roucouler, mais pas trop fort, ma Québécoise. Je peux encore, moi, après tout. Bonne nuit, maman! Rachel et moi, nous ne sommes plus des étrangers l'un pour l'autre et pourtant la passion nous visite fréquemment. L'amour selon Alexis, c'est l'amour des chiens.

Dix-neuvième jour

Tendre mère,

Je viens de vivre toute une autre journée à Paris, France! Toute une! Dire que dans quatre jours, — je regarde nos billets, en ce moment —, nous serons à l'aéroport d'Orly. Hélas, hélas! Nous ferons bientôt nos adieux à cette vieille-mémère-patrie, cette bonne vieille France, cette jolie vieille qu'est Paris. Ce matin, petit déjeuner au pied du lit avec une Rachel superexcitée. Hier, tard, pendant que je te racontais le reporter de Radio-Canada et le philosophe Alexis, elle faisait le ménage dans ses bobines et un début de tri. Elle consulte un petit calepin noir, en plus de tenter de déchiffrer ses notes griffonnées sur les boîtes de films. Je me suis couché sur ces satanées petites boîtes jaunes. Ce matin, je marche dedans et Rachel pousse des cris d'horreur. Elle a fini par mettre de côté, dans un grand sac de toile bleue, les films sur Paris, la Côte d'Azur, la Bretagne et la Normandie, ainsi que toutes ses bobines-à-châteaux. Le développement de tout ce stock, sauf celui de la Provence, se fera à Montréal. Pour la détendre, je fais semblant de beurrer les bobines et de les croquer en guise de croissants. Ça ne la fait pas rire. «Clément, si seulement, de temps à autre, tu étais capable de te mettre à ma place!» Je lui ai dit, et j'étais sincère, que plus le temps passait, plus j'y croyais à ce thème de «Rome en France». Elle m'a gratifié du beau sourire que savent prendre les gens inquiets et tendus. Mais quand j'ai dit: «Rachel, il faut saisir le taureau par les cornes, je vais prendre la voiture qui moisit dehors pour aller te conduire aux bureaux des Affaires étrangères!», elle a éclaté en larmes et s'est enfermée dans la salle de bains. Un instant je fus désemparé et puis j'ai compris. Rachel, maman, a été entraînée à gagner, coûte que coûte. À l'agence, elle doit toujours jouer «gagnante» pour présenter les devis les plus bas parmi les autres soumissionnaires rivaux, pour concevoir le plus brillant scénario, pour obtenir les meilleurs contrats de ce monde impitoyable de la publicité. Je pourrais t'écrire un livre avec tout ce qu'elle m'a confié sur ce milieu de rapaces. C'est d'une férocité! Déformée par sa profession, Rachel est envahie par la peur. Elle m'a répété qu'elle était certaine de perdre mais, chaque fois, c'était pour que je la rassure et j'en suis rendu à ne plus savoir quel argument inventer pour lui prouver que ses chances sont excellentes. Je lui ai parlé à travers la porte qu'elle a verrouillée: «Tu vas m'écouter, ma grande, ça se peut que tu perdes, pis après? Je t'aimerai pas moins. Je te répéterai pas le suranné slogan de Coubertin, le fondateur des Olympiques: «L'important est de participer», mais je te dirai que l'important c'est qu'on a découvert Paris ensemble, Rachel. L'important c'est d'avoir mangé à Cavaillon, au bord de la route, des «pieds et paquets»! D'avoir ri ensemble aux récitations du guide de Maintenon, du guide du Musée des voitures de

Compiègne. Pas vrai ? Nous avons découvert un beau pays, bras dessus, bras dessous et aux frais de la France. C'est ça qui compte, Rachel, il me semble. Alors, que le Belge ou la Suissesse gagne, si tu savais comme c'est pas important au bout du compte. J'ai pas raison, mon amour ?» Alors elle est sortie, les yeux pas trop rouges, mais ayant mis sa jolie robe... rouge ! Celle que je préfère. Je lui ai rappelé qu'elle avait un peu de «Rome en France» sur des bobines marquées «Paris»: les photos des ruines des bains publics bâtis sous le règne de Tibère, coin Saint-Michel et Saint-Germain. Cela se nommait «frigidariums». Qu'elle devait aussi ajouter les restes des arènes de Lutèce, photographiées rue Monge, à l'ouest du Jardin des Plantes. «Tu te rappelles, tu n'avais pas voulu visiter le Jardin ? Tu m'avais dit : «Je dois avoir les pieds en sang !» et j'ai dit : «Tu es la martyre de Rome-en-France !»

Ensuite, nous sommes partis en riant, par le métro, vers la place de l'Étoile, l'avenue Kléber. «J'ai très hâte de voir toutes ces photos imprimées, glacées, collées, mises en album. Ça va être splendide, tu verras !» Cyclique, ma Rachel ? Au bureau du concours, nous avons appris que le Belge avait rendu ses photos hier matin, que le Français venait tout juste de passer et que la Suissesse ne s'était pas encore montrée, qu'il ne lui restait plus qu'une demi-heure avant la fin du concours. Dehors, Rachel respirait à pleins poumons : «Ah ! que je suis débarrassée. Je me sens vraiment libre. Il me semble que maintenant je vais vraiment voir Paris !» Je fais des farces, je lui montre, en l'identifiant avec application, l'Arc de Triomphe ! Rachel a envie qu'on aille le visiter, mais il y a cet infernal trafic qui tourne sans cesse et on apprendra, ce soir, trop tard, qu'il existe un tunnel sous le rond-point pour y accéder. On se demande où aller avant le lunch du midi, j'aurais envie d'aller faire « le tour des égouts souterrains en bateau-mouche, l'entrée n'est pas loin du palais de Tokyo, mais Rachel me dit : « Non ! Il fait si beau, et je n'ai pas apporté de pince-nez ! » On rit. On a marché vers la Seine. C'est mon admiration pour le père Hugo qui m'attirait vers le réseau d'égouts. Nous regardons l'inévitable tour Eiffel. « On y va, les « clichés » ne me font plus peur maintenant », dit Rachel. Nous marchons vers le palais de Chaillot, la place du Trocadéro où des fontaines font des jeux irisés dans la lumière du midi. Nous refusons d'entrer au Musée de l'Homme ou dans la cinémathèque, le beau soleil l'emporte sur notre curiosité anthropologique et notre amour pour l'histoire du cinéma. « À la Tour ! »

Elle est bien plantée, droite et fière, depuis près de cent ans et ça nous fait drôle de pouvoir la regarder de si près, de toucher à ce vieux symbole de Paris dans tout l'univers. Maman, c'est plus imposant qu'on ne le pense toute cette ferraille assemblée en un formidable jouet de meccano pour gullivers extraterrestres. Ascenseur. Restaurant là-haut. La vue vers le sud-ouest de Paris est impressionnante de notre table. « C'est superbe, et il va falloir s'en aller bientôt ! » me dit tristement ma compagne. On se sent presque aussi bien qu'à notre chère terrasse des Deux-Magots. Une lumière vive inonde tout le restaurant. Rachel a plus faim que jamais, maintenant qu'il n'y a plus ce concours. Elle n'en parle plus, on dirait qu'elle l'a oublié subitement. À une table voisine un homme bien mis, un œillet à la boutonnière, et trois femmes. Deux jeunes, ses filles et une qui a son âge à peu près, son épouse. Quatre visages muets, fermés. Maman, à quoi donc tient la distinction? Aux vêtements seulement? Je ne crois pas. On a vu des hommes bien vêtus qui nous semblaient des... «truands», des «malfrats» comme disent les Parisiens. C'est quoi? Le visage? Le port de tête, la raideur du thorax? La couleur de la peau, la propreté des doigts et des ongles? Cet homme nous semblait «la distinction française» incarnée. Je te parle de cet homme et des trois femmes de la tour Eiffel, parce que si on a parlé du «choc du futur», il y a aussi le «choc de la France». Depuis, quoi, trois semaines que nous vivons ici, il est constitué de cent, mille petites causes inattendues. Le choc, il est fait aussi de cette rencontre. Rencontre d'un Français qui déteste effroyablement un homme public disparu que l'on croyait être l'idole de toute la France: Charles de Gaulle. Comme tant de patriotes québécois, plus ou moins militants, je suis un admirateur quasi inconditionnel d'un chef d'État important qui osait soutenir à la face du monde entier, en juillet 1967, la cause de notre libération nationale. Les annexés, les assimilés, les pleutres de chez nous l'ont détesté pour cela. Ça nous a fait drôle d'entendre un Parisien nous déclarer tout de go après les présentations d'usage: «Qui je suis? Je suis un Parisien forcé! Je suis un expatrié par ma propre patrie! Une des victimes de ce traître inqualifiable nommé le général de Gaulle!» Un certain silence s'est abattu sur les deux tables. Les trois femmes, toujours muettes, eurent des regards nostalgiques de condamnés à des camps de concentration. On eût dit le chœur d'une tragédie grecque. Quatre visages tristes, amers, nous fixaient comme les accusés d'un procès historique. Un vent de fatalité semblait les avoir tous comme pétrifiés. L'épouse de ce monsieur Gamus poussa un long soupir et regarda loin, au-dessus de nos têtes. J'ai dit n'importe quoi : «Est-ce Dostoïevski qui a dit : «Rien n'est pire que le sort de l'apatride»?» «Nous avions une patrie, monsieur, l'Algérie, nous avions un chez-soi, Alger. Nous avions des amis, des habitudes chères, une existence heureuse, nous avions un avenir, monsieur, madame. Ni pire, ni meilleur qu'ailleurs dans le monde, c'était néanmoins un avenir.» Il regarda sa femme : «Nous n'avons plus rien. Notre présent même nous a été arraché. On nous a déracinés brutalement. Le général de Gaulle nous a poignardés dans le dos collectivement.» De nouveau les yeux vides, des soupirs, le silence. Puis : «Nous ne vivons plus, nous circulons dans cette glorieuse capitale, étrangère, Paris. Le président de la France était un menteur qui a trahi ses promesses.» Puis monsieur Gamus nous a parlé de Marseille et de Nice où il a essayé de se réinstaller en affaires, dans les assurances puis dans l'immobilier. Sans succès. À Lyon, récemment, il a essuyé un autre échec. «J'ai trouvé un petit boulot ici, à Paris, dans une agence de voyages. Je me débrouille mais j'ai toujours mal au cœur, mon cœur qui est resté là-bas, en Afrique, j'ai la poitrine creusée, vide. Depuis la trahison, nous sommes comme des morts vivants, monsieur, madame.» J'ai cru maman, qu'il allait éclater en sanglots tant l'émotion semblait le gagner. J'ai osé lui dire : «Comprenez que nous, du Québec, nous l'ayons admiré en 67!» Son ton monta : «Il avait mauvaise conscience et pour cause! Il était venu à Alger avec de grandes promesses plein la bouche, jouant les sauveurs, les grands rassembleurs... » Il semblait étouffer quand il ajouta aussitôt : « Il nous a trompés ignominieusement, il nous a vendus, il nous a abandonnés traîtreusement, le renégat. Seul un goujat diabolique comme lui pouvait ordonner une aussi dégradante action historique. De Gaulle, monsieur, c'est Jeanne d'Arc redonnant aux Anglais les clés d'Orléans ! C'est Napoléon qui aurait réinstallé Louis XVII sur le trône ! Asch ! » Le pied-noir porta la main à son cœur et grimaça, mais cet homme restait digne. Pâle, pris d'une sainte colère, il restait pudique et distingué toujours. Sa femme et ses deux filles gardaient toujours un stoïcisme total. Pour rafraîchir un peu cette atmosphère de fatum, Rachel décide de questionner l'épouse : « Par rapport à Paris, madame, Alger devait être une ville au climat excessivement chaud ? » Elle tourna son regard vers son époux, et c'est lui qui entonna : « Alger est la plus belle ville du monde, madame, et Paris est un monstre sans cœur. Voyez comment Paris et Versailles, en 1763, vous ont abandonnés, là-bas, seuls sur les bords de votre Saint-Laurent ! C'est toujours la même histoire. Voyez l'Indochine, la même lâcheté de nos gouvernants parisiens. La perte de l'Algérie, c'est la plus récente turpitude des jouisseurs égocentriques de la capitale. Que reste-t-il encore à faire de plus bas ? Vendre le pays à Washington ou à Moscou ! Ce sera au plus offrant, vous verrez. La France agonise, elle achève, Paris pue déjà le moribond. Ne vous fiez surtout pas aux héros du jour, De Gaulle fut un grand Résistant en 1940, et pourtant, vous avez vu agir l'exécuteur sadique aux ordres des agitateurs gauchistes, en 1962. »

Je songeais, et Rachel aussi m'en parlera plus tard, aux griefs du vieil officier à la canne des Invalides. Je glissai, pour dire quelque chose : « Vous savez, les temps sont difficiles. » Il s'empourpra davantage : « L'histoire sera bien plus sévère pour De Gaulle que pour le pauvre maréchal Pétain qui était, littéralement, prisonnier des nazis, lui. De Gaulle a égorgé de ses deux mains une jeune nation, autre rameau de la fierté française comme la vôtre, qui avait fondé une patrie exemplaire au bord de la Méditerranée, qui faisait rayonner la civilisation française comme un phare sur toute la jeune Afrique à instruire. » Maman, on aurait dit une délégation de Troyens des temps modernes, les « Bourgeois enchaînés » de Calais. Un moment plutôt pénible à vivre, nous n'osions plus ni boire ni manger face à cette douleur et à cette hargne. Nous n'osions plus ajouter un seul mot, quatre visages de glace nous prenaient à témoin d'une destinée bafouée, selon eux. Imitant leur gravité, on se leva lentement, on les salua poliment et on quitta la tour Eiffel comme on quitte, silencieusement, un théâtre où l'on viendrait d'y jouer un drame poignant.

Dehors, nous avons décidé de tourner le dos au Champ-de-Mars pourtant rempli de bosquets en fleurs. Nous avons traversé le pont d'Iéna en silence, remués par ce discours accablant. Avenue de New York, nous décidions de sauter dans un bus pour aller vers Passy et Auteuil. Rachel avait un rendez-vous pour une émission d'interview à Radio-France. Nous regardions, par les fenêtres, le défilé des édifices en hauteur nommés « Front de Seine », sur la rive gauche. Rachel me dit : « Regarde, « Manhattan en France », ça pourrait constituer aussi un album pas du tout « vieux Paris », on y ajouterait la tour d'acier et de verre de Montparnasse. Au cours de l'après-midi, les photos ayant été développées, Rachel devra retourner avenue Kléber pour trier cinquante photos parmi la centaine remise ce matin, l'album ne doit pas dépasser cinquante pages. Elle m'explique qu'elle ira faire aussi son *cropping*, je comprends qu'il s'agira de prévoir le découpage, de délimiter le cadrage définitif de chaque photo. Elle devra aussi assumer la maquette de l'ensemble, l'ordre de présentation quoi, les aqueducs d'une part, les arènes de l'autre, je ne sais pas, moi !

Tantôt elle va rencontrer ses rivaux dans un studio et pourtant Rachel reste calme, dégagée, même que cela la fait sourire : « Ça va être la parade des chevaux de course ! » Nous avons un peu de temps devant nous et nous allons marcher dans le quartier d'Auteuil. Au milieu du pont de Grenelle, nous découvrons une miniréplique de la statue de la Liberté de Bartholdi situé dans le port de New York. Nous voyons aussi... « sous le Pont Mirabeau coule la Seine et faut-il que je m'en souvienne » du poète Apollinaire : c'est un pont avec arche de métal, ce qui le rend moins vieillot d'aspect que les ponts de l'île de la Cité ou ceux du Louvre. Ensuite, quelle surprise, maman, une rue qui porte mon nom ! Gravé en blanc dans du métal émaillé bleu ! Nous voici maintenant devant un énorme et pâle beignet bien rond, c'est Radio-France. Il s'y trouve une soixantaine de studios où l'on diffuse en une vingtaine de langues, on nous conduit au studio-auditorium, le 104. Rachel rougira jusqu'aux oreilles quand le présentateur la nommera et qu'elle ira prendre place aux côtés de ses trois concurrents. Le Belge a été interviewé le premier et n'a pas été très clair, il a tourné autour du pot avec des «euh… euh… » incessants. «Mes photos, euh… mes photos ont été faites de nuit… euh… car Paris est la ville des lumières, dit-on. Euh… j'ai pris le fameux «circuit des illuminations». Après le déjeuner, j'irai choisir mes cinquante meilleures prises, du Louvre aux Invalides, en passant par l'Opéra et, euh… la Madeleine. » L'animateur, maman, a osé lui dire: «Vous ne craignez pas l'album de stéréotypes, non? Le machin-à-touristes?» Rachel m'a souri et l'autre a répliqué: «Mais non, et il n'y a pas que ma «suite nocturne» de vingt-cinq photos, il y aura vingt-cinq autres photos, euh… que j'intitulerai «Suite charnelle ». Ce sont des effeuilleurs mâles et femelles, captés, euh… en pleine action à Pigalle et à Montparnasse… » Il arbore alors un sourire de satisfaction et cligne de l'œil, cherchant une complicité avec l'auditoire qui ricane, tousse et remue de malaise. Rachel me souffle: «Il va se casser la gueule avec le jury de fins lettrés. Il est éliminé!» Maman, que j'aime sa confiance! Puis ils ont présenté le concurrent français. Très sûr de lui en apparence, il parle si bas que le présentateur le coupe pour l'exhorter à hausser la voix: «Oui, bon, je disais qu'au lieu de m'éparpiller à tout capter aux quatre horizons du pays, j'ai décidé d'illustrer un seul aspect de la vie française: les joueurs de pétanque. Mais attention, on ne verra pas une seule boule et, même si je suis, et fier de l'être, d'Occitanie, tous mes joueurs ont été croqués en dehors de la Provence. J'en ai de Reims, de Lille, de Besançon, de Dijon, de Rouen, d'Arras et aussi, bien sûr, de Montmartre et de quelques banlieues pauvres de Paris. » Applaudissements. Rachel chuchote : « Pas très fort. Il joue la carte « humanité ». » L'animateur est un coriace : « Mais, monsieur Larbeau, vous nous avez dit, au début, n'avoir fait que des gros plans, des visages, comment allons-nous reconnaître les sites, les villes ? » Pas du tout désarçonné, il répond : « Ce sera dans mes légendes, au bas de chaque photo, dans mes textes, quoi ! » Est venu ensuite le tour de Rachel et la Suissesse l'a gratifiée d'un large sourire encourageant. Maman, elle a déclaré d'une voix très calme : « J'ai évité les grands monuments de Paris, les images classiques des agences touristiques. » Le Belge a grimacé, malgré lui. « J'ai voulu illustrer une très ancienne France, pas assez connue, celle qui attirait, il y a plusieurs siècles, les civilisateurs de Rome. » Le public gardait un silence total, intrigué et intéressé à savoir le reste, l'animateur de même. « J'ai pris des photos de vos magnifiques théâtres, arènes, aqueducs, arcs, mausolées romains et mon album va s'intituler : « Rome en France » ! Salve d'applaudissements nourris. Je respire. Rachel est un peu désemparée et me cherche des yeux. L'animateur la remercie : « Eh bien, c'est un projet inattendu et nous avons très hâte de voir cet album « romain » fait par une lointaine cousine d'Amérique. » La Suissesse est une jolie blonde, très ronde, aux chairs débordantes. Elle prendra un petit ton pédant quand le présentateur l'invite à décrire son projet : « On a tort de croire, a priori, que les photographes amateurs n'ont aucune imagination. Je n'ai pas hésité à rechercher l'insolite visuel et je défie qui que ce soit de réussir à identifier sans beaucoup d'attention mes études spatiales sur des lieux archiconnus mais toujours photographiés en des angles absolument inusités. » L'animateur ne lâche pas : « Diable, mademoiselle Wuetrich, ce sera un casse-tête ? Un jeu de devinettes ? » Elle rétorque, imperturbable : « Si vous voulez ! Pourquoi pas ? » Se tournant un instant vers Rachel, elle continue : « Il n'y a pas telle chose qu'un « cliché » ou un stéréotype, il n'y a que de savoir renouveler le regard. » Cette fois, c'est Rachel qui n'a pu retenir une légère grimace et me souffle : « Elle va gagner, c'est une intellectuelle ! » Comme pour la mortifier davantage, elle poursuit : « Un cliché regardé par un imaginatif, pour parodier un peintre célèbre, se transforme en une vision de créateur. Devant une de mes photos, on croira voir une structure tubulaire à la Fernand Léger et, en regardant mieux, ce seront de vieux lampadaires dans une perspective télescopique ! On croira voir un parking moderne ou bien des voitures dans un « bouchon » du vendredi, et ce seront des boîtes de conserve sur une chaîne d'assemblage. Toujours, le regard sera stimulé pour décoder une première impression trompeuse, on verra bien dans quarante-huit heures si le jury est sensible à la création véritable ! » L'animateur ne manque pas de décocher une flèche empoisonnée, les Français, maman, ont l'art de la repartie : « On verra bien aussi si votre album tient les promesses séduisantes de votre théorie ! » Et bang !

C'est une Rachel songeuse qui marche à mes côtés, avenue du Président Kennedy. « Clément, la Suissesse va gagner et le prof Lazari va jubiler ! » Je dis : « Tu as entendu le public, tu as été très applaudie, mon amour ! » « Non, son album

279

sera le moins banal, le plus vraiment «photographique». Tu vas voir ça après-demain. Elle gagne!» Un silence profond s'installe entre nous deux. Nous allons manger. C'est un des «beaux quartiers de Paris», maisons cossues, rues calmes, mais on n'y trouve pas la chaude bonhomie du Quartier Latin. Nous avons avalé des croque-monsieur et du beaujolais à une discrète petite terrasse de la rue Hamelin. Je ne sais trop pourquoi j'ai songé à *La Grande Perche* de Simenon, lu avant de partir. Il me semble que son dentiste suspect devait habiter par ici.

Avenue Kléber, devant toutes ses photos «romaines» étalées sur une grande table à dessin, Rachel a retrouvé son aplomb. Le théâtre d'Orange brillait de mille feux solaires, l'aqueduc-pont du Gard aussi et les ruines de Glanum se détachaient bien des Alpilles aux tons de bourgogne et de lilas. C'est avec une sorte de frénésie qu'elle a éliminé les cinquante photos lui paraissant les moins bonnes. Comme en transes, elle a tracé les contours du découpage, la règle métallique volait entre ses mains alertes. Enfin, avec une relative lenteur elle a placé ses cinquante photos élues dans un ordre particulier en vue de l'album relié. Je lui avais choisi les bas de vignettes dans un vieux manuel de *La Guerre des Gaules* de César. Elle a opté pour la traduction française plutôt que la version latine que je lui avais recommandée. «Tu comprends, l'éditeur n'apprécierait pas autant que les jurés. Il faut toujours songer au plus vaste public possible.» Que j'aime, maman, je te le répète, ce sens des réalités chez Rachel, un sens qui tempère toujours les premiers élans. À l'usine de Saint-Jérôme, souvent, avec mes projets de céramique, j'ai manqué de ce sens et je me suis enfermé dans de longues bouderies au lieu de me corriger de mon élitisme stérile.

L'après-midi s'acheva bien vite. Nous étions parvenus, en marchant librement, devant l'adorable place Vendôme. On a monté la rue Royale vers la Madeleine qui nous rappelle, en plus lourd, l'étonnante Maison Carrée de Nîmes. Le soleil à cache-cache avec d'épais nuages et le temps se refroidissait peu à peu. Arrivés devant l'Opéra, on s'est demandé si on irait voir son grand escalier d'apparat et son grand foyer mais, est-ce à cause de tous les châteaux visités?, on a préféré rester dehors parmi les passants, nous aimons tant l'animation continuelle des rues. Nous avons descendu l'avenue de l'Opéra jusqu'au vieux Palais-Royal. Le soleil couchant s'amusait dans les arcades du joli jardin, oasis de verdure insoupçonnée en plein cœur de cette partie de Paris. J'ai pensé aux drôlatiques débuts du grand Raimu quand on avait décidé enfin de l'installer ici parmi les «pensionnés» de la Comédie-Française. J'avais lu ça aussi avant de partir. On a pensé à louer deux fauteuils, mais l'affiche ne nous excitait pas. On aime tant le cinéma et il y a tant de bons films en primeur à Paris. Si on trouve une soirée libre... On a fait une halte nécessaire en prenant des apéros dans un bistro, rue de Rivoli, où comme toujours, les «habitués» buvaient debout devant un long comptoir de zinc à la française. Nous sommes allés saluer la vielle tour Saint-Jacques, un long clocher du même nom que celui que nous avons sauvé aussi de la démolition rue Sainte-Catherine et Saint-Denis! Des jumeaux séparés par un océan! Nous nous sommes installés sur un banc près de la statue du grand Pascal, qui fit ses expériences sur les lois de la pesanteur dans la tour voisine. Tu comprends, maman, partout, à Paris, tu peux t'instruire sans cesse. Nous avons regardé les foules qui sortaient sans doute des spectacles «en matinée» des deux théâtres de la place du Châtelet dont l'un était celui de la «divine Sarah» que tu étais allée voir, il y a si longtemps, jeune Montréalaise. Il y a une fontaine imposante entourée de sphinx égyptiens décoratifs, commémorant des victoires de Bonaparte en Égypte. Un fascicule de plus gonflera nos malles! Il raconte la pendaison de Gérard de Nerval en ces parages, en 1855.

À peine reposés, nous avons traversé le pont au Change avec l'envie de retourner à la Sainte-Chapelle pour revoir ses vitraux extraordinaires, le goût aussi d'aller visiter, dans cette Île de la Cité, le premier palais des rois de France nommé La Conciergerie, surnommée un temps «l'antichambre de la guillotine», parce que la reine Marie-Antoinette y fut incarcérée. Mais nous étions vraiment trop fourbus. Nous sommes alors allés nous rasseoir au milieu de cette ravissante petite place Dauphine, étonnante de verdure et de calme. Nous avons constaté que nous n'aurions pas le temps de voir tout ce qui nous attire. Nous nous sommes relevés avec des «ouf» et des «fiou» de lassitude pour nous rendre aux quais des Grands Augustins sur «notre» rive. Cette fois, c'est Rachel, elle avait lu une biographie de Picasso, qui me montra le logis-atelier du peintre avant qu'il ne s'installe sur la Côte d'Azur; mais on se traînait, rue des Grands Augustins.

On s'est traînés rue Dauphine, croisant la rue de Buci. Un guide de tourisme nous enseigne : «Ici, dans les années 1700, se trouvait le cœur de la rive gauche, on y voyait potences et piloris. En septembre 1792, les charrettes de la Révolution se remplissaient de prêtres à faire massacrer par les sans-culottes. On y trouvait un marché grouillant d'activités diverses, des jeux de paume!» Maman, ce jeu de paume est l'ancêtre du tennis, on y joua d'abord à main nue, puis avec un gant et enfin avec une raquette. Déjà, mère, en 1687, les meilleurs exigeaient d'être payés pour accepter de jouer en public! Près d'ici, les savants sorbonnards firent chasser les «saltimbanques» rue de l'Ancienne-Comédie. Ils devront jouer dans une salle de tennis, puis à l'Odéon avant leur prestigieuse installation, Palais-Royal. Savais-tu, maman, que le public se tenait debout, au parterre, mangeant des confitures! Seuls les bourgeois pouvaient s'asseoir dans les loges. Les aristocrates s'installaient dans les jambes des comédiens, oui, sur la scène!

La nuit est tombée peu à peu sur ce quartier émouvant et nous décidons d'aller «dîner» au Procope. Le Procope est le plus ancien des cafés de Paris, mère. Un voisin de table, maudit accent traître!, un chimiste québécois du nom de Jean-Claude Richot, nous a raconté que le philosophe maudit des Canadiens français, Voltaire, fréquentait ce café, il nous fit voir «sa» table. Diderot et d'autres encyclopédistes, Jean-Jacques Rousseau y venaient, Beaumarchais aussi. Tu te rends compte? À notre propre table, s'étaient sans doute installés des insurgés du nom de Marat, Danton, Robespierre, tous les mains souillées du sang de leurs innombrables guillotinés. Le chimiste, en congrès ici, nous parla d'autres clients célèbres: Georges Sand,

Musset, Verlaine et Mallarmé. Et pourtant, le Procope conserve une ambiance de simplicité, même de pauvreté. Maman, Paris, c'est ça, un perpétuel pèlerinage aux grands fantômes de l'Histoire. Richot qui vient en France chaque année, et parfois deux fois par année, en colloques de toutes sortes, sait tout et nous recommande maints endroits à visiter, mais on lui explique qu'il faudra partir dans trois jours. Quand Rachel lui parle du suspense de son concours, il s'écrie : « Mais oui, oui, je me disais aussi. J'ai vu votre photo ! » Il sort de son sac un numéro du *Figaro Magazine*. Sous le visage souriant de Rachel nous lisons : « La favorite du jury, semble-t-il ! » Rachel s'anime, s'empourpre, questionne Richot à propos de son idée : « Rome en France ». En toute franchise, il dit : « Écoutez, Rachel, c'est une idée déconcertante. Le chauvinisme des jurés parisiens pourrait vous empêcher de gagner, les vestiges de l'« occupant » romain, peuh ! Vous auriez mieux fait de jouer les châteaux ! La Loire, c'est le prestige, le passé glorieux ! » Rachel a terminé sans entrain son veau marengo et le docteur en chimie, président de l'Ordre des Chimistes, m'a expliqué par quelles rues je pourrais, après-demain, rapporter la voiture rue Jean-Jaurès. En vieux Parisien, il croyait que je connaissais moi aussi Paris comme le fond de ma poche. Je n'ai rien retenu et m'inquiétais plutôt d'une Rachel virant au sombre.

Nous sommes rentrés presque en boîtant, saluant la statue de Danton, boulevard Saint-Germain, toute décorée de graffiti marxistes ou scabreux. Dans le hall du Pas-de-Calais, la vieille « chinoise » qui regarde sans cesse la télé s'est écriée : « Madame, tout Paris vous a vue tout à l'heure aux actualités télévisées. Bravo! Vous allez gagner, j'en suis convaincue, cette idée des ruines romaines, c'est tout bonnement génial, génial!» Et elle se renfonce dans son large fauteuil. Rachel change encore de couleur. Elle est miel et rose maintenant! Sur le lit, c'est la ruée commune sur un tas de journaux et magazines que nous venons d'acheter au Drugstore, coin de la rue de Renne: trois ou quatre communiqués seulement et pas toujours avec les photos des concurrents.

Maman, comment allons-nous passer cette journée de demain, en plein suspense? Il va me falloir beaucoup d'astuce. Quoi inventer pour distraire mon amour durant cette journée alors qu'elle imaginera les jurés en train d'ausculter, de jauger, de soupeser les quatre albums fatidiques? Je croise les doigts et ne lui dis surtout pas que je pense un peu comme le chimiste Richot. Déjà, maman, je me prépare à la consoler, je me conditionne en cas de déception. Maman, comme cette jeune femme qui s'endort est éloignée de la jeune femme de quarante ans que tu as été, toute préoccupée à élever ta marmaille, à boucler ton maigre budget de ménagère pauvre, à nous voir grandir dans la sauvegarde des vertus chrétiennes. Beaucoup d'eau a coulé sous les ponts du Saint-Laurent et de la Seine, maman! Le monde a changé. J'ai jeté mon froc de religieux aux orties, j'ai quitté un monde douillet et stérilisant, j'ai abandonné mes centaines d'enfants adoptifs, je me suis transformé de moniteur en arts plastiques en designer de céramique industrielle. Et en amoureux fou d'une publiciste grand amateur de photographie qui me murmure pour la deuxième fois: «Viens te coucher, mon grand amour, et au diable les lettres à sa môman et ce concours du diable!» Elle m'ouvre les bras, j'y vais en chantonnant le Ferrat de: «Tu peux m'ouvrir cent fois les bras, c'est toujours la première fois!» À demain, sainte mère de famille!

Vingtième jour

Allô, allô, chère maman!

Tout est consommé, chère mère! Je vais tout te raconter, mais avant tout, te faire un aveu. Eh bien, oui, je m'ennuie de toi! Mais pas comme dans le temps où j'étais «frère enseignant», je dis à Rachel «frère en saignant», c'est facile mais ça la fait rire. J'ai changé. Vraiment beaucoup! En vingt jours, ce séjour dans la «maman-France» m'a transformé. Ce séjour t'a changée aussi! Oui! Certes pas ce que tu es, tu n'es pas du voyage, mais la mère que tu étais pour moi n'existe plus. T'en fais pas, il en reste une autre et je te présenterai à toi-même. Ah, et puis non! Tu ne t'en apercevrais peut-être même pas. À mon retour, je t'expliquerai mieux. Je ne suis pas sûr de bien me faire comprendre si je tente... Disons qu'en venant rendre visite à la mère patrie je me suis... «désorphelinisé» en un certain sens. Ça va être bien mieux pour toi. Je me sens envahi d'une envie nouvelle, bien tardive, trop tardive probablement, une envie de te percevoir comme une femme autonome, indépendante de moi, de mon existence, non plus exclusivement une mère, «ma» mère, mais une femme, un être humain. Comme les autres êtres humains, pas cette personne-miroir, enveloppante, créée subitement en novembre 1932, uniquement consacrée à me voir grandir, à me soigner, me dorloter, me chouchouter. Ne sois pas jalouse : j'ai une autre mère, une nouvelle mère ! Très belle et très riche, remplie de ses petits défauts bien à elle, de ses petites et grandes misères aussi, elle est très ridée mais sait se maquiller, s'arranger, elle a été malmenée et battue, mais elle a eu ses heures de gloire et a été victorieuse selon les siècles. La France. Une mère dure et cruelle qui nous a abandonnés à un moment donné de l'Histoire, nous laissant seuls et désarmés aux mains du conquérant, de l'envahisseur britannique. Ce père Fouettard et affairiste en diable, mercantile bien souvent, nous a probablement aidés à vieillir plus vite qu'on ne l'aurait voulu. Je te reparlerai de tout ça une fois rentré au pays. Que je te raconte avant tout cette vingtième journée en France.

D'abord, je veux te dire que j'ai fait un drôle de rêve, tôt ce matin, avant de m'éveiller pour de bon. Ce sont les rêves dont on garde une impression nette. J'étais dans mon petit laboratoire de La Céramique laurentienne et j'avais invité le chimiste Richot à me conseiller sur les oxydes des couleurs afin de produire une glaçure réfractaire donnant une cristallisation et un effet de « craquelé » à l'orientale. J'étais potier au carrefour de Buci. Mon atelier se confondait avec les cuisines du café Procope. S'y trouvait un jardin semblable à celui de l'hôtel des Saints-Pères. Par une porte cochère, une escorte de gens d'armes m'amenaient des prêtres... et des religieux en soutanes noires ! Le chimiste québécois était enthousiaste et encourageait du geste et de la parole les émules de Marat, Dan-

ton, Robespierre, actionnant une guillotine électrique ou électronique, moderne en tout cas
comme la tranche de photographe aperçu avenue Kléber. Les curés y passaient comme saucissons et les révoltés m'encourageaient à jeter
toutes ces viandes et ces soutanes en charpie
dans mes tonneaux où tournaient mes malaxeurs
à glaise. J'étais excité et écœuré à la fois de ces
ragoûts d'une céramique révolutionnaire et je
me suis réveillé en sueur. Rachel a bien ri de
ce récit et a tenté de m'expliquer que c'était la
fin d'une phase de culpabilité vis-à-vis de mon
ancien état. Rachel-Freud!

Aussitôt le petit déjeuner avalé, je jonglais
à «comment faire pour que ma finaliste oublie le
jour J de ce concours»! Je sais que, comme
moi, elle adore les animaux et je lui propose
tout de go: «Si on allait voir à quoi ressemble
un zoo en Europe? Allons visiter celui de Vincennes.» «Bonne idée, me fait Rachel, ça nous
reposera des vieilles pierres et je peux te promettre qu'on ne visitera pas le château du même nom même si j'apporte mon Pentax et des
bobines.» J'ai osé sortir la Renault de sa pré-
cieuse aire de stationnement. J'ai réussi à prendre les bonnes rues, à longer la rive droite de la
Seine vers l'est. On a revu la gare de Lyon, on
a foncé vers Bercy en rivalisant avec les intrépides conducteurs parisiens. Arrivés porte de
Paris, nous stationnons à l'orée du Bois de Vincennes. Dès le début de la visite, Rachel mitraille la population des singes de toutes sortes. C'est
un animal toujours fascinant pour l'homme.
On passe en revue les lions, les tigres puis les
éléphants. J'avais stupidement pensé voir des
bêtes différentes de nos zoos, mais non, un zoo
c'est le spectacle planétaire uniforme. Ici, en

banlieue de Paris, nous nous sommes crus au zoo de Granby, de Saint-Édouard ou de Charlesbourg, au Québec. Ou même de New York ou de Miami. Pas de surprise. Rachel est vite lassée de cette visite. Les ours, les girafes, même les hippopotames et les rhinocéros sont regardés sans aucun émoi. Au bout d'une heure et demie, nous allons prendre une limonade à une terrasse derrière les chameaux, près des guépards. Un homme sirote son jus d'orange avec une fillette à mine plutôt patibulaire qui tient sa grosse tête sur ses coudes, appuyée sur la table. Tu sais, maman, que je ne peux m'empêcher de faire des grimaces, des piteries aux enfants que je crois sur ma route. J'adresse quelques facéties de mon cru à cette grasse petite bonne femme, mais son visage reste inexpressif, comme sans vie! C'est l'homme qui répond à mes vains efforts: « Vous visitez la France, vous venez du Québec? » J'en profite pour demander une bonne fois pour toutes comment tant de Français arrivent si vite à nous identifier. Il sourit: « Ah, ça, je ne sais pas. Je ne sais trop. » Il caresse les cheveux de sa fillette d'une main distraite et poursuit: « Au début, en vous entendant parler, je me suis demandé si vous n'étiez pas de Suisse: mais, en général, ils ne parlent pas aussi vite que ça! » Il tente d'éponger avec des serviettes de papier le jus d'orange que l'enfant à grosse tête vient de renverser. « Et puis, j'ai pensé que vous étiez des Belges. Mais l'accent, non, ce n'était pas tout à fait ça. Vous n'avez pas non plus tout à fait l'accent des paysans des provinces françaises. Tout d'un coup, ça m'est revenu. C'était l'accent de Gilles Vigneault, de Charlebois, de... comment elle s'appelle, la blonde qui pousse des hurlements, de Diane Dufresne. » La grasse fillette a eu une réaction en entendant le nom de Dufresne. Son père dit: «Eh oui! elle aime beaucoup votre vedette. Et les animaux sauvages!» Je ne sais trop quel parallèle il avait voulu insinuer entre notre star du rock québécois et les fauves du zoo! Il s'identifia: «Pierre Moreau!» Il nous donna sa carte. Il était un ingénieur dans le pétrole. Il habitait Lyon. Il nous a dit voyager beaucoup. Qu'il était allé en Alberta, au Canada, aussi à Terre-Neuve et dans l'Arctique, du côté de notre mer de Beaufort où l'on fait des recherches. «Je dois préparer des projets de négociation en vue de participations financières pour ma maison, Elf.» Cet homme bien mis, maman, qui a voyagé du Labrador au Texas, qui a habité Riad, qui dit parler quatre langues sans compter l'arabe «que je baragouine sans plus», nous semblait habité pourtant d'une immense tristesse. Cette enfant à grosse tête? Cet homme, qui aurait pu nous narrer sans doute mille et une anecdotes, nous questionnait sans cesse. J'ai reconnu ainsi l'homme supérieur, plus intéressé à faire parler qu'à raconter sa vie, toujours curieux et intéressé par les autres, il me semble que c'est le modèle de l'homme qu'on dit cultivé et je me promettais de l'imiter dorénavant. Ça nous a paru assez nouveau en France, quelqu'un capable de nous interroger, curieux de ce que sont les autres, il nous a semblé que c'était un Français d'un modèle peu courant. La plupart des Français rencontrés, avons-nous été malchanceux?, semblaient adorer répondre longuement à la moindre question et jamais intéressés à connaître nos opinions. Je dois dire qu'en te barbouillant tous ces cahiers je me venge un peu du fait, soit dit en passant. Comme monsieur Moreau n'avait jamais séjourné au Québec, nous lui avons brossé, à grands traits, le portrait de cette population française d'Amérique. Il nous a questionnés aussi sur nos projets personnels et ainsi a su que Rachel vivait aujourd'hui l'affreux suspense du G. C. P. A. P. L. F. Grand Concours de Photographie Amateur des Pays de Langue Française! Ouf! Et voilà que notre businessman lyonnais nous parle avec passion de l'art de la photo: «trop méconnu, méprisé, qu'on ne se décide pas à suspendre aux cimaises, alors qu'il y a tant de platitudes peintes», tout pour ravir ma Rachel qui ne le contredit pas un seul instant. Le voilà qui fait l'éloge de ces images répandues partout par l'imprimerie «qui ont délié les intelligences des peuples de toute la planète», et il dit cela en caressant la grosse nuque de sa pauvre enfant. Quand je lui dis que je fais de la céramique, c'est, de nouveau, l'enthousiasme, des propos sur Bernard Palissy, ce potier savant, sur la beauté de la céramique antique de la Corée, bien plus ancienne que celle du Japon, sur les modelages de l'art maya. Oh! l'homme d'affaires polyvalent, mère! Comme il n'a rien de commun avec tant de nos businessmen d'Amérique, enfermés le plus souvent dans une seule vision du monde. Il se lève et tapote l'épaule de la petite infirme. «Si vous voulez, derrière ma carte, je vous donne les coordonnées d'un ami de Lyon qui est un voyageur de commerce intéressé dans la céramique industrielle.» Il griffonne derrière sa carte. «Il pourrait peut-être vous être utile!» La fillette tente de sucer la limonade renversée sur la table métallique. Il l'en empêche tout doucement. Nous nous demanderons tantôt par quel détour la nature arrive à mettre ensemble un pic d'érudition et cet enfant-légume ! Soudain, la fillette court admirer un panda qui fait des cabrioles joyeuses dans son enclos. « Chacun porte sa petite croix, n'est-ce pas ? J'avais hérité de tous les bienfaits de la terre, une femme adorable, un garçon équilibré, la santé, le bonheur et... l'amour. Assez d'intelligence pour pouvoir jouir d'une certaine aisance matérielle. Alors, elle, ce n'est que justice après tout ! C'est ma faible part de ce grand fardeau qui pèse partout sur le genre humain. Je l'amène avec moi quand c'est possible, elle me rappelle continuellement ma chance. Au revoir ! »

Nous l'avons regardé s'éloigner dans son beau costume bleu acier, cet homme cultivé et serein qui fait voir des fauves à une enfant mongolienne dont il ne se débarrasse pas. Tache d'ombre sur une existence par ailleurs sans doute ensoleillée. Nous nous en allons aussi et Rachel me dit : « Peut-être que son ami, le voyageur de commerce, accepterait la distribution en France de ton nouveau service à thé, il y aurait mes photos de « Rome en France » imprimées dessus par décalcomanie ! Bonne idée, non ? Comme ça, ces photos serviraient à quelque chose, car je sens que le jury, en ce moment, rejette mon album ! » Je proteste. Sans trop de conviction.

J'ai rencontré ma Rachel, te l'ai-je déjà raconté, à mon atelier des Laurentides. Elle était venue préparer un diaporama publicitaire commandé par le directeur. Tout de suite, il y a de ça, quoi, cinq ans déjà, j'ai aimé ses manières, sa voix, son regard chaud toujours prêt à s'émerveiller, sa curiosité à connaître les secrets de mon métier. Je me souviens, ici, qu'elle avait dit alors : « Croyez-vous que c'est possible d'imprimer des photos sous vos couvertes émaillées?» La même idée vient donc de lui revenir. Pendant que nous marchons entre les pandas vers la Renault, je me dis que je ferai des expériences là-dessus. Maman, ça ne serait pas romanesque l'union de Rachel et Clément jusque dans nos arts? Ris, ris si tu veux, ma belle vieille, mais c'est ça l'amour: souvent ridicule aux yeux des autres. Je m'en fous! Toi qui faisais de la broderie et du crochet un temps, pourquoi n'avoir pas songé à traduire en laines les tableautins d'art naïf que papa bricolait dans la cave derrière son restaurant? Parce qu'on t'avait cantonnée dans un seul rôle, maudite époque: maman à temps plein! Arrivés à l'auto, Rachel m'a dit: «Si on allait à la fameuse butte Montmartre, penses-tu pouvoir conduire jusquelà?» Je l'ai fait! Et jamais je ne réussirais à te décrire l'étonnant circuit que je me suis forgé pour y arriver, sain et sauf. Une folie! Et un miracle: une place de stationnement, rue des Trois Frères, qui faisait «quatre» avec moi l'ancien frère des Ecoles Chrétiennes! Le ciel se couvrait de nuages très blancs et très ronds. Rachel était de bonne humeur. Square Willette, au pied du Sacré-Cœur, une gueuse en haillons superposés, immense oignon, vide par terre un plein sac de croûtons. Aussitôt une nuée formidable de pigeons s'abat sur elle et sur le monticule de morceaux de pain sec. Rachel a bondi sur son appareil. Clic, clic, clic! Des centaines d'ailes qui atterrissent, des cris d'affolement à la vue de cette manne sur le bitume! Nous avons pris le funiculaire antique pour notre ascension sur la butte et nous avons regardé tout le sud de Paris sous ces nuages d'ouate immaculée. Nous partirons bientôt, nous en avons le cœur serré.

Nous avons tout de suite aimé cette capitale de tous les francophones du monde. Profondément. Elle nous a subjugués et nous formons des vœux. Un jour... Je rêve : « Rachel, si le type de Lyon allait s'intéresser à mon service de vaisselle ? Si mon travail allait intéresser les marchands ? Si ça marchait fort ? On reviendrait à Paris ! »

Nous sommes allés vers la place du Tertre. Entre Japonais et Allemands, entre Américains et Hollandais, nous regardons toutes ces croûtes beurrées d'épaisse peinture. Camelote artisanale qui colore ce quadrilatère d'une joie brouillonne. Ça me rappelle les sempiternelles images des expos de plein air du Vieux Québec, du Vieux Montréal où l'on voyait déjà la fameuse basilique blanche qui est tout près d'ici. Rachel a faim. On s'est installés. La marquise de cette terrasse est déchirée, délavée par les intempéries. En face, il y a l'abbaye Saint-Pierre, après celle de Saint-Germain, la plus vieille église de Paris. Je ne me rappelle plus trop la légende du saint décapité qui aurait marché jusqu'ici, sur la butte, avec sa tête dans les mains. Saint Denis ? Comme toujours, nous cherchons des yeux les vrais, les autochtones, les « communards » authentiques connus pour leur farouche esprit de résistance et d'indépendance. Un long gaillard, au visage tout chiffonné, jette ses deux appareils-photo sur une table voisine et installe son maigre fessier sur une chaise de broche. Rachel, que les appareils-photos commencent à fasciner sérieusement, lui dit : « Que pensez-vous de la mini-Pentax, monsieur ? » Il lui jette un regard distrait : « Il n'y a rien pour battre la Leica, mademoiselle, rien. Mais je n'ai pas les moyens encore ! » Rachel lui dit : « Ah, je croyais que la Nikon, c'était le fin du fin ! » Le long type au visage oblong rapproche sa chaise et, à la surprise de Rachel, lui grogne : « Je vous ai reconnue. La finaliste du concours à la noix ? » Rachel me présente, se présente. C'est l'amusant manège des petites poignées de mains ultra-rapido, à la parisienne. Pendant que nous dévorons nos escalopes et nos nouilles, le long désossé se vide le cœur : « C'est con ce concours, avouez ! C'est du bidon ! On se marre, les « pros » du métier. » Il nous raconte qu'il vient de photographier un tas de nymphettes, des modèles pour les modes d'été. « Il faut bien bouffer, quoi, les escaliers de la butte toujours ! Des cons, ces cloches des magazines, des sonnés ! J'avais suggéré les catacombes, le cimetière de Montparno. Vous auriez vu le contraste. La vie, la mort. Les pucelles sur les tombes de Soutine, de Baudelaire, de Tzara, de Zadkine, de Forgue, de Maupassant, ça aurait cogné, non ? Mais non, on m'a pas pigé : un cadre de mort pour illustrer la vie, l'été ! Tous des empotés, ces directeurs artistiques ! » Rachel le questionne : « Pourquoi vous dites que le concours c'est con ? » Maman, Rachel, caméléon surdoué, a pris l'accent parisien parfait ! « Je vais vous dire, c'est vos juges. Foutaise ! Des pépères ! C'est de la blague, ils connaissent foutrement rien en photographie ! Il y a pas un seul gars du métier dans votre jury. J'aurais accepté, moi ou d'autres. Mais non, il n'y en a que pour les vieux littérateurs à Paris ! » Le filiforme bonhomme n'a pas tari de tout le repas. Il mangeait et parlait en même temps, nous répétant que tout était pourri, que « la putain de mode rétro » avait stoppé tout progrès dans tous les arts. Le soleil était devenu une « poursuite » de théâtre, apparaissant et disparaissant sans cesse, donnant un éclairage dramatique aux alentours de l'abbaye. Au café filtre, et on s'habitue à cette stimulante mélasse, il se leva d'un bond, l'œil à sa montre : « Merde ! Je dois aller à une parade de vieux guignols galonnés aux Invalides. » Comme il parlait de la difficulté de dénicher un taxi à cette heure du jour, nous lui avons offert de le prendre avec nous et il a accepté, souriant pour la première fois. Ça nous a fait un précieux guide en descendant vers la rue des Trois Frères et jusqu'à la rive gauche. J'ai connu le summum de l'énervement en allant tourner avec les autres dans le rond-point des Champs-Élysées, on a filé entre les palais, roulé sur le boulevard Roosevelt, traversé le surprenant pont Alexandre III. En nous quittant, il a lâché, inutilement un tas d'indications pour rentrer à notre hôtel sans encombre. Quand Rachel, le retenant par la manche lui a parlé de « Rome en France », il a glapi : « Ah oui ! Ouais ! Bonne idée ! Parfaite pour les vieux pignoufs et les bonzes académiques. Vous allez les avoir. Bonne chance ! » Il a filé, les deux appareils lui sautaient autour du cou.

Rachel dans l'eau chaude du bain, moi étendu sur le lit, on a parlé longuement d'Utrillo errant sur la butte, de Picasso et de sa bande, de la jeunesse du Bateau-Lavoir. J'ai dit à Rachel : « Comment ça se fait qu'il n'y a plus de grands novateurs, d'illustres libertaires ? » Elle est sortie de la baignoire triomphante, ruisselante d'eau, Vénus dans un tableau du vieux Botticelli, proclamant en m'ouvrant ses bras : « Parce qu'il y a la photo, monsieur Jobin ! » J'ai attrapé ma lauréate trempée, mon Picasso-tout-rose mon beau Modigliani-mouillé, l'ai serrée dans mes bras, l'ai enroulée dans les draps du lit, mon Lautrec-au-bain, et l'ai couverte de caresses et de baisers. Ça se fait bien, l'amour, l'après-midi.

La prophétie du photographe de magazine avait ragaillardi Rachel. Nous devions maintenant nous rendre chez le directeur Jean Rochemort. Il nous avait donné son adresse au téléphone. Il habitait pas loin de l'hôtel dans le Cherche Midi. Il devait nous amener, dans sa voiture, chez son patron, le coéditeur de l'album, si Rachel gagnait. Roger Laffront habitait presque sous le dôme du Val-de-Grâce et nous avions hâte de voir le « home » de ces deux Parisiens ; on nous avait tant répété qu'il était quasi impossible de pénétrer le domicile privé des Français. Eh bien, maman, on a pu en voir un logement parisien, le numéro 21 de la rue Cassette. Là-bas, maman, ils ne connaissent pas les adresses à gros chiffres. Il n'y a pas de rues à n'en plus finir comme à Montréal. Les rues sont en courbes et changent de nom, et de numéros civiques par conséquent, à chaque tournant ! La rue Cassette, pourtant résidentielle, ne diffère pas des autres rues plus commerçantes. Cette uniformité parisienne empêche la cacophonie visuelle de nos rues du centre-ville. Au rez-de-chaussée, il y a le logis du concierge, car il s'agit partout d'appartements que l'on doit acheter le plus souvent. On n'a pas vu de maisons unifamiliales, les duplex, les triplex, les bungalows, les cottages, ça n'existe pas dans Paris. Nous avons pris un bel escalier de pierre pour atteindre l'appartement de monsieur Rochemort. Son épouse, Hélène, nous a accueillis chaleureusement, son homme n'était pas rentré de son bureau de la place Saint-Sulpice dont je t'ai parlé dans mes premiers cahiers. Elle a dit à Rachel : « Alors ? Pas trop exténuée par l'attente ? Pas trop nerveuse ? Demain, le grand jour ? » C'est une grande femme forte, d'allure un peu sévère mais qui sait répandre la bonne humeur. Moqueuse et nous servant des scotchs à l'eau, elle dit : « Jean n'est jamais à l'heure annoncée à la maison, vous comprenez, il bouffe tant de manuscrits qu'il n'arrive jamais à les digérer tout à fait ! » Nous avons découvert des pièces spacieuses qui nous surprennent, des plafonds plus hauts qu'en Amérique, des murs garnis de moulures, des cadres anciens qui pigmentent le papier-tenture aux dessins discrets, les tentures sont épaisses, sombres, les rideaux d'un tricot dense, tout cela, somme toute, fait « vieille-France » et accentue nos préjugés. Les gens des vieux pays n'aiment pas les couleurs unies saturées, la décoration claire ? Le mobilier, lui aussi, fait ancien, c'est confortable cependant. On y est bien. On a l'impression d'héritage qui se passe de mère en fille depuis de nombreuses générations. Nous vidions nos verres quand monsieur Rochemort fit son entrée, accablé, épuisé, soufflant et pourtant jovial malgré tout. Nous étions contents de revoir ce petit homme aux mimiques drôles, aux reparties acides et parfois franchement cyniques. Il jette sa veste sur un canapé, défait sa cravate et nous parle de la folie monstrueuse et suicidaire de vivre dans la capitale, nous vante sa cachette en Normandie, nous annonce encore son envie d'aller prendre sa retraite dans le Toulouse-de-sa-jeunesse et puis avale à grandes lampées son scotch à l'eau. Hélène Rochemort nous avertit en riant qu'il ment effrontément, qu'il adore Paris, qu'il s'en ennuie avant la fin des vacances dans ses chères retraites. Cela n'arrête pas les traits corrosifs, l'esprit négatif mordant et les jugements radicaux chez ce petit homme dont la vigueur contredit la fragile silhouette. Il est bien en vie! Je t'ai parlé, maman, de cette vivacité, elle est communicative. Rachel le taquine, lui dit qu'il lui fait penser à son père bougon et râleur qui, au fond, adorait la vie. Jean lui dit: «Vous savez, ma petite Rachel, que Roger, le patron, vous a beaucoup aimée chez Récamier. Il a hâte de vous revoir et sachez qu'il est rarissime que le patron invite ses auteurs chez lui!» Rachel et moi, ensuite, lui parlons de la Côte d'Azur et des seins nus, de la Provence, de la Normandie et de la vallée de la Loire. À chaque région, c'est le mépris. «Il fallait aller dans le Toulousin, c'est le paradis!» répète-t-il. Rache lui parle du photographe de la butte Montmartre, de son mépris pour le concours et son jury. Jean vient s'asseoir entre nous deux. «Bon, écoutez-moi un peu. Paris est remplie à ras bords de toutes espèces de floués, d'aigris, de ratés, de carriéristes empêchés et déçus, de grands génies, de talents forts et souvent injustement bafoués. Paris est une grande capitale du monde occidental. On y vient de partout et on exige la réussite instantanée. Je suis déjà allé à Montréal. C'est merveilleux. C'est la paix, c'est agréable d'y vivre. Un vrai plaisir. Je n'y suis pas resté longtemps évidemment. Malgré vos longs hivers, je crois que je m'y installerais avec joie, mais je suis ficelé par mille liens à Paris, il est trop tard. J'aurai soixante ans, veux, veux pas. D'autre part, c'est évident, ce photographe expert, lui, aurait dû faire parti du jury!» Et il eut son sourire sardonique. «C'est un oubli grave, que dis-je, une erreur historique!» Ses épaules voûtées étaient secouées d'un rire étrange, par en dedans! «Tous ces gens nous trouvent affreusement vieux. Et résistants! Ils voudraient bien nous voir crever. Au moins que l'on décampe de nos postes. Tous les gens âgés, c'est bien connu, sont des voleurs de places qu'ils ne méritent pas. Tous, nous sommes des demeurés qui avons le toupet de rester en bonne santé. C'est emmerdant!» Rachel aimait bien l'ironie malicieuse de ce petit homme aux fines bretelles bleues. «Mais vous verrez, Rachel, ces vieillards cacochymes ont vu une ou deux bonnes photographies au cours de leur longue existence et sauront bien choisir le meilleur album.» Il alla se rasseoir dans un gros fauteuil gris souris: «C'est pour ça qu'il faut que je vous dise que vos chances de l'emporter ne sont pas très fortes. On m'a parlé de l'expérience de la Suissesse et de l'imagination furibonde du Belge. Soyez pessimiste, ça fera moins mal!» Rachel lui jeta un regard de panique, se demandant si, par hasard, une fuite n'aurait pas prévenu Rochemort du résultat des délibérations. Hélène s'amena avec la bouteille de scotch et dit en souriant: «Surtout, ne l'écoutez pas, je le connais mon bonhomme, c'est son air favori ça, préparer un auteur à un refus de manuscrit. Il l'exerce sur vous, en vue de pénibles entrevues demain matin à son bureau des éditions.» Rochemort reprit son hoquet moqueur. Il vint se rasseoir près de Rachel: «La vérité, c'est que je connais bien la plupart de ces hommes qui viennent de juger les albums. Deux d'entre eux ont une formation de sociologues, alors ils vont favoriser les portraits de joueurs de pétanque. Pour eux il n'y a qu'un sujet digne d'être retenu: les visages des humains!» Il avala un peu de son scotch, la main levée pour

301

bien faire voir qu'il n'avait pas terminé : « Il y en a deux autres qui sont de joyeux drilles une fois hors de la noble coupole de l'Institut. Alors, ils vont favoriser les danseuses du concurrent belge. » Il ferma ses yeux de vieux matou et sortit la langue : « Je les imagine feuilletant les nus du Belge avec la ferveur et l'excitation propre aux voyeurs ! » Les deux derniers jurés, je les connais moins, mais tout de même. On m'a dit que l'un d'eux pondait des poèmes ésotériques dans une manière d'hermétisme très précieux, que l'autre était un as dans les mathématiques modernes. Alors ? Vous pensez bien qu'ils n'en ont eu, cet après-midi, que pour la géométriste de Suisse ! Non, votre album gallo-romain n'a probablement pas eu de plaideurs ! Rachel regarda au plafond. « Mais quoi ! Vous avez fait un beau voyage, vous avez aimé Paris, vous avez eu du plaisir, de belles vacances, un long congé payé, alors ? Votre vie, là-bas, ne changera pas que vous perdiez ou que vous gagniez ! Pas vrai ! Soyez sage, Rachel ! »

Rochemort avait terminé son opération « préparation à l'échec », il vida son verre et alla s'enfoncer dans une causeuse usée. Nous n'avons plus rien dit durant quelques minutes, feuilletant tous les deux un vieux livre de reproductions des peintres célèbres de Montmartre qu'Hélène Rochemort avait posé sur mes genoux quand nous avions parlé de notre visite sur la butte. Rochemort brisa le malaise : « Faut y aller, mes amis ! Roger doit nous attendre ! »

Quand je t'ai écrit, au début de ce cahier, que tout était consommé, tu vas voir que ça s'en vient. Nous avons roulé vers l'est du Quartier Latin dans la vieille Peugeot bleu marine du directeur Rochemort. Avant de quitter l'appartement, nous l'avons entendu parler au téléphone à un certain monsieur Bonyenne. Il disait : « Écoutez-moi bien, mon petit Bonyenne, je ne peux pas vous refiler ces pages, ça ne se fait pas, ce serait manquer d'éthique et dites-le à votre Bertrand Pavot. La télévision doit jouer fair-play avec le reste de la presse ! » Rochemort semblait embêté, embarrassé, sans le vouloir il gueulait presque, nous avons entendu : « Mais, Bonyenne, pour qui je vais passer ? Je ferai mon possible, mais il faudra agir vite et garder le silence sur la manœuvre. Passez un peu après midi, je serai parti déjeuner. » Comme nous le regardions, il nous a confié : « La télé, c'est puissant et monsieur Pavot le sait, son petit Bonyenne me fait faire des bassesses, des accrocs à ma déontologie d'éditeur. »

Toujours mystérieux, on aurait dit le gros chat dans *Alice au pays des merveilles,* il nous a ouvert la porte. Nous avons descendu la rue Gay-Lussac après avoir traversé le boulevard Saint-Michel. J'ai aperçu le Panthéon, très gréco-romain, où dorment Victor Hugo, Rousseau, Voltaire, Mirabeau. C'est un imposant dôme, sauce antique, qui surplombe le quartier qui porte son nom. Rochemort, qui nous décrit les sites, conduit de façon incroyable, il nous regarde assis sur le siège arrière et se fout complètement de ce qui se passe devant sa voiture, dehors. Il faut le faire et il y a un bon Dieu pour les directeurs littéraires. Il tourne, sans regarder, vers le boulevard de Port-Royal, bifurque dans une rue modeste, mais aux maisons comme neuves de tant de rénovations, Henri-Barbusse. Il y a des échafaudages ici et là. Je suppose, maman, que, comme dans le centre-ville de Montréal, ils remettent à neuf de vieux logements achetés pas trop cher pour, ensuite, pouvoir les louer à prix fort. Cela se fait aussi à New York ou à Boston. Il paraît que les gens dans la cinquantaine reviennent des banlieues vertes pour vivre vraiment « en ville ». Le building du grand patron est coquet et bâtard. Dans ces travaux de modernisation tempérée, se mêlent aux inévitables appareils des commodités actuelles, les soucis de préservation des vieilles façades. Ce n'est pas facile. Nous nous sommes enfermés, tant bien que mal, dans un de ces minuscules ascenseurs parisiens, et c'est le P. D. G. lui-même qui nous ouvre sa porte. On s'imaginait bêtement qu'il devait avoir plusieurs domestiques. Comme au Récamier, il donne encore l'image d'un homme plein de raideur, de noblesse, cette allure qu'il dispute à un fond d'affection chaleureuse qu'il semble sans cesse contenir. Pudeur commandée par son poste ? Son regard souriant adoucit constamment la pose qu'il croit devoir adopter. Ce sera d'abord la visite de son appartement, c'est l'envers du décor de son directeur Rochemort qu'il martyrise affectueusement par des quolibets familiers dont le sens précis nous échappe. Nous sommes montés sur sa terrasse-balcon : vue saisissante sur trois horizons. À notre gauche, dans le brouillard léger du soir qui s'installe, la silhouette gracile de la tour Eiffel et le dôme des Invalides. Droit devant nous, un autre dôme, celui du Panthéon, croisé tout à l'heure. À notre droite, tout proche, Roger Laffront nous présente son imposant voisin, la coupole romano-jésuite du Val-de-Grâce, édifiée en 1638. Tu nous imagines, maman, l'humble potier de Saint-Jérôme et la modeste réalisatrice de publicités en train de contempler des panoramas parisiens de la terrasse de l'un des plus importants éditeurs de France? Nous nous sentons des étrangers bienvenus, acceptés. Ces deux hommes sont vraiment des étrangers, ils n'ont rien en commun avec les quelques hommes importants que nous connaissons là-bas, et, pourtant, ils sont aimables, prévenants, ils savent comment aplanir justement ces immenses différences nous séparant, gens des deux mondes, le Nouveau et l'Ancien. On se sent très à l'aise. C'est ça aussi, Paris, maman? On nous avait tant parlé de la froideur, de la réserve, de la hauteur des Parisiens importants! C'était donc un mensonge? Ou témoignages de gens moins chanceux? Laffront nous fait voir et sa cuisinette et sa chambre à coucher, sans façon, comme s'il était un ami de longue date. Sa ménagère, qui vient du Midi comme lui, se prépare à partir, lui dit que tout est prêt à être servi. Elle rigole de son inquiétude, défait son tablier et nous fait ses adieux en toute bonhomie provençale. Cette femme forte, au ton autoritaire, semble une mère pour son patron. À la voir seulement, nous avons la nostalgie de Saint-Rémy. De la Provence. Nous nous mettrons à table tous les six. Six, car s'est amenée une femme, Germaine, au langage franc, aux manières dominatrices et joyeuses à la fois, qui est sa productrice. Elle aussi semble vénérer «le patron» tout comme Rochemort. Nous avions pris un apéritif dans le salon meublé très «italien moderne». Monsieur Laffront nous parle encore du Québec où il a séjourné à plusieurs reprises, il nous questionne sur notre gouvernement social-démocrate et souverainiste, sur le Référendum perdu de 1980, sur les auteurs à la mode de chez nous, qu'il a souvent coédités avec Yvon Duméac. Il nous parle de nouveau de chasse et de pêche, des couleurs splendides d'octobre dans nos Laurentides. Il nous confie ses envies, jeune homme, d'émigrer chez nous.

Nous étions en train de siroter des cafés filtre quand le téléphone sonna. Le « grand homme » de Rochemort demande à ce dernier d'aller répondre et lui recommande, si on le fait demander, de répondre qu'il est couché, malade au lit. Il rit. Au bout d'une minute, Rochemort revient dans la salle à dîner. Tiens-toi bien, maman, car c'est le début du dénouement du suspense. « Le « téléphoneur » tient à te parler personnellement, Roger ! » Il y va. Rochemort vient poser ses grosses mains sur les frêles épaules de Rachel : « Ma petite madame, le monsieur du téléphone est un de nos auteurs et c'est aussi un membre de votre jury pour les photos. » Rachel s'est levée d'un seul bond ! Elle frissonne et nous regarde à tour de rôle. Germaine, Rochemort, sa femme et moi aussi nous doutons bien que ce juré du concours de Rachel ne téléphone pas pour savoir le nombre de pigeons se trouvant sur la coupole du Val-de-Grâce. Oh, maman, un silence de mort s'est établi ! Hélène Rochemort osa dire : « Rachel, ne vous excitez pas pour rien ! Il arrive souvent qu'un auteur ayant un texte refusé par mon mari sente le besoin pressant d'aller « en appel » auprès de « Dieu le père » lui-même. » Je regardais Rachel qui jouait avec sa bague à perle noire et j'entendis le directeur dire à son Hélène : « Monsieur de Boissec ne nous a rien soumis depuis vingt ans, ma bonne amie ! » Et il eu son petit rire narquois. Nous nous efforcions tous maintenant de comprendre le sens des éclats de voix du « patron ». Enfin, maman, après une éternité de deux ou trois minutes, le «grand manitou» des éditions Laffont réapparut. Il avait le bec fendu d'un sourire indéchiffrable. «C'est encore nos associés de New York, oui?» dit Germaine. Le P.D.G. reprit sa place très calmement. Je tentais de déchiffrer ce sourire qui me semblait différent de celui qu'il promenait depuis chez Récamier. Rachel aussi reprit sa chaise. Le patron souleva sa serviette avec des gestes calculés et s'essuya soigneusement les lèvres. Il finit par poser son regard sur Rachel qui tremblait d'appréhension. Il se décida à parler: «Ma chère Rachel, j'ai deux questions à vous poser. La première: Pouvez-vous garder un secret jusqu'à demain matin? Et la deuxième: Quel serait votre premier mot si je vous confiais que vous êtes la gagnante et cela, depuis deux bonnes heures?»

Oh! oh! oh! Bonne mère! Tous les visages se braquèrent sur ma compagne! J'aurais voulu faire tant de choses, crier, chanter, rire, que je restai muet et immobile. J'aurais pourtant voulu l'embrasser, la prendre dans mes bras, la serrer à l'étouffer. Contre toute attente, Rachel fondit en larmes, se couvrant la figure avec sa serviette de table mauve! Alors, nous nous sommes tous levés, nous l'avons entourée, tapotée, embrassée, consolée. Je dis aux autres: «Écoutez, Rachel pleure souvent au cinéma et parfois aux épisodes mélodramatiques des feuilletons télévisés, alors, elle a le droit, et une bonne raison, de pleurer pour une si grande nouvelle, non?» On rit. On la félicite. Le patron déboucha une Veuve Cliquot et l'on porta toast sur toast à la championne de la photo amateur de toute la francophonie. Quelle liesse, maman! Quelle joie vive!

Rachel, reprenant ses sens, s'est mise à rire avec nous et ne manqua pas d'engueuler amicalement Rochemort pour ses sombres prédictions. Nous buvions dehors sur la jolie terrasse, et Paris nous a semblé plus belle encore que sur ses plus belles photos. La soirée était d'une douceur troublante. Quand Laffront, Rochemort et les deux femmes décidèrent de retourner au salon, je suis resté un moment seul avec Rachel sur le balcon au-dessus de Paris. Je l'ai embrassée tendrement. Nous étions très émus et nos yeux se sont embués de larmes. «Je suis très fier de toi, mon grand amour.» Elle m'a répondu: «Excuse-moi pour les châteaux-en-vitesse et pour tout le reste. Merci pour ta patience, Clément!»

Nous avons terminé la soirée dans l'euphorie. Nous avons bu des tas de digestifs. Ivre, je deviens très bavard et je me mis à parler «à la française», donc très vite et avec «l'accent pointu». Nos hôtes ont ri tout en protestant de mes exagérations. «Les Parisiens n'ont pas d'accent! Qu'est-ce que vous allez chercher là?» répétait Germaine qui parle «parisien» avec ostentation. J'ai obtenu un certain succès avec un numéro du guide du beffroi sud de Notre-Dame, le distrait du château de Maintenon, l'affolée de Fontainebleau, «l'express» des voitures de Compiègne. Rachel, un moment sérieuse, a tenté de psychanalyser son amour réel pour les vieilles pierres, j'ai appris sa fascination pour un vieux mur de son enfance à Hull, pour une rocaille à Aylmer, sa peur des insectes qui pourtant la fascinent, son penchant bizarre en faveur du règne minéral. «C'est la permanence, la pérennité, le défi au temps, à la mort.» Plus légère, elle s'est moquée de l'exhibitionnisme des Niçoises, des mensonges des hôteliers de Trouville. On nous questionnait, nous avons raconté les chocs culturels constants et ce fut un résumé, maman, du contenu de tous ces cahiers que je t'ai consacrés. Hélène nous a dit : «Nous avons tant de griefs contre le Paris d'aujourd'hui que votre amour de la capitale devient un baume, un cicatrisant sur une plaie vive. Nous, les Parisiens, avons tendance à oublier les beautés de notre propre ville. » Le patron, pour rigoler, a préparé un contrat bidon se réservant la priorité de choix pour tous les travaux de photographie de Rachel, sa vie durant. Avant notre départ, il a pris la main de Rachel, la forçant à tremper son pouce droit dans le marc du fond de sa tasse à café, en guise de signature incontestable.

En route pour notre hôtel, mains au volant de sa Peugeot, tête tournée vers nous, monsieur Rochemort nous a montré les lieux les plus chauds des barricades de mai 1968, nous parlant de ses inquiétudes, ayant un fils-leader parmi les jeunes étudiants-émeutiers. Rachel semblait distraite ; songeait-elle à sa petite ville natale d'Aylmer, à son enfance à Sainte-Rose, à sa jeunesse rue Molson, à sa rue Saint-Hubert où, par la fenêtre de sa chambre, elle guettait, le soir, la sortie tardive de son père de la sempiternelle taverne d'en face ? Un papa inconsolable de n'avoir pu faire des études classiques, il était l'aîné d'une famille nombreuse, déçu de n'être qu'un modeste courtier à la Bourse de Montréal. Rochemort parlait avec émotion des lunchs qu'il apportait à son fils ici, près de l'Odéon, ou dans la cour de la Sorbonne qu'il nous faisait visiter, et Rachel ne regardait pas ; se revoyait-elle, grande fille maigre apprenant l'a b c du monde de la publicité, petite secrétaire prudente, timorée et mal payée? «Déjà, m'a-t-elle confié, j'étais ambitieuse, je voulais venger papa, l'épater aussi, à seize ans!» Tu sais, maman, pour les filles, c'est ce «premier homme» qui marque toute l'existence, comme, sans que tu le saches, tu as été «ma première femme importante». Celle à qui je désobéissais par défi en allant m'engouffrer dans cette soi-disant vocation religieuse, répondant au rêve du père. À ses exhortations incessantes quand j'étais ce grand adolescent ne sachant trop que faire de son avenir. Dans la Peugeot, Rachel s'étonnait sans doute elle-même non seulement d'être devenue cette réalisatrice estimée par tous ses pairs, mais d'être, un soir de fin d'avril, dans la voiture d'un important directeur d'éditions, d'être, dès demain matin, officiellement proclamée lauréate du «Grand Concours de Photographie Amateur des Pays de Langue Française» pour le ministère des Affaires étrangères de France.

Enfin seuls, nous avons marché dans la rue de Grenelle, nous avons pris la petite rue du Dragon, voisine des Saints-Pères. Rachel a fini par redescendre de je ne sais trop quelle songerie. J'ai su qu'elle s'était réveillée quand elle m'a dit, après un long soupir et une sorte de secousse de tout le corps: «Bon! Si on allait prendre le dernier café à nos Deux-Magots.» On y va. Rendus là, on a l'envie de revoir la petite place Furtensberg. La nuit est toute douceur, le ciel très noir, les lampadaires de la place rendent le lieu plutôt théâtral. Par une fenêtre aux volets grand ouverts, une femme au visage ovale encadré de longs cheveux roux est installée dans l'embrasure, buvant une coupe de vin rouge. Une musique d'orgue joue en sourdine. Apparaît soudain, derrière elle, l'Alexis au long manteau. Il porte un vieux pull-over bourgogne dont le large collet semble un licou médical. Le Frédo a-t-il menti, inventé cette histoire d'un homme fini ? Il lui brosse ses longs cheveux à grands gestes bien lents. Nous avons marché ensuite vers cette « plus vieille » église de Paris. La même musique grégorienne se fait entendre dans la petite rue de l'Abbaye. Un concert radiodiffusé ? Rachel décide d'entrer, on y a vu un public recueilli, d'une rare qualité d'attention. Sortis, nous lisons un placard discret affiché sur le mur de Saint-Germain, on y annonce aussi d'autres concerts d'orgue et de chants grégoriens, à l'église des Blancs-Manteaux, là où nous avions eu un malin guide israélite. Tu comprends, maman, Paris c'est une bande de travestis prostitués au Bois de Boulogne la nuit venue, c'est aussi les effeuilleuses des boîtes pornos de Pigalle, mais c'est aussi ces visages radieux, épanouis, contentés, aperçus tantôt dans la nef de Saint-Germain.

Une fois parvenus proche de « notre » terrasse, nous voyons l'imprécateur exalté qui fonce vers nous, ne nous reconnaissant pas sans doute, tout à son numéro d'invectives : « Arrière, duo sordide de bourgeois décrépits, arrière ! Vous puez le charnier des conforts rétrogrades ! Arrière, misérables charognes moribondes ! » À mon grand étonnement, Rachel accoste carrément ce Cassandre à foulard rouge et à chapeau noir, elle lui secoue le bras : « Taisez-vous un peu, vous ! Je ne suis pas moribonde du tout ! » Elle lui sourit et il en reste muet, peu habitué à trouver des interlocuteurs qui interviennent dans sa folie. Rachel lui crie, rompant sa promesse à Laffront : « Je viens de gagner le concours de photos des pays francophones!» Notre fustigeur des mœurs contemporaines en reste interloqué et déroule aussitôt son long foulard et l'offre à Rachel: «Félicitations! Tenez, c'est mon cadeau!» «Ah non, gardez-le, si jamais nous revenons à Paris un jour, on voudra vous reconnaître et puis vous en aurez besoin, si jamais vous décidez d'aller dans ce froid «Labrador lointain!» Vous vous souvenez?» Il reste ébahi puis se retourne pour injurier à la cantonade des «assis en putréfaction avancée». Nous nous éloignons alors qu'il enchaîne: «Cohorte infâme de culs ronds de bourgeois, le jour viendra où va fondre la faucille salvatrice et le marteau vengeur! Même les porcs refuseront de lécher vos plaies!» Sa voix se perd dans le tumulte du trafic du boulevard. Ce Paris vit tard. Rachel, soulagée du stress du concours, n'en est pas moins épuisée.

J'écris tout cela, cette vingtième journée en France, pendant que Rachel, avant de se coucher, fait le grand rangement de nos traîneries en vue du départ prochain. Elle a pris un bain tantôt pour réparer la fatigue de cette angoissante journée, elle a un regard triomphant qu'il fait bon lui voir prendre après tant de doutes sur son travail. Sa victoire m'enchante et me donne confiance en moi davantage. Rachel m'est un exemple, un stimulant. Je reviens de loin, comme tous les hommes de ma génération, misogyne comme mes «frères» dans les deux sens de ce mot. Tantôt, en me déshabillant, je chantonnais encore du Ferrat: «Le poète a toujours raison, la femme est l'avenir de l'homme!»

À demain, mère, femme, être humain désormais à part entière qu'on nous avait appris à

mépriser affectueusement depuis hélas des siècles et des siècles, amen!

Vingt et unième jour

Ma bonne vieille maman,

Bientôt, tu auras quatre-vingt-un ans, moi, cinquante. La vie va vite. Je pense à ça, qui n'est pas bien gai, justement parce que nous sommes heureux Rachel et moi. C'est dans les moments de bonheur qu'il m'arrive toujours de prendre conscience du temps qui file. Ce matin, Rachel est dans tous les journaux, parfois dans un petit coin de dernière page, mais elle y est. Nous avons reçu un tas de gentils télégrammes dont un du concurrent français. Le téléphone sonnait souvent et j'ai joué avec plaisir le secrétaire de la lauréate. Un appel est venu du bureau de l'hôtel voisin, des Saints-Pères : Nous vous invitons à un petit déjeuner « spécial » dans la cour. On y est allés, la gérante de notre Pas-de-Calais a félicité Rachel avec emphase et nous a prévenus qu'à notre retour, il y aura un excellent champagne à sabler au salon. Un matin plutôt pétillant ! Ronald Vilemain-Des-Ormes a téléphoné, suppliant Rachel de venir au plus tôt rue du Bac : « D'abord pour vous presser sur mon cœur et puis vous fournir toutes informations pertinentes au sujet de la conférence de nouvelles, rue Pergolèse, et le dîner officiel à la résidence du délégué général, avenue Foch. » Il lui a parlé aussi d'émissions de télé aux studios des Buttes Chaumont et à ceux de Joinville. Rachel tremble d'énervement, a sorti son mini-fer à repasser. « J'ai rien, maudit ! Qu'est-ce que je vais me mettre ? » Et elle eut un hoquet de champagne. On n'a pas l'habitude de trinquer si tôt le matin ! Maman, toi qui as passé ta vie active dans de petites robes de maison en coton fleuri, si tu savais les soucis vestimentaires des jeunes femmes de carrière ! J'en parle à Rachel qui me dit : « C'est fou, mais si tu savais comme le préjugé sur les femmes qui font carrière en perdant toute grâce, toute féminité, nous terrorise encore ! » Elle finit par choisir sa jolie blouse caramel, à frisons au col et aux manches, sa jupe plissée coquille d'œuf avec son veston de velours noir bien coupé. Je la taquine, lui disant qu'elle joue la carte mi-féminine, mimasculine. Je lui parle d'hermaphrodisme larvé et nous rions encore en nous rendant « à pied, ça va nous détendre » vers les Services culturels de la rue du Bac. J'achète des fleurs, square Boucicaut, où il y a un petit marché en plein air. Rachel va se mirer dans une vitrine de la rue de Babylone. « J'ai l'air du diable ! » C'est le signal pour que je proteste : « Voyons ! t'es resplendissante, mon amour ! » Dans une vitrine des Services : une tapisserie des photos de Rachel et des agrandissements d'articles de presse parus ce matin ! Efficace le DesOrmes ! La téléphoniste-secrétaire, la bibliothécaire, l'adjointe du directeur, toutes nous entourent et félicitent en chœur une Rachel qui proteste mollement et remercie, parle de chance, de hasard. Un cri du cœur éclate du haut de la mezzanine, c'est Ronald : « Vous êtes aujourd'hui l'honneur et la fierté du Québec en France, Rachel ! » Il descend majestueusement l'escalier, les bras levés, la bouche en cœur : « Vous êtes le plus beau lys de notre drapeau ! » Embrassades, accolades. Il la fait monter vers son bureau d'une poigne solide : « Venez vite dans mon bureau, nous avons un agenda chargé, ma pauvre amie. » Il vient pour me claquer la porte au nez, mais j'ai tout juste le temps de la retenir pour lui dire : « Je peux me servir du téléphone de la salle de lecture, oui ? »

Je me suis enfermé et je signale le numéro de ce voyageur de commerce, ami de l'ingénieur Moreau rencontré au zoo de Vincennes, un certain monsieur Barbicaut. Il est chez lui, toute gentillesse, me demande s'il lui est possible d'avoir des photos de mon service à thé aux couleurs de l'automne québécois, je lui dis que je ferai les démarches et nous nous donnons rendez-vous dans le salon du Pas-de-Calais.

Rachel sort du bureau du directeur et m'adresse un long soupir ! « Mon pauvre amour, encore une journée de salamalecs ! » Dans le hall, un beau jeune barbu, enregistreuse en bandoulière, demande une interview pour sa station de radio. Petit regard paniqué de Rachel et elle s'installe bravement devant le micro du radioman. Je la sens s'imposer un cran qu'elle sait s'inventer pour cette sorte de circonstance. Le reporter fait tourner sa machine à ruban : « Ici Luc Turgeon, j'ai devant moi la lauréate du grand concours de photos organisé parmi les pays francophones. C'est une Québécoise ! » Et il lit les notes biographiques du communiqué préparé par le bureau de Ronald. « Maintenant, dites-nous, madame, de quoi est constitué cet album vainqueur ? » J'écoute Rachel qui dit d'une voix qu'elle tente de contrôler dans le grave : « J'ai hésité au tout début. La France, pays organisateur, nous laissait entièrement libres pour le thème de l'album à présenter. J'ai d'abord regardé Paris mais j'ai eu peur de la redondance inévitable. Nous avons voyagé, mon compagnon et moi. La Côte d'Azur d'abord, la Normandie, la Provence, la vallée des châteaux... »

J'en ai profité pour parler à DesOrmes d'un projet de licence pour mon service à thé à faire fabriquer et distribuer en France. Je lui parle de l'homme d'affaires Barbicaut, je lui demande s'il croit possible de trouver des photos, mon service ayant déjà été exposé avec d'autres objets de design québécois en Italie et en Belgique... Il m'interrompt tout à coup : « Écoutez, Clément, vous sortez de mon domaine. Ce projet relève plutôt de l'Industrie et du Commerce. Je peux les alerter si vous m'y autorisez. On en reparlera, j'ai les chats de votre compagne à fouetter. On verra plus tard. Je suis débordé aujourd'hui. » Je lui dis en toute innocence : « J'irai voir du côté du Canada, rue Constantine ! » Il a presque crié : « Je vous en prie, ne faites pas ça ! N'allez pas là ! Ne brouillez pas la situation, votre patrie c'est le Québec. Comprenez donc que je dois me consacrer à Rachel tout entier... » Il était devenu fébrile et énervé sans bon sens, alors je crus bon de lui dire : « Je veux vous remercier pour tout ce que vous avez fait déjà, pour tout ce que vous ferez ! » Je m'étais levé. Il est venu soudainement se jeter dans mes bras en pleurant à chaudes larmes : « Oh, merci ! Si vous saviez comme je suis habituellement accablé de reproches, de blâmes, ou alors c'est l'indifférence totale. Merci, Clément ! » Il se mouche et tente de se calmer, secoué de gros hoquets : « Les gens des arts plas-

317

tiques surtout sont d'une dureté, jamais satisfaits! Ça m'a fait du bien, votre reconnaissance, merci! Je fais un métier impossible avec des moyens de broc et de broche!» En retournant dans le grand hall, je trouve une Rachel entre deux autres reporters de radio et je l'entends, la pauvre, qui répète: «J'ai hésité entre la Bretagne et la Normandie, entre la Côte d'Azur et la Loire...» DesOrmes me chuchote: «N'oubliez surtout pas: midi, aux bureaux de la rue Pergolèse, ensuite à la résidence du délégué général du Québec qui est considérée par l'Élysée, vous le savez peut-être, comme une véritable ambassade! Monsieur Michomifrette a très hâte de féliciter votre talentueuse Rachel. » Il m'entraîna à l'écart: « Sans vouloir me vanter, sachez qu'il m'a fallu déployer beaucoup d'astuces auprès des jurés pour parvenir à cet heureux dénouement. Certes il y a les mérites de son talent, mais vous n'êtes plus un enfant, le soir de la présentation, je me suis dépensé sans compter afin d'influencer le jury favorablement. » Il a un petit rire diabolique pour ajouter: «J'ai même suggéré que si la France est le pays des mots, de la parole, le Québec, ai-je répété, est le pays des images! Vous vous rendez compte? Et puis, ai-je bien fait de lui conseiller de quitter Paris pour la Provence, hein? Voyez les résultats aujourd'hui!»

À onze heures, pendant que des clients et la gérante de l'hôtel fêtaient gentiment Rachel, je suis allé m'enfermer avec l'agent Barbicaut dans le petit bureau de l'hôtel. Il me sort le cahier publicitaire de notre usine: «Voyez! je l'ai obtenu aux bureaux de la délégation du Canada! C'est très intéressant, votre poterie. Rustique, original!» Je songe que DesOrmes aura une attaque cardiaque en apprenant que le Canada est mêlé au projet. Le vendeur au torse très droit d'un colonel des anciens temps me dit : « Votre produit devrait s'adapter à ravir à tous ces mas que l'on rafistole en demeures secondaires, à cette mode pour la rusticité, le style Louis XIII. Il y a une faveur spéciale ces années-ci pour les paysanneries de toutes sortes. Ça tomberait pile. » Oh, mère, me voilà presque aussi excité que Rachel, tu te rends compte, ma vaisselle dans les « hameaux chics » des Français ? « Ne vous emballez pas, monsieur Jobin. Je devrai d'abord faire un mini-sondage. Voir si le « plâtre peut prendre ». Je ne peux pas investir sans enquêter un peu, sonder une ferveur toute éventuelle, hypothétique. J'ai confiance, sans plus. Je peux me tromper. Dans la situation économique actuelle, il ne faudrait pas. Je ferai venir quelques exemplaires de votre service et si ça colle, je me rendrai à Saint-Jérôme aussitôt ! » Nous allons trinquer avec les autres au succès de la Québécoise et puis ce sera le départ pour la rue Pergolèse avec, maman, le chauffeur privé du délégué venu nous quérir ! Okay ? Belle D. S. gris métallique ! DesOrmes assis en arrière avec Rachel ne cesse de la « préparer ». Ce qu'elle devra dire à la presse, ce qu'elle ne devra pa dire, qui il ne faut pas oublier de mentionner dans ses hommages et remerciements. « Parlez beaucoup des jurés, parlez des Affaires étrangères, de leur générosité, vous n'êtes pas obligée de mentionner le petit effort du Conseil fédéral des Arts, essayez de ne pas oublier nos Services culturels. » Il en rougit. « Nous sommes tant critiqués par les députés de l'opposition, à l'Assemblée, au Québec ! » Eh oui, maman, ton grand dadais de fils se promène dans Paris en limousine avec chauffeur et va manger à la table de l'«ambassadeur» du Québec en France, dans la fastueuse avenue Foch.

Maintenant, tu vas m'excuser, mais nous rentrons si harassés de cette journée, je ne trouve plus la force de te narrer par le détail les péripéties de ce dîner d'honneur. Sache seulement que, malgré les énervants conseils de DesOrmes, tout s'est déroulé avec gentillesse de toutes parts. Monsieur le délégué Michomifrette a été des plus affables sans jamais être amène. Il se sert de sa petite voix aigre pour dominer les conversations, il joue le fin diplomate sans effort apparent, un vrai diplômé de l'E. N. A. qui semble être l'école des écoles dans ce domaine. Rachel, aux journalistes pas bien nombreux au rendez-vous de DesOrmes, a su remercier gentiment tout le monde et n'a oublié personne. Elle m'a même remercié publiquement! Michomifrette a fait rougir les juges à force de vanter leur excellent jugement! On a mangé du saumon importé de Matane par avion. Au dessert, il y avait du sirop d'érable, un choix de compote aux bleuets du Lac Saint-Jean ou aux pommes de Rougemont. C'était sucré et bon. Michomifrette a fait applaudir son chef qui ne savait plus où se mettre tant il était gêné. Rachel est bien plus forte que je ne le pensais. Chaque fois qu'on l'a questionnée, et il y avait souvent des pièges, elle s'en sortait habilement. DesOrmes l'a chaudement félicitée. Nous avons pris des digestifs dans les salons de la délégation meublés à la québécoise, entourés de grands tableaux de Pellan, de Riopelle, de Borduas. Une fortune d'art prêtée par nos musées. Un à un, les jurés venaient près d'elle: «Vous me devez votre gloire, on s'opposait et j'ai plaidé avec con-

viction pour votre Rome-en-France!» Un autre:
«Je vous avais dit que vous gagneriez! J'en étais
sûr!» et c'était le pessimiste qui vantait l'art
géométrique de la Suissesse. Un autre encore:
«Vous avez bien fait de suivre mon conseil, d'aller en Provence!» et c'était celui qui conseillait
«les visages de la quotidienneté parisienne!»
C'était un divertissement étonnant. Rachel en
riait!

C'est un dîner qui a fait qu'il devait être six
heures de l'après-midi quand on a pu aller se
reposer et se rafraîchir à notre hôtel. À dix
heures, ce soir, il fallait nous rendre à une
soirée spéciale organisée par le délégué, nulle
part ailleurs qu'au célèbre Lapin Agile, nommé
jadis «le Cabaret des Assassins» à cause des
fumeurs de haschisch, traités alors d'«has-
chischins». Au début des années 1900, c'est là
que se divertissaient les Carco, Dorgelès, Mac-
Orlan, Vlaminck, Picasso. Nous sommes allés
manger une petite bouchée vers huit heures et
demie au charmant petit restaurant de la rue de
Grenelle. Le patron, toujours l'air bougon, a
pourtant très aimablement demandé la photographie de Rachel, lui promettant de la faire
encadrer et de l'accrocher à côté de celle de
notre grand barde Gilles Vigneault. C'est notre
bon gros Yvon Duméac qui nous avait invités à
«casser la croûte», comme disent les Français.
Il était allé à la Foire du Livre de Bologne, celle
de Francfort et partait pour celle de Bruxelles!
«Oui mais, vous savez, je suis un peu fatigué de
courir l'Europe. Je me ferai déléguer bientôt, je
suis si bien dans ma chère rue Laurier, dans
mon petit bureau de la rue Durocher!» Il a parlé
de la promotion et de l'édition de *Rome en
France,* du succès que cet album aura un peu

partout en Europe, de projets de coéditions en langues étrangères qui devraient se présenter nombreux dans les semaines qui allaient suivre.

Rachel était comblée et a pu raconter sans aigreur sa mésaventure du côté des châteaux et cette Expo gigantesque d'albums qui l'avait assommée à Compiègne! On en riait à gorge déployée maintenant. Quand il a su pour la petite réception chez Laffront, il a paru surpris, désappointé d'avoir été oublié, nous parlant d'un manque de loyauté, de franchise: «Vous savez, Rachel, le monde des éditeurs n'est pas plus aimable que n'importe quel autre monde commercial. C'est un *rat race,* oui, oui, une course de rats!» Et il avala goulûment un gros fromage gruyère plein de petits trous. Nous l'aimions. Nous aimions ce restaurant sans chichi. Nous aimions les dîneurs inconnus du restaurant. Nous aimions la ferveur incontinente d'Yvon Duméac que Rachel remerciait et qui dit: «Ça fait du bien. Les écrivains sont des enfants gâtés, jamais contentés, toujours capricieux et insatisfaits. Vous me voyez ravi qu'un de mes auteurs me dise un mot que je n'entends plus jamais: merci! Merci!»

Nous avons pris un taxi vers la Butte après ce petit souper rue de Grenelle. Le Lapin agile, maman, est un cabaret tout modeste malgré sa gigantesque réputation. C'est étrange d'arriver devant une si petite bâtisse. Le nom vient du fait que l'enseigne peinte était signée: A. Gill, le dessinateur. C'est donc devenu «Le lapin à Gill» puis «Le lapin agile», anecdote de Michomifrette qui nous fait sourire alors que nous admirons, avant d'entrer, la vieille charmille, la petite vigne millénaire bien vivante encore, l'acacia multi-centenaire qui camoufle la petite

« boîte ». Nous avons aperçu le Sacré-Cœur tantôt, au-dessus de la crête d'un vieil arbre. Beaucoup de verdure par ici, dans ce quartier où l'on rénove aussi, changeant des maisons délabrées en riches logis pour des Alain Delon, des Belmondo et autres « stars » qui s'installent tout au tour. À l'intérieur, les murs sont restés intacts, peints en noir. Ambiance plutôt sordide. Nous étions émus de nous asseoir sur ces banc inconfortables où tant de fessiers célèbres se posèrent il y a plus de soixante ans ! Un maître de cérémonie, au bagout de « titi » parisien, a souhaité la bienvenue à « son ami » Michomi-frette et à ses invités, a salué avec l'éloquence d'un « truand du milieu », chaude et sans flon-flon, Rachel, la lauréate des « causant français de la mappemonde ». Nous avons été émus d'entendre chanter Édith Butler dans ces vieux murs à chansonniers. Elle nous dira plus tard qu'elle est descendue aux Saints-Pères en vue d'un début de tournée ici. Jadis, au Lapin agile, maman, des génies méconnus se débattaient dans la pauvreté pour faire valoir leurs talents en friche. Maintenant, en civilisation industrielle des loisirs, des artistes débutants sont aidés, épaulés, subventionnés. Le monde du spectacle a changé et Van Gogh ne se trancherait plus l'oreille !

Il devait bien être deux heures du matin quand nous sommes sortis du Lapin agile. Pour des Québécois, cette nuit d'avril est d'une douceur surprenante. Nous avons ri de l'ennui des Japonais du Lapin agile qui écoutaient sans entrain tout ce répertoire de vieilles complaintes des années 1900 chantées par les nôtres. Nous avons marché dans les rues étroites de Mont-martre, apercevant le vieux Moulin de la Galette, rue Lepic, le numéro 54 où habitèrent les frères Van Gogh, le Moulin Rouge où Toulouse-Lautrec brossait ses cartons à la japonaise. Nous étions fatigués, un peu ivres, un peu perdus aussi, aucun taxi à l'horizon. Édith Butler jouait du «pouce» et riait; nous avons atteint la place Blanche, avons marché boulevard de Clichy pour arriver à la place Pigalle. Certains parmi le groupe eurent la chance d'intercepter un taxi revenant d'une course. Nous croisions des «filles» en maraude, des «apaches» modernes qui nous balbutiaient dans l'argot convenu d'allusives invitations à des *shows* cochons, tentant de nous allécher avec des photos de partenaires contorsionnistes aux acrobaties burlesques qui nous faisaient rire, décevant fort ces rabatteurs de gogos en goguette. Rachel et moi aimons joindre ébats érotiques et sentiments humains et trouvons d'une tristesse répugnante cette gymnastique unidimensionnelle. À tour de rôle, nos commensaux du Lapin dénichaient des taxis et nous nous sommes retrouvés seuls, square d'Anvers. Nous nous sommes embrassés tendrement, au sein de cette nuit de Pigalle. On se rend compte, maman, que les autres ce n'est pas vraiment l'enfer mais une sorte de purgatoire, chaque fois on sort plutôt soulagés de ces bains de petite foule trop bien organisés.

Enfin un taxi pour nous aussi! Il est conduit par un nabot muet qui nous mène avec un art de virtuose à notre hôtel. Paris vidé devient un grand parc de monuments dans lequel il est très plaisant de rouler. Nous sommes tombés en travers du lit. Rachel, la victorieuse, a sombré aussitôt dans un profond sommeil. Je me suis relevé pour fumer une More et, comme promis, je me suis décidé à te décrire cette longue journée

J'en ai «la crampe de l'écrivain» et je cogne des clous. Alors, sa mère, dodo, puisque demain ce sera mon dernier «devoir» et notre dernière journée avant celle du retour. Hélas!

Dernier jour

Maman,

Ça y est, c'est fini! Demain matin, nous irons à l'aéroport d'Orly pour le retour de «notre» côté de l'Atlantique. Cette dernière journée en France a été de deux ordres. Une moitié consacrée à la publicité télévisée pour l'album «Rome en France», l'autre, autrement plus intéressante, à dire adieu à ce pays, à cette ville bien plus contrastée qu'on ne le croit, tu vas voir. C'est là qu'on a compris vraiment que nous ne connaissions pas Paris, qu'il nous faudrait des mois, une année, et encore, pour la bien visiter, l'assimiler, faire connaître sa population super-active, embarrassée sans doute à l'occasion par ce tourisme fourmillant, mais qui continue néanmoins à être ce peuple pittoresque, haut en couleur. Un tour de force!

Je ne te dirai que quelques mots à propos des interviews de la matinée. Nous sommes descendus du métro trop tôt et nous ne savions plus dans quelle direction aller pour les Buttes Chaumont. On interroge un passant. Catastrophe! Tu te souviens que je t'ai parlé d'un vendeur impatient dans un bar-tabac parce que je ne m'exprimais pas assez rapidement? C'est un genre de Parisiens. Il y a l'autre genre, le genre pas nerveux, pas pressé. Notre passant est un sexagénaire rubicond qui fait des bruits de bouche et postillonne comme une fontaine en parlant. «Où se trouvent les Buttes Chaumont? Oui, oui! Bonne question. Vous n'en êtes pas très éloignés. Attendez... attendez!» Il jeta de longs regards aux quatre horizons, cherchant lui-même à s'orienter, semble-t-il. Comme nous avions peur d'arriver en retard à cette entrevue télévisée, je dis: «On questionnera quelqu'un d'autre, excusez-nous.» Il m'empoigna fermement un avant-bras et me crachota: «Mais non, mais non. Je connais, je connais très bien, je suis né ici. Ne bougez pas. C'est qu'il y a plusieurs façons d'y arriver. Attendez! Ah! Vous savez, les Buttes c'est un joli parc, vous verrez, un poumon essentiel pour le nord-est de Paris, mais est-ce que vous savez qu'il s'agissait jadis d'un ancien dépotoir? Mais oui, chers visiteurs, c'était un tas d'ordures. C'est encore le Haussmann de Napoléon-le-troisième, qui transforma cette colline à vidangeurs en un parc, en Buttes Chaumont, quoi! Vous aimerez y grimper, on a une belle vue sur Paris de là-haut, vous apprécierez, j'en suis sûr. » Rachel regarda sa montre: «C'est que nous sommes en retard, c'est pour la télévision!» Le rond bonhomme souleva son chapeau deux ou trois fois comme pour saluer des vedettes qui, supposait-il, lui étaient inconnues. «Je vois. C'est au sud des Buttes, ces studios. J'y suis déjà passé. Bien. Je vais essayer de vous expliquer. Euh... le mieux ce serait de marcher par là, oui, tout droit. Vous ne pouvez pas vous tromper. Tout droit. Vous verrez bien, ce n'est tout de même pas un petit square. Ça va vous sauter au visage. Permettez-moi de vous recommander de louer une barque. Oui, on y a aménagé un joli petit lac... » Nous lui avons tourné le dos abruptement en lui criant des « mercis ». En marchant, Rachel sort de son sac un bout de papier et découvre que ce n'est pas à neuf heures, l'interview à enregistrer, mais à dix heures. On ralentit aussitôt le pas. Nous voilà encore avec une heure à perdre et nous regrettons maintenant d'avoir interrompu notre intarissable informateur de tout à l'heure, ça faisait du bien de rencontrer un Parisien bon vivant pas pressé. Nous avons aimé ce quartier de Paris tout de suite, c'est plus vrai, plus réel que les sites historiques du centre-ville, nous nous sentions au milieu du vrai monde, du peuple ordinaire, sans aucun touriste japonais ou autre à l'horizon. On s'est dirigés vers le vieux canal Saint-Martin. De nouveau des images d'album et de cinéma se superposent à ce qu'on voit. Des milliers de péniches voguaient jadis par ici et il en reste encore. On regarde les écluses et les passerelles. Il y a de vieux arbres un peu partout, on se croirait en Hollande, dans des gravures du grand fou roux, Vincent Van Gogh. On c'est arrachés de force à ce rafraîchissant spectacle pour aller prendre la rue Simon Bolivar et atteindre la rue des Alouettes vers les studios de la S.F.P. Cette fois, tous les jurés du concours y étaient. C'était ce que l'on appelle une « table ronde ». Ils entourèrent de nouveau Rachel pour qu'elle les remercie et les félicite quasiment de l'avoir élue! Certains juges crurent bon d'assommer les vaincus, le Belge : « son album était folichon, d'un polisson disgracieux », la Suissesse : « une présentation cérébrale, réfrigérante, aseptisée », le Français : « un album banal, simpliste, navrant de monotonie ». Un régisseur donna le signal qu'on allait enregistrer et commanda le silence. Dès les présentations faites, installé dans la régie, j'entendis le réalisateur, qui avait la tête du jésuite du film *L'exorciste,* grommeler en écoutant les longues tirades des jurés: «Marinisme, gongorisme et euphuisme! Les bavards!» Chacun des jurés étalait son bagage culturel, chacun discourait à perdre haleine sur ce qu'il savait des envahissements romains en Gaule. Bonne mère, quelle jactance incontinente! Le réalisateur protestait entre les dents: «Vont-ils laisser parler la petite Québécoise, ces précieux!» je dois t'avouer que j'étais plutôt fasciné par ces érudits, je m'instruisais à bon marché. Rachel, qui n'avait pu placer au début que quelques mots de présentation, fut invitée au bout du ruban magnétoscopique à prononcer la péroraison. Il restait trente secondes, l'animateur en prit vingt-cinq, disant: «Chère lauréate, vous allez sans doute vouloir clore notre émission en exprimant, évidemment, d'abord de la joie, mais vous pourriez nous dire aussi l'angoisse qui a dû vous talonner tout au long de cette course aux images sur notre territoire qui offre tout de même assez de contrastes, beaucoup de champ exploratoire, ce qui devait vous rendre, allez-vous le souligner, hésitante et peut-être même, disons-le carrément, perplexe. Allez-y, Rachel!» Rachel émit: «Je suis heureuse et je vous en remercie!» La voix du régisseur tonna: «Terminé! Merci tout le monde. L'équipe: à demain.» C'est ça, maman, la télé. Ça «flaille» en titi! Tu vois, le «joual» me repogne, je me prépare à revenir! Je blague car nous nous sommes fait la promesse, Rachel et moi, d'essayer constamment de mieux nous exprimer, c'est si beau, une belle machine langagière qui ne gronde pas dans les virages!

Près d'un buffet, le jury grignota des petits fours et s'avoua unanimement enchanté par les propos de ma compagne! Nous n'en revenions pas! Le poète Roche attira Rachel dans un coin du studio et, la menaçant d'un index levé, lui dit en souriant: «Je n'ai pas voulu vous gronder sur les ondes, chère madame, mais vous avez omis de photographier les importantes ruines en Bourgogne, à Autun et surtout, surtout Alésia, là où Vercingétorix résista si vaillamment à l'Empereur des légionnaires, Lucien, premier martyr en somme de cette France en langes!» Rachel me regarda et puis lui dit ironiquement: «Ce sera pour la prochaine fois. Nous n'avions droit qu'à cinquante photos!» Dans un couloir, j'aperçus Léon Zitrone que nous avions vu à la télé au Québec. Je me présentai et lui dis: «Monsieur Zitrone, nous aimions bien votre façon de donner les nouvelles sans avoir l'air de lire bêtement des bulletins, donnant l'impression d'une conversation naturelle.» Il s'écria en levant des bras «gaulliens»: «Mon ami, vous me faites envoyer un contrat et je signe, je traverse l'océan!» Il s'en alla fier et satisfait. Un beau grand vieillard bien droit encore s'approcha de Rachel dans le hall: «Madame, vous visiterez probablement Rome maintenant. Avant d'y aller, promettez-moi de lire mon petit roman, je vous en donne une copie.» Il marcha vers un studio et nous avons lu le titre de son livre: *Tempo di Roma*. Un joli cadeau! Le patron de la «boîte», avec l'air onctueux d'un cardinal, félicita Rachel et condescendit à lui ouvrir les portes.

Plus tard, un chauffeur de la S.F.P. allait nous amener aux studios de cinéma de Joinville, dans la banlieue est de la capitale. On y tournait un documentaire sur les vestiges gallo-romains et on en profiterait pour ajouter les photos primées et une interview de la lauréate.

Nous avons profité de cette pause pour aller grimper au faîte des Buttes Chaumont, regarder son lac, son îlot, ses rochers, son acropole décorative, petit temple à la sauce grecque. On emprunta « le pont des suicidés » en briques. De là-haut, la vue sur Montmartre et sur le Quartier Saint-Denis était voilée par un léger brouillard. Nous avons dit « adieu » au Sacré-Cœur dans la brume !

Arrivés à Joinville, le réalisateur nous expliqua : « C'est ici que furent tournés, au début de ce siècle, les premiers essais des fameux pionniers du cinéma, de Charles Pathé, puis ceux des frères Lumière. » Dans un des studios, maman, nous avons regardé jouer l'acteur Michel Bouquet dans une séquence de *La Sorcière* de Michelet. Tu sais que j'ai toujours été fasciné par l'inquiétant visage de ce comédien, son perpétuel sourire de satrape et sa voix salace. Il a murmuré, à voix basse, quelques félicitations et, sans avoir compris un mot, Rachel l'a remercié tout bas. Le volet-Rachel fut donc ajouté au film en cours. Elle a été parfaite, concise, claire, candide comme il se devait, parlant de notre émerveillement en découvrant d'abord le théâtre antique d'Orange et puis tout le reste.

C'était fini, les relations publiques ! Nous n'avions plus qu'à lire journaux et magazines, qu'à regarder la grosse télé du salon de l'hôtel ; ce qui nous fouettait, c'était bien plutôt ce dernier après-midi à Paris, ces dernières heures de congé payé, de liberté. La voiture nous a ramenés aux Buttes Chaumont et nous décidons d'aller fureter dans le célèbre cimetière du Père Lachaise, dans le quartier Belleville qui était «la campagne des rois mérovingiens du haut moyen âge», raconte un fascicule. Il deviendra, dans les années 1800, «le rendez-vous des promeneurs parisiens tant on y trouvait des gargotes, des guinguettes et des «petits bals». On y a vu de vieux escaliers comme ceux du Vieux Québec, puisque la colline de Belleville rivalise avec celle de Montmartre. Chère maman, en entrant chez Lachaise qui fut le confesseur de Louis-Soleil, je me suis souvenu de t'avoir dit, avant de partir, d'essayer de retrouver une trace de tes ancêtres, les Lefébure venus de la région de l'Île de France. Eh bien, tu vas être contente, Rachel a déniché et photographié un monument imposant où est gravé ton nom de jeune fille. Un dépliant raconte: «C'est parmi ces tombes que se livra le dernier combat des communards de mai 1871 contre la soldatesque versaillaise.» Oh, mère, il y a tant d'allées remplies à ras bords de tombeaux aux décorations souvent farfelues qu'on a l'impression d'un parc sculpté, inventé par un artiste pléthorique et dément! Cette nécropole gigantesque est encore un album historique, on y trouve le moine Abélard et sa soupirante nonne Héloïse, Chopin, La Fontaine. Colette que tu aimes tant. Molière que l'on fit patienter longuement, étant donné ses sarcasmes sur les tartufferies de son temps. Il y a Modigliani et Piaf, la peinture et la chanson. Maman, si tous ces fantômes se rencontrent dans la nuit de Belleville, quel beau feu d'artifice: Sarah Bernhardt et le gros dandy Oscar Wilde, Balzac, et Apollinaire. Toutes les célébrités dorment là, ma foi, du sommeil du juste et de l'injuste. Rachel me dit : « Tous ces grands esprits sont notre héritage à nous, les « parlant français » du monde, on l'oublie. On oublie d'en être fiers. » C'est vrai, maman. Jadis nos mentors, francophobes intéressés, tentèrent de nous instituer en bâtards égarés dans les bois sauvages d'une Amérique sans mémoire, sans culture et sans histoire.

Rachel me dit aussi, en me pressant contre elle : « Je suis fière d'être une Française d'Amérique, toutes ces gloires, regarde par là, Daudet, par ici, Delacroix et Beaumarchais, ce sont nos ancêtres à nous aussi, des Français comme nous ! » Voilà, maman : en plein après-midi de ce vingt-deuxième jour dans la mère patrie, nous avons pris conscience d'être moins seuls au monde qu'on ne nous l'avait prêché. Nous découvrions une solidarité française qu'on ne pourra plus nous dissimuler. Ce prêche anti-France, souvent, nous était asséné par les fuyards des révoltes anticléricales, antimonarchistes, laïcistes et républicaines. La trame de la peur nous était tissée en un filet aux mailles serrées par les rescapés des révolutions, venus en Nouvelle-France collaborer à l'ouvrage sordide de tenir les masses québécoises dans la soumission et le silence. Tout cela s'achève depuis presque vingt ans, maman, et j'ai aimé voir chez toi un tacite accord pour cette liberté qui faisait ses dents au Québec, enfin !

Nous avons marché vers l'ouest pour prendre le métro Père Lachaise et sommes sortis au métro Opéra. Le soleil semblait voguer entre des nuages éparpillés dans un ciel d'un bleu très saturé. Du boulevard Haussmann, on est allés vers le boulevard Malesherbes et on a longé le grand parc Monceau. «Notre dernière promenade dans Paris, Rachel!» Nous nous sommes installés, le ventre creux, à une terrasse, boulevard de Courcelles: «Notre dernière terrasse à Paris, Clément!»

Nous sommes en paix, réconciliés. Avec qui, avec quoi, nous ne saurions le dire exactement. Ce séjour de moins d'un mois nous avait non seulement divertis, intéressés, mais enrichis, enorgueillis. Nous avons souri à tout et à tous, aux chiens errants, aux passants, au cycliste essoufflé, au serveur affairé, au vieillard aristocrate, à une jeune femme et même à son poupon dans un landau haut perché sur ses roues, à la française. Au soleil! Au parc de l'autre côté de la rue! À la vie! Même aux vieux auvents qui vibraient dans le vent d'ouest! Nous n'avions, depuis longtemps nous semblait-il, jamais été aussi confortablement installés dans nos peaux. Le quartier Monceau, tu penses bien, n'a rien à voir, par exemple, avec celui de Pigalle. Pigalle, c'est la *main Street,* c'est le coin Saint-Laurent et Sainte-Catherine dans le temps de la guerre, du temps des lupanars, des *blind pigs* sordides. Nous avons dévoré nos omelettes bien «baveuses», nos frites, notre gros rouge. C'étaient bien les meilleurs mets de l'univers aujourd'hui. Nous étions heureux de n'être pas dans un site archi-historique. Nous étions devenus d'étranges touristes qui détestaient les touristes!

Ensuite, nous sommes descendus lentement, très lentement, vers la place de l'Arc de Triomphe de l'Étoile, nommée désormais place Charles-de-Gaulle. Toujours beaucoup d'animation. Nous déambulons comme de vrais Parisiens, un dimanche, sur ces Champs-Élysées. Nous avons totalement apprivoisé Paris. Nous

334

promenons nos derniers regards sur ce que nous avons tant aimé dès notre première incursion par ici. Le soleil couchant fait reluire tous les édifices blancs, les verres et les aciers polis, même le vert du feuillage des arbres. Au rond-point nous allons vers l'avenue Montaigne, nous prenons la rue Bayard, on passe par la Place François Ier, le monarque qui nous envoya Cartier en 1534. On a vu le buste du découvreur au milieu d'un bosquet plutôt sauvage. Nous avons sauté dans un bus, ici ils ne disent jamais « autobus », et on regarde défiler, une dernière fois, les rives de la Seine. Rachel veut rentrer pour préparer nos malles car, demain matin, la D.S. des Affaires étrangères sera à l'hôtel à dix heures pile. Je devrai aller mener la Renault rue Jean-Jaurès, et ça m'énerve rien qu'à y penser! Nous avons traversé le petit pont des Arts, piétonnier. On fait un crochet, quai des Saints-Pères, pour aller saluer ironiquement la seule statue « en pied » de ce Voltaire qui méprisait la Nouvelle-France. Il est debout, seul, derrière l'Institut, square Champion. Rachel rit de m'entendre apostropher le vieux philosophe: « Te voilà, toi, méchant personnage qui conseilla le désintérêt à Tit-Louis-le-quinzième pour la jeune colonie d'outre-mer? Vieux salaud! » Rachel prend la relève en riant: « Malgré tes « quelques arpents de neige », nous avons continué, seuls, sans l'aide de la France, à grossir, à grandir, à prospérer. Et en français, vieux verrat! » Je continue, à voix encore plus haute: « Nous sommes revenus ici, tu vois, et pour te dire, à la française: merde! Et re-merde! » Nous nous embrassons et Voltaire semble bien content de s'être trompé.

Dans notre petite chambre, Rachel vaque et range, m'interdit de toucher à quoi que ce soit. Elle a son «ordre» particulier. Elle tasse nos vêtements au creux de nos deux grosses malles pendant que je t'écris tout cela. Épuisés, nous allons prendre un apéro et regarder la télé en bas, avant d'aller souper. Je te raconterai plus tard notre dernière soirée dans Paris. À tantôt.

Eh bien, nous sommes rentrés dormir notre dernière nuit à Paris. Quelle soirée! Joyeuse et triste à la fois. Hier, de l'autre côté de la grande mare, les parents et les amis avaient enfin appris la bonne nouvelle concernant Rachel Robichaud. Ici, des télégrammes, dont le tien, maman, s'ajoutent les uns aux autres. Nous ne savions pas trop où aller souper. On a cherché. On a songé au Ravenaude, dans Saint-Germain, avec ses «glaces», ici ils disent rarement «miroir», son décor «nouille 1920». Il paraît qu'après la guerre, au Ravenaude, l'on servait gratuitement du kir à tous les boursiers canadiens-français qui s'identifiaient. Rue du Dragon, on a été tentés par un bistro italien, mais on a changé d'idée. Devant les «montres», ils disent rarement «vitrines» ici, d'une galerie d'art primitif, j'ai songé que l'on pourrait y exposer les tableaux naïfs de papa qui sont entassés dans ton hangar de la cour, maman. On a continué, pris la rue Vistonti, on a vu le numéro 17 où Balzac dut mettre son imprimerie littéraire en faillite, en 1826; le numéro 24 où Jean Racine est mort; et j'ai récité pour amuser Rachel: «Ô rage, ô désespoir, ô vieillesse ennemie...» que je n'ai jamais oublié depuis le collège Grasset de la rue Crémazie. Le céramiste et savant Bernard Palissy habita aussi cette rue, dans les années quinze cent. Nous sommes descendus boulevard Saint-Germain. Plus de soleil. Un vent plus frais souffle du nord-ouest. Nous hésitons à entrer à la fameuse brasserie Chez Lipp, on nous a prévenus qu'il faut réserver, que c'est un lieu fréquenté par des célébrités du monde politique et artistique. On a foncé, après tout Rachel n'est pas n'importe qui, et je suis prêt à l'identifier au besoin. Inutile, le maître d'hôtel nous conduit à l'étage avec déférence. « Il t'a reconnue, Rachel ! » Elle me dit : « Niaise pas, coco ! » Par la fenêtre où nous sommes attablés, nous revoyons le café de Flore et celui des Deux-Magots. Rachel a dévoré l'assiette généreuse de charcuterie, puis la fameuse choucroute croustillante de chez Lipp. J'ai moins faim qu'elle, j'en laisse, je lui lis les messages télégraphiés du pays, ce qui ne fait qu'augmenter son appétit. Des voisins, toute une famille, se sont installés discrètement. Nous avons du mal à deviner qui est la grand-mère et la mère, tant les Parisiennes d'âge mûr savent s'arranger avec élégance. Qui est la fille aînée, qui est la mère ? Autre dilemme. Le mari : tempes sel et poivre, ni beau ni laid. Neutre. Le genre « homme de classe moyenne supérieure », occupé et préoccupé par ses affaires. Ni triste, ni gai. C'est un petit événement pour la fille et le fils d'avoir été invités par papa chez Lipp. Nous remarquons une nouvelle fois, maman, qu'au restaurant c'est le père qui compose et commande le menu de chacun après consultations et discussions. Il est le seul autorisé à converser avec le serveur. Chez nous, c'est si souvent la femme, la « môman » qui décide et qui commande, qui mène le bal, restaurant chic ou pas. Cet homme, assis très droit, semble habitué à régir son petit monde bien obéissant, policé. On a vu l'épouse parler à son oreille et puis « l'homme » qui fait claquer ses doigts légèrement pour répéter au serveur le message entendu. Ainsi, si la fille, ou le fils, veut exprimer un goût spécial, c'est communiqué d'abord à la mère, puis au pater familias qui communiquera le desiderata au garçon empressé. Nous n'arrivons pas, visiteurs curieux, vraies fouines, à bien capter le cours de leurs conversations, car un couple de grasses filles aux peaux luisantes de maquillage se sont installées près de nous. Elles poussent de petits cris, ont des rires incontrôlables, en proie, sans doute, à des réminiscences fort joyeuses. Les trois élégantes « à papa » sont autrement plus discrètes à nos côtés, elles badinent sur un sujet qui tient à cœur au « digne papa ». Plus elles s'amusent, de façon retenue, plus il semble offusqué que « ses » femmes refusent de prendre au sérieux « les risques effarants du socialisme à la française ! » grogne-t-il.

Rachel n'écoute plus et, pour la première fois depuis notre arrivée, maman, elle me parle soudain de son bureau. C'est un signe ! Elle me parle aussi de notre chalet du lac Millette et de la serre « en construction » dans la cour de notre pied-à-terre, rue de Mentana. Je l'écoute d'une oreille car le père de famille noble, rouge d'humeur, hausse un peu la voix et dit : « Vous êtes des inconscientes si la situation actuelle vous amuse ! Les conséquences de ce régime sont une menace directe à notre situation matérielle et vous rigolez, mesdames ! Quel monde que celui des femmes ! » Rachel m'arrache à cette amusante discussion : « C'est fou, tu sais, je m'imaginais en

France pour des mois et des mois. Je me réveille. Demain midi nous volerons au-dessus de l'Atlantique. Demain soir, nous roulerons de Mirabel vers le chalet! Te rends-tu compte? C'est déjà fini!» Eh oui, maman, bientôt, je te reverrai, t'embrasserai, te serrerai dans mes bras et te remettrai tous ces cahiers à couverture glacée rouge.

À l'Hôtel Pas-de-Calais, on nous avait remis un mot très gentil de «vos deux amis» de la place Saint-Michel et du château de Vaux-le-Vicomte, les Dupois. Nous avons lu: «Si la gloire ne vous en empêche pas: un coup de fil? Une dernière rencontre avant votre retour à Montréal?» Nous les avons appelés d'une cabine téléphonique du drugstore du coin de la rue de Rennes. Ils étaient toujours à leur petite chambre de la petite auberge Grand hôtel de l'univers! Nous nous sommes rencontrés à notre chère terrasse. Malgré la fraîcheur du soir, nous étions heureux de cette dernière veillée dans le Quartier Latin. Cette fois, le grand serveur chauve était de service. Quand l'avocat étudiant lui parla du grand événement concernant Rachel, il avoua ne lire ni les journaux, ni les magazines, ne regarder que très rarement la télé. Cela ne l'empêcha pas de nous revenir, sourire fendu jusqu'aux oreilles qu'il avait larges, avec un plateau garni d'une excellente «poire» digestive. «Avec les compliments de la maison, madame Robichaud, le gérant vous félicite!» Rachel était belle comme jamais, fière de son succès mais un peu triste. Comme moi. Nous ne voulions pas repartir, quitter si tôt une ville si palpitante, encore mystérieuse, malgré nos promenades nombreuses. Nous aurions aimé pouvoir revoir Notre-Dame, les Tuileries, le

Palais-Royal, le Marais, manger de nouveau dans la tour Eiffel, voguer sur la Seine, sur le pont, cette fois, d'une haute péniche.

Revenus au Pas-de-Calais, nous avons regardé les actualités dans le salon du rez-de-chaussée, ce furent des cris de surprise heureuse quand on a vu et entendu Rachel sur l'écran cathodique. Épuisée par cette journée, Rachel parla de monter se coucher, lorsque Micheline Dupois, l'étudiante en histoire du costume, proposa de nous emmener, dans leur Audi toute neuve, voir le fameux «circuit des illuminations de Paris».

Oh! maman, ce fut une virée fort cocasse, imagine-toi qu'à mesure que nous roulions, en suivant le plan du bureau de tourisme, chaque site s'éteignait devant nous juste au moment où nous l'atteignions. D'abord ce fut Notre-Dame qui s'éteignit, puis la Conciergerie, le Louvre, le Carrousel, l'Opéra. En arrivant près de la Madeleine, black-out! On criait dans l'auto. On protestait! On a fini par éclater de rire. Je criais: «Faire ça à notre lauréate!» C'était une vraie farce. Découragés, on a stoppé près de la place de la Concorde et ça fait bizarre de voir cette place si intense de trafic le jour devenir, le soir, une sorte de grand monument silencieux avec son obélisque et ses fontaines désertées. Hervé et Micheline Dupois proposèrent de nous accompagner dans un dernier lèche-vitrine dans la chic avenue du Faubourg Saint-Honoré. C'est en plus cossu, l'ouest de notre rue Sherbrooke. Rien à voir, ces boutiques de luxe, avec les magasins populaires situés derrière l'Opéra: le Printemps, le Lafayette ou, entre le Louvre et le Châtelet, la Samaritaine. Maman, vas-tu le croire?, nous nous approchions d'une première boutique quand, paf! black-out encore. Ce furent de violents éclats de rire évidemment. Nous retournions à l'Audi quand Rachel déclara : « C'est parfait ! Que Paris est délicat ! Vous comprenez ? C'est la fin ! C'est terminé. Je pars. Alors Paris s'éteint ! » Paris est un spectacle et, pour nous, *e finita la commedia*.

Nous sommes allés réveillonner dans un restaurant d'allure rustique dans notre bon vieux Saint-Germain. Ce fut vraiment « la dernière cène ». Nous nous sommes souvenus, en riant, des caméras cachées de Vaux-le-Vicomte. Rachel, émue, a parlé du Jardin des Oliviers, chez Henri, à Saint-Paul de Vence et a juré : « Un jour nous y serons tous les quatre. On ne sait jamais ! » Je ne savais pas, maman, qu'elle avait aimé la France à ce point, elle avait les yeux embués de larmes.

Dans la chambre, fini le désordre des voyageurs mal installés. Tout est rangé, sauf l'essentiel pour nos toilettes de demain matin. Je t'écris la fin du vingt-deuxième jour et la fin de notre périple dans la patrie mère. Rachel relit les télégrammes d'un œil distrait, elle va à la fenêtre, regarde dans la rue, soupire.

À très bientôt maintenant, maman !

Maman,

J'arrive ! L'avion vogue au-dessus des nuages à des centaines et des centaines de kilomètres heure. On a détaché nos ceintures. On fume, maudite manie. L'hôtesse d'Air France offre —

«de la part du commandant, honoré de votre présence à son bord» — des apéritifs. On nous a installés en «classe affaires» où on se fait «bichonner» un peu plus qu'à l'aller. J'ai rouvert mon dernier cahier rouge. Il restait quelques pages à noircir de mon petit feutre japonais.

Ce matin, ce n'est pas Marylène qui s'est amenée à l'hôtel, mais un sosie parfait de Romy Schneider, l'actrice hélas disparue. On a fait des adieux au personnel de l'hôtel, avec des pourboires adéquats, mais pas généreux, car on n'a plus un sou. Ils devaient croire Rachel enrichie, mais le prix n'était qu'une proclamation accompagnée d'un superbe appareil-photo Leica. En riant, Rachel promet de revenir. «Revenez en mai, c'est encore plus beau, la France.» dit la drôle de «Chinoise» grassouillette, passionnée de télé. Un jeune homme la prend par le cou. «Je reviendrai peut-être signer des albums cet été, si c'est un succès de librairie», ajoute Rachel!

Il avait fallu auparavant que je retourne la Renault. Ce fut un cauchemar, maman. C'est le premier mai aujourd'hui. C'est le grand Jour des travailleurs. Chaque fois que j'empruntais une rue, m'apparaissaient des banderoles rouges, des drapeaux et, dessous, des grappes compactes d'ouvriers et d'ouvrières syndiqués au milieu de la rue! À force de détours et de contours, je suis parvenu au nord des Buttes, à cette rue Jean-Jaurès, où se trouve le siège de Renault. J'ai pris le métro du même nom, seul, le cœur lourd. Les usagers dans les wagons habitent Paris et ne sont pas bien joyeux, ils doivent y travailler, sont mal payés, n'ont pas beaucoup de loisirs pour aller voir couler la Seine sous ses jolis ponts si variés. Un proverbe arabe

— bien sûr — dit que « la familiarité engendre le mépris » !

En fonçant vers Orly, par la porte d'Orléans, la Romy Schneider en badinant nous dit : « Ça n'arrête pas, tous les jours nos ministères accueillent des Québécois ! C'est une invasion ou quoi ? Qu'est-ce que vous voulez à la fin ? » Je lui ai dit : « C'est des retrouvailles, il y a longtemps qu'on ne se fréquentait plus sérieusement. Depuis la défaite de 1760. » Elle a ri. Rachel ajoute : « J'étais venue voir ce que nos ancêtres avaient quitté en s'embarquant pour le Nouveau Monde. Ils ont eu beaucoup de courage, même pauvres, c'est si beau la France ! Pourtant, ces pionniers l'ont quittée cette patrie, cette maman ! »

Orly était aussi sale que Roissy-en-France. La grève n'est pas terminée encore. Quand on a traversé la barrière à rayons X, une hôtesse est venue nous inviter à attendre dans une salle pour *Very Important People,* un salon V.I.P. « Il y a quelqu'un qui veut vous rencontrer », a dit cette hôtesse. Un homme jeune, au visage pourtant ridé comme une pomme cuite, nous a dit : « Je suis Ubaldo Fasani, du Tourisme italien. Je suis autorisé par notre gouvernement à vous dire que nous aimerions beaucoup, quand vous le pourrez, quand vous voudrez, que vous veniez étrenner votre appareil-photo en Italie pour y faire un album que vous pourriez intituler : *Athènes en Italie !* Et il a remis une belle lettre d'invitation très officielle à Rachel. Il s'est retiré en saluant bien bas avec la courtoisie italienne bien connue.

Maman, on t'emmènerait cette fois !

On arrive, on arrive. L'avion gronde même s'il n'y a aucun virage dans le ciel, ça file autrement plus vite que cette *Grande Hermine,* cette *Petite Hermine* et *L'Émérillon* de Jacques Cartier en 1534. À tout à l'heure, maman! On s'apprête à nous servir un premier repas. Je suis heureux, ma machine à moi ne grondera plus malgré les virages de ma vie à venir. Rachel de même. Elle étudie déjà le livret d'information pour l'utilisation de son appareil-photo tout neuf.

J'arrive. Je reviens chez moi, plus Français d'Amérique que jamais.

Mai-octobre 1982

DU MÊME AUTEUR

LE CYCLE DE LA VIOLENCE

La corde au cou, Montréal, Éditions du Cercle du Livre de France (format de poche). Paris, Éditions Robert Laffont.

Délivrez-nous du mal, Montréal, Éditions internationales Alain Stanké, collection « 10/10 ».

Pleure pas Germaine, Montréal, Éditions Parti pris, *épuisé.*

LE CYCLE SUR ÉTHEL

Éthel et le terroriste, Montréal, Deom Éditeur, Harvest House (version anglaise), *épuisé.*

Ethel a terorista. Traduction en tchèque de Eva Janovcová, dans *Pět kanadských novel (Cinq romans canadiens)*, Klub čtenářů / Odeon / 1978, p. 351 à 451. Prague, Tchécoslovaquie.

Revoir Éthel, Montréal, Éditions internationales Alain Stanké.

LE CYCLE DES CONTES

Les cœurs empaillés, épuisé.

Le loup de Brunswick City, Montréal, Éditions Leméac, 1976, 120 p.

Les contes du Sommet bleu, Montréal, Éditions Québécor.

LE CYCLE DES SOUVENIRS

Et puis tout est silence, Montréal, Éditions Quinze.

Rimbaud mon beau salaud, Montréal, Éditions Le Jour.

La petite patrie, Montréal, Éditions La Presse.

Sainte-Adèle-la-vaisselle, Montréal, Éditions La Presse.

Pointe-Calumet Boogie-Woogie, Montréal, Éditions La Presse.

La sablière, Montréal, Paris, Éditions Robert Laffont/ Leméac, 1979, 212 p.

L'armoire de Pantagruel, Montréal, Éditions Leméac, 1982.

Ouvrages déjà parus dans la collection
« Roman québécois »

34. Bertrand B. Leblanc, *Y sont fous le grand monde!*, 1979, 230 p.

35. Jacques Brillant, *Le soleil se cherche tout l'été*, 1979, 240 p.

36. Bertrand B. Leblanc, *Horace ou l'Art de porter la redingote*, 1980, 226 p.

37. Jean-Marie Poupart, *Angoisse Play*, 1980, 86 p.

38. Robert Gurik, *Jeune Délinquant*, 1980, 250 p.

39. Alain Poissant, *Dehors, les enfants!*, 1980, 142 p.

40. Jean-Paul Filion, *Cap Tourmente*, 1980, 164 p.

41. Jean-Marie Poupart, *le Champion de cinq heures moins dix*, 1980 302 p.

42. Michel Tremblay, *Thérèse et Pierrette à l'école des Saints-Anges*, 1980, 368 p.

43. Réal-Gabriel Bujold, *le P'tit Ministre-les-pommes*, 1980, 257 p.

44. Suzanne Martel, *Menfou Carcajou*, t. I: *Ville-Marie*, 1980, 254 p.

45. Suzanne Martel, *Menfou Carcajou*, t. II: *la Baie du Nord*, 1980, 202 p.

46. Julie Stanton, *Ma fille comme une amante*, 1981, 96 p.

47. Jacques Fillion, *Il est bien court, le temps des cerises*, 1981, 348 p.

48. Suzanne Paradis, *Il ne faut pas sauver les hommes*, 1981, 194 p.

49. Lionel Allard, *Mademoiselle Hortense ou l'École du septième rang*, 1981, 245 p.

50. Normand Rousseau, *le Déluge blanc*, 1981, 216 p.

51. Michel Bélil, *Greenwich*, 1981, 228 p.

52. Suzanne Paradis, *les Hauts Cris*, 1981, 190 p.

53. Laurent Dubé, *la Mariakèche*, 1981, 216 p.

54. Réal-Gabriel Bujold, *La sang-mêlé d'arrière-pays*, 1981, 316 p.

55. Antonine Maillet, *Cent ans dans les bois*, 1981, 358 p.

56. Laurier Melanson, *Zélika à Cochon Vert*, 1981, 157 p.

57. Claude Jasmin, *L'armoire de Pantagruel*, 1982, 142 p.

58. Jean-Paul Fugère, *En quatre journées*, 1982, 164 p.

59. Suzanne Paradis, *Emmanuelle en noir*, 1982, 211 p.

60. Michel Tremblay, *La duchesse et le roturier*, 1982, 385 p.

61. Jean-Éthier-Blais, *Les pays étrangers*, 1982, 464 p.

62. Bertrand B. Leblanc, *La Butte-aux-Anges*, 1982, 192 p.

63. Yves Beauchesne, *Nuit battante*, 1982, 242 p.

64. Sylvie Desrosiers, *T'as rien compris, Jacinthe...*, 1982, 134 p.

65. Jean-Paul Filion, *À mes ordres, mon colonel!*, 1982, 220 p.

ACHEVÉ D'IMPRIMER SUR
LES PRESSES DES ATELIERS
MARQUIS DE MONTMAGNY
LE 25 NOVEMBRE 1982 POUR
LES ÉDITIONS LEMÉAC INC.